# ACD 逻辑交易法

［美］马克·费舍尔（Mark Fisher） 著

傅 煜 冯瑾瑜 译

地震出版社
Seismological Press

图书在版编目（CIP）数据

ACD 逻辑交易法／（美）费舍尔（Fisher，M.）著；
傅煜，冯瑾瑜译．－－北京：地震出版社，2016.6
书名原文：The Logical Trader：Applying a Method to the Madness
ISBN 978-7-5028-4720-3

Ⅰ.①A… Ⅱ.①费… ②傅… ③冯… Ⅲ.①股票交易—基本知识 Ⅳ.①F830.91

中国版本图书馆 CIP 数据核字（2016）第 021960 号

著作权合同登记 图字：01－2015－3222

地震版 XM3530

**ACD 逻辑交易者**

〔美〕马克·费舍尔（Mark Fisher） 著

傅 煜 冯瑾瑜 译

责任编辑：薛广盈
责任校对：孔景宽

---

出版发行 地震出版社

北京市海淀区民族大学南路 9 号　　　　　　邮编：100081
发行部：68423031　68467993　　　　　　传真：88421706
总编室：68462709　68423029　　　　　　传真：68455221
证券图书事业部：68426052　68470332
http：//www.dzpress.com.cn
E-mail：zqbj68426052@163.com

经销：全国各地新华书店
印刷：廊坊市华北石油华星印务有限公司

---

版（印）次：2016 年 6 月第一版　2016 年 6 月第一次印刷
开本：787×1092　1/16
字数：249 千字
印张：16.75
印数：0001～6000
书号：ISBN 978-7-5028-4720-3/F（5416）
定价：46.00 元
版权所有　翻印必究
（图书出现印装问题，本社负责调换）

# 序

　　在 20 世纪 80 年代早期的纽约商品交易所白银交易厅里，我与马克·费舍尔第一次迎头照面，当时他经常在那里做交易。作为这个绅士俱乐部的偶然拜访者，我带去了购买 200 张白银合约的平仓指令，这笔交易是我楼上一位朋友的。这如同把一块血淋淋的鲜肉扔进了关着几只饿得半死狮子的狮笼。我记得有四到五个自营商猛地扑了上来，用亢奋又含糊不清的甜言蜜语跟我交谈。我唯一能够记住的就是 FSH 标志（或是 Fish，交易厅的人都这样叫他）。如同平常一样，他凭直觉就知道我究竟要买多少并耐心等待，在我还差 20 张或是 30 张合约的时候，他以收盘前的最高价卖给了我。从来没有人像马克·费舍尔一样，他总是能够嗅出场内经纪人手中的指令。没有人比他更棒。

　　你阅读本书不久就会发现，马克·费舍尔受一种通常情况下人类并不具备的能量所驱动。就这一点来说，用"控制狂人"来形容他仅仅是保守的说法。但是对于想学习交易并花时间阅读本书的人来说，毫无疑问，费舍尔像救世主一样与公众分享他所研究的成功方法，这是一个值得好好利用的机会。他非常详尽地阐述了一套有条理性和系统性的独特进场交易方法，这套方法能够在承担较小风险的情况下创造可观的收益。该方法几乎适用任何时间周期，从当日交易到长线交易都可以使用，在所有有利可图的市场中识别出高收益的风险机会。已经有数以百计的人在成功地使用他的整套交易计划。我对此掌握一手信息，我手下的很多场内交易员都在使用这套方法并成功获利。

　　对于任何一个刚进入交易领域的人来说，马克的交易经验和 ACD 交易模式都是成功交易的无价指南。作为一名交易者，他交易方法的核心就是铁的纪律，这是他多年的标志。贯穿全书他一直强调，对于一名交易者最重要的是要判断出自己出错时的离场点。如果交易者不能从本书中学到任何东西，学会知道在什么位置离场这一课，都会大大减少他们在身心上和金钱上的损失。

在提供一套符合逻辑的进场交易方法的同时，马克也与读者分享了一些非常有趣和传奇的故事。这些故事讲述了他多年共事的几位交易商在交易中重大失误和突破的情形。此外，第7章的"ACD版本的'雷普利信不信由你'"，讲述了发生在交易大厅内一些匪夷所思但绝对是真实的故事。老手从故事中能够看到自身的影子和缺点；新手则能够从这些专业老手的错误中吸取教训。

每当我遇到有兴趣学习交易技巧的人，我总会向他们推荐这个领域中的四本圣经：埃德温·李费弗著的《股票大作手回忆录》，这是传说中的杰西·利弗莫尔的自传体小说；麦吉和爱德华合著的《股票趋势技术分析》，这本20世纪上半叶撰写的图书，其中的原则今天依然适用；罗伯特·普莱切特和A.J.弗罗斯特合著的《艾略特波浪理论》是永恒的经典；第四本是杰克·施瓦格著的《市场天才》，这是一本伟大交易员访谈录的合集。《股票大作手回忆录》是一本精彩、引人入胜的读物，深入阐述了在激动人心的市场顶部和底部如何解读盘势和交易。《股票趋势技术分析》和《艾略特波浪理论》两本书给出了非常明确和系统的方法应对正在运行的高胜算的市场交易机会，如果恰当周密地处理，每一笔交易都能有效执行。最后，《市场天才》是一本真正意义上的好书，从前言开始，书中的每一名真实的交易员都在他们自己讲述的故事中反复强调一点：想要赚大钱，你首先要学会在出错的时候如何减少损失。

现在我要推荐另外一本书。在读完《ACD逻辑交易法》之后，我要把费舍尔的这本书添加到我的交易新手必读书目中。我亲眼见证了数百名交易者进入都铎公司的大门，我总是惊讶于他们使用不同方法进入市场并收获盈利，这些赚钱的方法即使没有几百种也确实有几十种。本质上，尽管他们的方法各式各样，处理的方式千差万别，但是所有的方法都有一个共同点，就是在交易的时候创造出高收益/风险比，这也是《ACD逻辑交易法》最本质的特征。该书提供了一套完备和系统的方法，该方法适用于运用杠杆交易的市场，并能够获得巨大的收益。当一名史上最成功的场内交易者愿意分享心得的时候，我们怎能不洗耳恭听呢？在我与费舍尔相识的20年里，在生活的每一个方面他一直都是慷慨大方的给予者。长期以来，无论是认识的还是不认识的人，他都给予富有价值的礼物。本书仅仅是其中之一。谢谢你，马克。

保罗·都铎·琼斯

都铎投资公司董事长兼总裁

# 致　谢

在最初决定写这本书的时候，我以为这是一件轻松容易的事情。没问题，我对自己说。两个月内我就能完工。事实上，我对自己将要面对的情形几乎一无所知。

没有乔·泰拉诺瓦的帮助，这本书根本不可能问世。我们俩耗费无数时间在写作、梳理和重写等此类工作上，以期望本书能够最大可能地吸引更多的交易类读者的兴趣。我同时也要感谢塞斯·科恩，我最欣赏的实习生，他完成了本书的图表编排工作。另外，还有一个人，我的朋友麦克·瓦拉赫，我不能确定自己是要感谢他还是要掐死他，就是他最先建议我写下这本书的。

最后，我要特别感谢帕特莉夏·克瑞莎弗莉。在开始撰写本书的时候我就警告过她，尽管她早就能够游刃有余地与芝加哥商业交易所和芝加哥商品交易所的交易商打交道，但是和一帮来自纽约的"疯子"共事是完全不一样的游戏。她的韧性和耐心在本书的每一页都能体现出来。

# 目 录

引　言 ……………………………………………………… 1

第1章　什么是ACD逻辑交易法 …………………………… 1

第2章　中枢概念 ………………………………………… 26

第3章　综合研判：ACD体系与中枢价幅相结合 ………… 45

第4章　宏观ACD …………………………………………… 71

第5章　中枢移动平均线 ………………………………… 100

第6章　高级交易者 ……………………………………… 120

第7章　ACD版本的"雷普利信不信由你" ……………… 148

第8章　交易者访谈录 …………………………………… 175

附　录 …………………………………………………… 187

词汇表 …………………………………………………… 243

# 引　言

## 一名交易者的计划

　　交易与生活其实一样，你都需要有一个计划。这个计划不仅仅包括微观的——你所做的每一笔交易的策略，同时也包括宏观的——你为什么要做交易，你打算达到什么目标（你实现最终目标的方法），以及原计划失效后的备选方案。在我20年的交易生涯中，我几乎有一半的时间在教其他人如何做交易，我发现只有极少数人能够按照计划做交易。从微观层面来说，太多的交易者在交易时毫无纪律可言。他们以为自己卖在顶部，而不料市场继续上涨；试图抄底，却买在了半山腰。他们不能管理好自己的风险和资金，甚至包括他们自己的生活。对于一个交易新手来说，最重要的是要有一个交易计划。老手亦然。

　　在宏观层面，只有极少数人对于自己要在生活中得到什么有足够清晰的认识。我对来公司参与暑假实习生计划的人身上反复看到这一现象，无论他们是高中生还是大学生，抑或是不同背景的有志于交易的人。每年我会带25～30名暑假实习生，其中既有一些毕业于哈佛、沃顿，或者其他常青藤大学的学生；也有高中都没有毕业的人。我总是尽力把一些来自贫穷或是工人社区的孩子加入其中，因为我认为让不同背景的人在一起非常重要。我开展暑期实习生计划既有无私的一面也有自私的一面。一方面，我想回报他人，因为很久以前有人曾给予我机会；另一方面，我希望能够发现并招募到有交易天分的年轻人为我工作。这也是我写本书的原因之一。

根据我在暑假实习生计划中见到的事实，我得实事求是地告诉你：成功的交易职业生涯与教育背景几乎毫无关系。作为一名以优异成绩毕业于宾夕法尼亚大学沃顿商学院的 MBA，我依然坚持这一说法。更准确地说，最重要的是要有计划——你的计划——引领你到达自己目标的计划，还要有一个应对意外的后备方案。

优秀的交易者还应当具备其他特质，其中包括像运动员一样能够观察运动场全景的能力。这个话题我们将在引言的后面部分讨论。现在，我们把注意力集中在计划上——这是本书的主题。

《ACD 逻辑交易法》完全基于我作为一名交易者的真实经验和多年来我获得成功所使用的计划。此外，这些年来，我向大约 4000 人传授过这一方法，其中包括 300～500 名纽约商品期货交易所的场内交易者。我自己在该交易所做交易，我个人拥有的 MBF 清算公司也在这里经营（MBF 是纽约商品期货交易所里最大的清算公司，全世界 1/5 的原油合约和 1/4 的天然气期货合约都是通过 MBF 进行清算。详情参见网站 www.mbfcc.com）。另外，我也向大约 50 名我公司的自营商传授了这套方法，包括场内交易者和楼上办公室的，他们采用这套方法做能源、个股，或是其他商品期货的交易。换句话说，这套方法得到了广泛的验证和应用，以及适应性的个性化调整。

当我创建自己的清算公司的时候，显而易见，我需要客户。但是我并没有采用低价策略去吸引和留住客户，因为后续肯定有人会提供更低的价格。我坚信，对于交易者来说，学会如何交易才是最根本的优势，正如这些年来我所学会的一样。你知道"授人以渔，养其一生"这句古语吗？嗯，我就是这样的思路："教会某个人做交易，他将会是你一生的忠诚客户。"由此，《ACD 逻辑交易法》这本书就诞生了，我使用和教授的方法尽在其中，同时也包括所有的实战经验。

在我尝试教授的 4000 人中，我得说有一半的人在课堂上打瞌睡或是没有真正的学习兴趣，剩下的 2000 人则投入了足够的精力来学习。在这 2000 人中，有 1000 人应用了他们学到的知识。不要以为作为一名老师，我会因此失望。事情不是这样的，为什么呢？因为他们当中有 1000 人会使用这套方法，其中大约 100 人平均每年会获得 75 万美元的收益。对于一家清算公司来说，这就是最好的客户群！

这一统计数据对于读者同样意义重大。这表明了这套系统不但我能用好，其他人也能用好。最重要的是，无论你是场内交易者还是在场外交易，也不管是做期货还是个股，这套方法都有一致性的表现。使用这套系统，你可以在家里做交易，也可以到日内交易厅做交易，或者是做场内交易。只要是有足够波动性和流动性的市场，这套方法均适用。基于我教授这套方法15年的经验来看，我能够肯定地告诉你：这套方法能够大大提高你获得成功的几率。举个例子来说，我的观点是：从某种情况来说，进场交易大致会有10%～15%的胜算概率；但是掌握了这套方法的交易则有40%～50%的胜算。这意味着成功率提高了3倍。

当然，你不能仅仅听我一个人的观点。这本书中还有很多使用这套方法做交易的其他交易者的故事、案例和轶事。如果你还有疑问，那你知道保罗·都铎·琼斯这位传奇的对冲基金经理吧？这些年来，为他工作的场内经纪人都是我的学生。

我的交易方法，我把它命名为ACD交易法。这套方法不是魔术，也不需要你花费大价钱去购买昂贵的软件才能使用。它就是一套逻辑体系。如果你不介意的话，这些年来我一直试图把它弄成一套傻瓜系统。这套方法会给出交易的参照点——A点和C点进场，B点和D点离场。使用ACD交易法，你将能计算出特定的价位区间，在此之上你就做多，在此之下你就做空。随后，你使用基于ACD方法的其他指标和策略，你就能够构建一个基于当前价位和市场行为的交易计划（注：要查看相关评论和ACD的每日参数，请登录我们的网站www.thelogicaltrader.net）。

更进一步，你可以把ACD方法与你的交易规则和风险管理结合起来。事实上，这套方法最大的好处就是用严格的纪律来控制风险，从而保护你的资金。我不欣赏大起大落的交易方法，这类方法会有一到两次的大额交易机会（希望如此）。我坚信在交易出现亏损的时候要快速离场——就是我说的"下一个"的概念。还得有一个让盈利快速奔跑的目标和计划。或者说，你可以使用ACD方法来帮助自己确认信号，知道一笔有利可图的交易在何时盈利最大而风险最小。我喜欢把这样的情形称之为知道何时该踩油门。如果这套系统的指标依次出现，看起来就是要起爆，那你就踩油门。

就像所有的交易员一样，如果你有时违背了计划导致交易行为失控，这套方法就能够帮助你松油门踩刹车。换句话说，如果你在做一笔盲目的交易时，至少要做到仅仅使用小仓位。

如果这个方法听起来简单并且有逻辑，那就要恭喜你发现这套方法的精髓。这套方法不是爱因斯坦的相对论，也不是量子物理学，甚至不是代数。它非常简单，就跟算术一样。这是这套方法最大的优点。

我们可以把ACD方法想象为一个倒置的三角形，最下面的点就是支点，支撑起整个三角形的平衡，这个点就是ACD方法的精髓。没有这个支点，整个结构就会坍塌。其他的指标和方法都是在ACD基础上的叠加。没有这个基础，其他的都毫无用处。

接下来，我们将讨论与ACD方法关联的非常重要的心理学问题。这些知识适用任何交易风格和方法。包括：

● 需要有参考点；

● 投机原理；

● 不能自负；

● "下一个"的概念；

● 为什么"没有付出就没有收获"是错误的；

● 最大仓位，最小风险；

● 好消息，坏行为；

● 为什么最难做的交易才是最好的交易。

在开始讲解这套方法之前，请允许我解释一下它的来源。ACD方法是我在宾夕法尼亚大学沃顿商学院的时候所做研究内容的一部分。大学期间，我已是一名全职的交易者。我不得不同时面对两个极具挑战的身份。由于我不能在同一时刻出现在两个地方，我就雇了一个替身：我花钱找了一个同学，在我不能去上课的时候帮我做笔记。我们的协议是：如果我能够以优等生毕业，那我就带她去商品期货的交易大厅，并租一个交易席位，提供给她一个交易实习生的机会。这期间，我过着双重的专职生活：下午2点左右之前是我做交易的时间；下午乘火车从纽约到费城，晚上在沃顿商学院上课。当天晚上或是第二天早上再返回纽约。如此周而复始。

对于我来说，这就是我的计划。当然，我完全可以好好在交易大厅里待着，因为我一直都在商品交易所工作。准确地说，我13岁的时候就开始为一家经纪商做传递员了，之后一直都在这个领域工作。但是，我知道自己的生活计划需要一个后备方案。如果因为某种原因我不再做交易了，我还可以去从事别的工作。这就是我去沃顿商学院的原因。我在这里参加了一个速成的MBA课程。有了这个证书，我知道自己就能够去投行工作，或者是去楼上的经纪公司上班。我坚信交易就是我的职业，但是我不能就此局限自己。如果拥有了可以从事其他职业的证书，我就不会只有做交易这样唯一的一种选择。因此，我需要这个后备方案。

在沃顿商学院，我学习了随机漫步理论、市场有效理论，以及其他所有的市场不可战胜的理论。怀着对母校教授们的足够尊敬（我自己也经常去当客座教授），我必须要说，作为一名有着20年从业经验的交易者，我想检测这些理论。如果有可能，我想证明它们是错误的。我是在市场中长大的，18岁就使用我祖父的账户经常做交易。我相信能够从市场行为中识别出特定的模式。市场行为是能够被分解、被分析，然后作为交易的指南。

在我12岁的时候，我说服了我的邻居，让他给了我一个在商品交易所当传递员的工作。从此以后，我就一头扎进市场。多年来，我每天都研究《华尔街日报》的市场数据，上面有各种商品的开盘价、最高价、最低价和收盘价。日复一日，我痴迷于从这些数字中看出一些门道，似乎能够反驳市场随机理论的观点。为了证明我观察的结论，我去找了一名金融学教授，告诉他我要做一个市场时机模型的研究论文。论文的课题是建立一个在商品市场能够盈利的短线交易模式。为了完成这个论文，我研究了大豆和白银（毕竟，我曾经跟着商品交易所最大的白银经纪商学习过，该经纪商负责亨特兄弟的业务），以及美国的短期国债。

我收集资料并深入分析数据，成果就是ACD方法的核心原理，直到今天我仍旧在使用，而且我也会在书中教给你。如果在任何一个概念上你有不明白的地方，那就要翻回去从头开始。本书的结构就像这套方法一样，从ACD开始，随后不断增加概念和层次。

请注意，单独这种交易方法并不能提高你作为交易者的业绩。你必须守纪律。在信号出现的时候，你要坚定地跟随它；出错了要快速离场，然后等待下一个机会。这需要你在进场的时候检查自己的心态。我不管你有多聪明，或是你有多理解金融市场。只要你开始学习ACD方法，就要把这些扔在脑后。因为，基于我多年培训暑假实习生的经验，我可以肯定地告诉你：高学历在市场上毫无意义，真正决定成败的是一些内在的能力。重要的是你必须做到：

● 收集信息；

● 分析信息；

● 做决策；

● 执行你的决策。

就我所知，没有任何研究机构能教会你这些。要么你天生就具有这些能力，要么你愿意开发这些能力，要么你什么都不是。作为一名交易者，你只有尽快整合这些能力，并且严守纪律，你才有更大的机会获得成功。

如果你对数字敏感，这是一个优势，我管这种技能叫"收银员数学"。如当你去便利店或者街角的熟食店，你要买1个三明治，1杯软饮料，1包小饼干。收银员仅仅看了一眼就说："4.26美元"。作为一名交易者，这样的速算能力对你的交易非常有帮助。

我们来听一个名字叫劳勃的小伙子的故事，他曾经卖过冰淇淋。画面大致是这样的：劳勃站在一辆卖冰淇淋的货车服务窗口，伴随着不停的"稻草中的火鸡"，或是其他这类喧闹的歌曲，大约40个孩子在他身边大声尖叫着向他要自己的冰淇淋，孩子的妈妈们则纷纷打开她们的钱包在往外掏钱。劳勃轻松自如地应对着，嘴里还不停地说着："3个尖的，3.75美元；2根冰棍，1.5美元；2个尖加上2块雪糕，是5美元……"他一整天都在做这些，从来没有弄错过一个订单，也从来没有找错过钱，当然也从来没有怠慢过任何一名顾客。

现在，扩展一下我们的想象力，想象一下劳勃在交易大厅内的画面。在快速变化的交易大厅内充斥着一大群大声叫嚷着买进卖出的交易者。如果我告诉你，劳勃天生具备吸收这些信息的能力和快速的心算能力，未来将很可能成为一名非常成功的交易者。这是一个真实的故事！

当你在场内或是场外做交易的时候，不同来源的各种信息全都冲击着你。你必须能观察并吸收所有来源的信息。做到这一点的前提是你要同时具备应对10件不同事情的能力。如果你视野狭窄，一次只能处理一件事情，你就看不清整个市场的全景图。

为什么有人会认为运动员适合做交易呢？并不仅仅是因为他们天生就爱竞争，更重要的是，不管从事何种运动，他们都具备全景能力。因此当他们做交易的时候，多数人都能把看到全景的技巧移植过来，观察市场的视角非常宽阔。如果你想做交易，你就必须具备或是开发出这种能力。

再与你们分享一个我最喜欢的故事。两位是我同时培训的员工，一位是哈佛法学院的硕士，在班上排前五名。如此让人印象深刻的教育背景，我立刻录用了他。与此同时，我还找来了一位挨家挨户上门推销螺栓这类五金配件的小伙子。他告诉我，他的妻子怀孕了，他需要一份比上门推销五金配件更好的工作。"我对交易没有任何概念。"他告诉我，"我知道自己什么都不懂，但是我会努力做好。"

就这样，我把两人都雇下来，同时培训他们。你觉得这两个小伙子后来怎么样？我先说哈佛的那个小伙子吧。他回去从事法律工作了，每小时收费500美元。当然，哈佛小伙子也干得非常好，但并没有从事交易。至于那个卖五金配件的小伙子，他全力以赴学习交易。他晚上和周末继续去卖五金配件，白天做交易。现在，他已是一名年收入7位数的场内交易者了。

为什么是这种结果呢？哈佛法学院的硕士认为自己无所不知，因此对于他来说，再去学习任何东西都非常困难。那个五金配件的销售员尽管再普通不过，但是他具备优秀的职业道德和强烈的进取心。他太渴望成功了，因此他能放下自我，把自己变得像海绵一样，去学习他能够学习的任何东西。最终，他笑到了最后。

你在学习这套交易系统的同时，也要把这些经验教训牢牢记在心里。只有理解和消化ACD方法，你才能成功使用它。但这需要你理解自己的真正意愿，先把你知道的一切暂时放在一边。只有这样，你才能放下自我，以开放的心态来学习所有的一切。这是你学习ACD方法计划的一部分，同时开始交易，或者把它应用到你的交易中去。要知道自己的目标在哪里，你如何才能实现自己的目标，以及出现了意外该怎么办。好好做一个计划吧，然后坚持下去。这在交易中适用，在人生中亦适用。

# 第 1 章
## 什么是 ACD 逻辑交易法

当你每年去做年度体检的时候，医生会测量你的血压、听听你的心肺，还会抽点儿血去化验。医生根据所有这些指标，对你的健康状况做一个判断。现在，我们假设一种情况，一个病人突然在体检台上猝死，没有心跳了！那该病人的胆固醇数值也就毫无意义了，是不是这个道理？没有心跳就没有生命。

我用这个例子来类比 ACD 交易方法。在交易中，我们要关注各种各样的指标，例如中枢、移动平均线，等等。但是，我们会有一个最根本的指标，就跟病人的心跳一样，失去了这个指标后，其他的所有指标也就毫无意义了。ACD 等同于心跳。65 个指标中，即使有 64 个指标都说行，只要 ACD 指标不对路，这个时候就不能做交易。

那到底什么是 ACD 呢？ACD 是我自己所使用的交易方法的名字。这套交易方法适用于各种商品期货、股市和外汇市场，只要特定的市场具备足够的波动性和流动性。简单来说，ACD 就是以开盘价幅为标准，标识出一些特定的价位点。具体的内容我们随后深入讨论。正如我在引言中提到的那样，我采用 ACD 方法做交易接近 20 年了，直到现在我依然在使用。在过去的 15 年内，我把这套方法传授给了数千人，他们根据自身的情况，对该方法进行适当的调整，以适应各自的交易风格和参考系数。我的意思是：ACD 方法不但被我亲自验证过，同时也被许多职业交易者验证过。因此，该方法能够融合到你自己的交易系统中去，帮助你制定切实可行的交易模式。

在我们深入讨论之前，我必须要强调：交易本身具备天然的风险性，并不适合所有人。在股票和金融衍生品上的任何投资，潜在的亏损都可能超过你最初的本金（请参看本书前面的免责声明）。

我出版这本书的目的并不是推荐你去做交易，仅仅是向你展示一种我自己和其他我教授过的人在交易实战中使用的方法。在研读本书的过程中，请准备好纸和笔，以便更好地理解交易案例。无论你是新手还是有一些经验的人，我坚信都能够在 ACD 交易方法中找到对你自己和你的交易风格有用的东西。

# 开盘价幅

ACD 的第一个概念是开盘价幅。开盘价幅是股票、商品期货、外汇、债券和其他金融衍生品在每一个新开始的交易时段中最初时间单位内的价格空间。以股票为例，开盘价幅的时间单位一般为每天的最初 20 分钟。在当天最初的 20 分钟内，X 股票的价格空间是 30.00～30.75。在 ACD 方法中就把该价格空间作为当天的开盘价幅。如果一只股票延迟开盘，你必须以实际开盘的最初 20 分钟作为开盘价幅。

在商品期货中，开盘价幅的时间单位可以从 5 分钟到 30 分钟不等，这取决于交易者自身的交易周期。有一些商品期货合约每个月的第一个交易日逐月滚动。这样的情形，我就采用最初的交易时段——前后相邻两个月的开盘时间作为开盘价幅的时间单位。对应的，如果你只做特定商品期货的短线日内交易，尤其只在场内交易的话，你可以使用 5 分钟的开盘价幅；如果你是在楼上做离场的日内交易，你可以选择 10～15 分钟的开盘价幅；如果交易的时间周期更长一点，要持仓过夜，就应当选择 20～30 分钟的开盘价幅（请参看附录中的开盘价幅时间周期表）。关键点就在于确定开盘价幅的时间周期，并在交易的过程中保持不变。

开盘价幅要考虑的另外一个重点，就是要确定特定交易品种的地理市场。这句话是什么意思呢？如果做天然气期货交易，那你就得知道它的地理市场是纽约商品交易所，要用纽约商品交易所的开盘价幅。但是你如果交易的是日元，那么美国外汇市场的开盘价幅就不适合，要使用日本市场的开盘价幅。这条规则同样适合确定国外商品期货的地理市场，例如北海布伦特原油。股票也是同样的道理，例如总部在伦敦的沃达丰公司（VOD），尽管该股也在美国上市，但是开盘价幅要以伦敦的为准，大致是纽约时间的凌晨3：00—3：20。对于美国托存凭证（ADRs）也是同样的道理，真正的开盘价幅时间要以对应的地理市场为准。

这是我多年前用ACD交易外汇和债券时，历尽艰辛才发现的要点。最初的时候我不明白为什么这个方法失效了，后来我意识到美国并不是这些金融产品的最初市场。因此，我必须去查看这些商品期货、外汇和债券地理市场的开盘价幅。

一旦确定了开盘价幅，对应的价格区间就是你交易策略重要的参照点。下面就是原因所在。

如果你认同随机漫步理论，认为市场运动完全是随机的和不可预测的。在整个交易时段内，开盘价幅并不比其他时间单位的价格水平更重要。对吗？举个例子，原油的交易时间是美国东部时间的上午9：45到下午的3：10。以10分钟为单位，整个交易日就有32个10分钟的时间单位，再加1个5分钟。那每一个10分钟就大致对应1/32的市场运动。

根据随机漫步理论，开盘价幅（特定地理市场交易的最初10分钟）有1/32的概率是最高价幅，也有1/32的概率是最低价幅。也就是说，随机漫步理论认为开盘价幅有1/16（6.25％）的概率要么是当天的最高价幅，要么是最低价幅。

现在，如果我告诉你：在波动明显的市场——非静态几乎不交易的市场，开盘价幅在整个交易时段内通常有17％～23％的概率是价格空间的高点和低点。这会引起你的注意吗？对的，因为开盘价幅在整个交易时段内有20％左右的概率是价格空间的高点和低点，这个观察结果就是我们说的统计学意义。用大白话说，开盘价幅的10分钟跟其他的10分钟不一样，它比其他时间单位要重要得多。

再举一个例子。如果把一个交易日分割为64个5分钟，随机漫步理论认为开盘价幅只有1/64的概率成为当日价格空间的高点或是低点。也就是说，只有 1/32（3.125％左右）的概率是当日价格空间的高点或是低点。然而，在波动的市场中，开盘价幅的 5 分钟，实际上有 15％～18％的概率是当日价格空间的高点或低点，并不是随机漫步理论认为的 3％的概率。这再一次表明了统计学意义。更重要的是，站在交易者的角度，你知道当时有 15％的概率是价格空间的高点或是低点，你一定想知道市场随后将如何运动。对不对？

更进一步，如果你查看一下其他的 5 分钟或是 10 分钟，开盘价幅的极限价格重复出现的概率很小。这意味着，一旦确定了开盘价幅，市场将很难再次回到这个价格空间，远远低于随机漫步理论的结论。由此，ACD 交易方法的第一个概念就出来了：

开盘价幅在整个交易日中具有统计学上的意义，在波动性市场中，有 20％的概率是当日的最高点或是最低点。

这个知识点对你意味着什么呢？作为一名交易者和市场的学生，我相信开盘价幅的统计学意义。因此，我建立了一个交易模型：如果一旦出现基于开盘价幅的突破走势，市场很可能就会沿着突破方向继续运行。这些突破点是由使用的开盘价幅的时间和空间决定的。在本章你将学到，如何运用开盘价幅确定做多或是做空的 A 点，以及 B 点、C 点和 D 点。首先，我们先谈论起始点——A 点。

# A 点

先做一个练习。假设你在纽约商品交易所做原油期货的日内交易，这是属于美国的交易品种，地理市场就是纽约商品期货交易所。作为一名场内交易者，你采用的是 5 分钟开盘价幅。当日原油期货的开盘价幅是 25.60～25.70。在开盘价幅确定之后，我们在图表上做好标记（图 1.1）。

图 1.1 在开盘价幅的上方或是下方加减特定的参数后的价位就是 A 点，这是确定进场做多或是做空的参考点。所有的参数都是我

们采用特殊方法研究的成果，具体的计算过程我不会公开。唯一能够告诉你的是：ACD 的参数是根据特定个股、商品期货或是其他金融衍生品的波动率计算出来的（请参看附录中的一些商品期货和股票当前 A 值，以及对应的时间周期）。

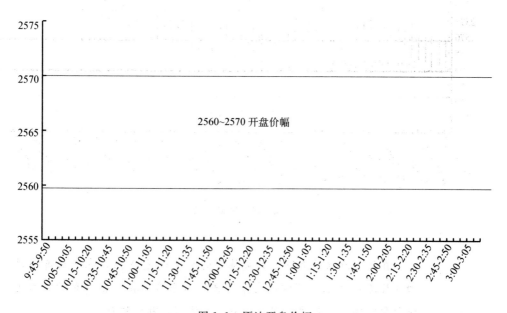

图 1.1　原油开盘价幅

还是以上面的原油期货为例，在开盘价幅的上下方加减 7～8 个点就是 A 点。见图 1.2。

如果市场快速上涨到开盘价幅的上方，到达 25.77～25.78，停留的时间对应开盘价幅时间周期的一半，市场就确定了升 A 点。换句话说，如果市场上涨到了 25.77～25.78，并且停留了 2.5 分钟（5 分钟开盘价幅时间周期的一半），你就可以在 25.77～25.78 做多，或是偏向多头。

相反，如果市场快速下跌到 25.53～25.52，并且停留了 2.5 分钟，市场就确定了降 A 点。这时，你就应在 25.53～25.52 下方做空，或是偏向空头。

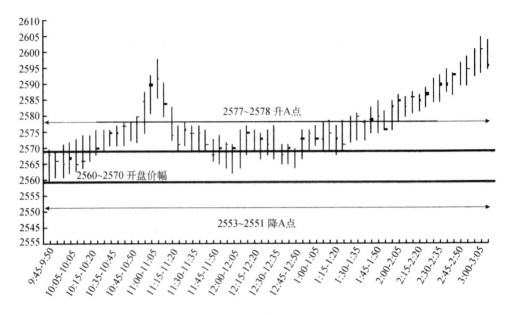

图 1.2　绘制 A 点

　　在开盘价幅的上下方加减特定的数值就是 A 点，在开盘价幅的上方就是升 A 点，下方就是降 A 点。如果市场在 A 点停留的时间达到开盘价幅对应时间周期的一半，你就可以做出判断。

　　请记住，在任何一个交易日，要么是升 A 点，要么是降 A 点，这取决于市场运行到开盘价幅的上方或是下方。在刚才的例子中，如果市场上行到 25.77，就是升 A 点，当天就不再有升 A 点。即使市场掉头向下，下跌到开盘价幅的下方也同样如此。

　　每个交易日只有一个 A 点。也就是说，一旦升 A 点确立，当天就不存在降 A 点；如果降 A 点确立，当天也不存在升 A 点。

　　在确定不同参照点的时候，你要随时提醒自己：出错的时候必须要在何处离场。做生意，你得知道要投资的额度和承担的风险。交易也是同样的道理。在你实际做一笔交易的时候，如果市场不对路，你必须知道自己的离场点，以及对应的亏损额度。由此，B 点就随之导入。一旦你确认了 A 点，无论是升 A 点还是降 A 点，B 点就是从这笔无法盈利交易的离场点。B 点同样是由开盘价幅决定的，是一个中性点。

还是用前面的例子来说明。如果你在 25.77～25.78 这个升 A 点建立多头仓位，但是市场马上就下跌并持续走低，这种情形你的止损点就是开盘价幅的最低点，也就是 25.60。如果你是在 25.53～25.52 开始做空，你的止损点就是开盘价幅的最高点，也就是 25.70。

要牢记一点：你确定的止损价位并不等于实际的离场价位。目标价位和实际成交价位的差异就是偏移，在实战中这样才是真实的。偏移的大小取决于市场情况。

如果你使用 ACD，要记住该方法是对称的。在开盘价幅的上方做多的策略跟下方做空呈完全镜像关系。

如果市场上行到达了升 A 点的位置，出现这样的情形，我就把这个升 A 点命名为成功的升 A 点。还是上面的例子，市场上行到 25.77～25.78，并且在这个价位区间停留超过 2.5 分钟的时间，我们就在 25.79 做多，26.10 盈利平仓。现在，如果市场下跌到开盘价幅 25.60 的下方，你该怎么办？答案就是什么都不要做。

这种情形具体来说是这样的：市场形成了升 A 点后，现在下跌到开盘价幅的低点，也就是 B 点，这个位置你的策略就是中立。接下来，你要等待 ACD 出现下一个信号后，才能形成新的策略。在这种情形下，就是等待市场出现 C 点。

# C 点

在 ACD 方法中，一旦确定了 A 点，下一个大概率进场点就是 C 点。C 点的计算方法是在开盘价幅的上下方加减特定的参数。以原油期货为例，A 点是开盘价幅上下方加减 7～8 个点；C 点则是在开盘价幅的上下方 11～13 个点（请参见附录，有很多个股和商品的 C 点参数）。正如你所看到的，在商品期货中，A 点和 C 点的参数是不同的。但是对于个股，A点和C点的参数几乎完全一致。下面，我们看一下图1.3。

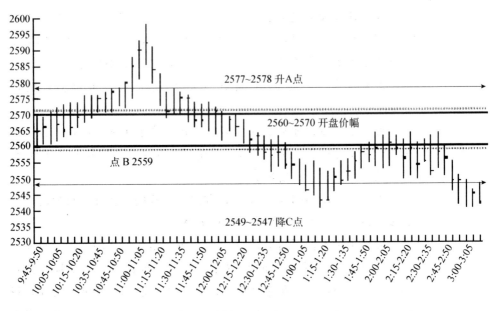

图 1.3    C 点

在这个例子中，如果市场持续下跌到降C点，应该怎么办？C点是你从看多到看空的转折点，反之亦然。如果市场下跌到25.49~25.47，并且停留2.5分钟（开盘价幅时间周期的一半），你就要做空或是看空。

C点是你从看多到看空的转折点，反之亦然。

如果你在C点下方做空，首先要确定的就是止损位。跟A点一样，C点的止损位也是由开盘价幅决定的。如果你确定降C点，对应的止损位，也就是D点，就是开盘价幅上方的1个点。参见图1.4。

这是一个完全对称的系统。图1.5是降A点和升C点的情形（如果你确定了升C点，止损位就是开盘价幅底部下方的1个点）。

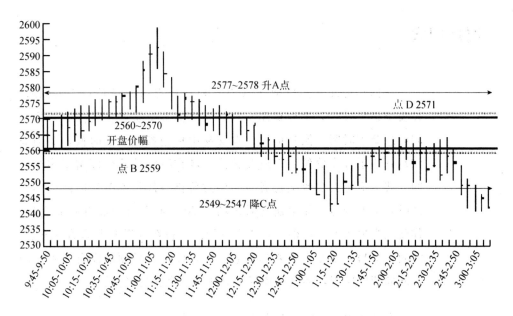

图 1.4　D 点

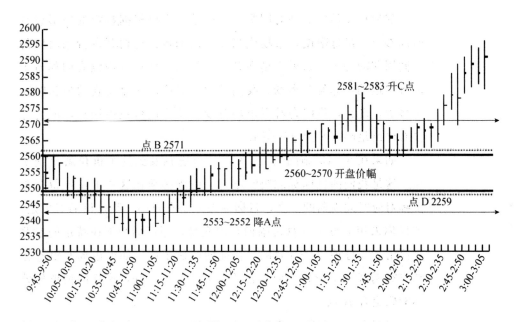

图 1.5　对称的 ACD

# 时间因素

在你标记升 A 点（或降 A 点）和升 C 点（或降 C 点）的同时，你要牢记另外一条重要概念——时间。很多交易者仅仅注意价格空间而忽略了时间。换句话说，在交易中标记参照点的时候，不但要注意到达了什么价位，你还要关注市场在特定的价位停留了多少时间。我知道绝大多数交易者只会注意价格空间，不关注时间。你曾经听几个人说过，如果建仓后市场在 20～30 分钟内没有明显变化，你就应当离场？一定很少，如果有的话。我在这里要表达的意思是：时间在交易中是非常重要的因素。如果你的交易预期没有在确定的时间周期内实现，你就要离场去寻找下一个交易机会。

**在交易中，时间实际上比价位更重要。**

如何在交易中处理时间呢？很简单。你要根据特定的情形设置时间参数。最低限度，市场应当在特定的价位停留开盘价幅对应的时间周期的一半。如果市场在开盘价幅的时间周期内没有向你希望的方向运动，你就要离场。我们随后要讨论的就是持仓的最长时间是多少。现在，我们先看看市场触及了特定的价位参照点，但是并没有停留足够的时间这种情形。

如果在 62.125 确定了升 A 点，市场触及到这个价位就出现卖压。这是我们的目标标志吗？不是。市场必须在这个价位停留开盘价幅对应时间周期的一半，目标标志才是有效的。我这里的意思是，如果你采用 5 分钟开盘价幅做日内交易，那市场必须在特定的参照点停留 2.5 分钟才是有效的。在前面的例子中，如果市场并没有在 62.125 停留 2.5 分钟，而是触及一下就掉头下跌，这样的情形你就不能确定升 A 点。

现在有一个问题来测试你是否在用心阅读：如果你不能确定升 A 点，什么情况会出现降 A 点？

答案是：市场还在运行。市场没有形成升 A 点，有可能随后形成；也可能在卖盘压力的持续作用下形成降 A 点。只有这样，你才能确定是升 A 点还是降 A 点。再一次强调：在采取行动之前，你必须等一下，看看是否真的确认。

现在，假设你是一个短线交易者，持仓时间是 1 日或是几日。开盘价幅你偏好使用 20 分钟。市场下跌到开盘价幅之下并触及降 A 点的价位。现在市场究竟需要在此停留多长时间，才能确立有效的降 A 点呢？答案是 10 分钟。

假设市场随后快速反弹，穿过开盘价幅并触及 C 点（请记住，C 点总是在 A 点的反方向。如果你确定了升 A 点，对应的是 C 点一定在开盘价幅的下方。反之亦然）。

接着讨论这个例子。市场要在 C 点价位停留多长时间才能形成有效的降 C 点？还是 10 分钟。

在进一步讨论之前，我们先用几个交易策略的实际例子来说明迄今为止讨论过的 A 点和 C 点的原则。图 1.6 是天然气期货市场 2001 年 6 月 12 日的例子。当日 20 分钟的开盘价幅是 4.085～4.150。天然气 A 点的参数是 15 个点。因此，升 A 点就是 4.165。查看 20 分钟的美国线图表，在开盘价幅后的第 4 根线形成了升 A 点。事实上，这根线之后，市场再也没有回到开盘价幅的下方，当日以远远高于开盘价幅的 4.330 的价格收盘。

请记住：ACD 是一个对称系统。上涨的时候有效，下跌的时候同样有效。

图 1.7 是 2001 年 6 月 27 日无铅汽油的 7 月合约。20 分钟的开盘价幅是 0.7440～0.7580，A 点的参数是 25 个点。正如你在图 1.7 看到的那样，市场快速下跌，在第 2 根 20 分钟美国线形成降 A 点。从这个时刻到收市，市场再也没有回到开盘价幅上方。尾盘急剧下跌，收盘价为 0.7065。

在上述的例子中，我们看到当市场确定升 A 点或是降 A 点之后，当日呈单向运动。现在，让我们看一下 A 点和 C 点都出现的情

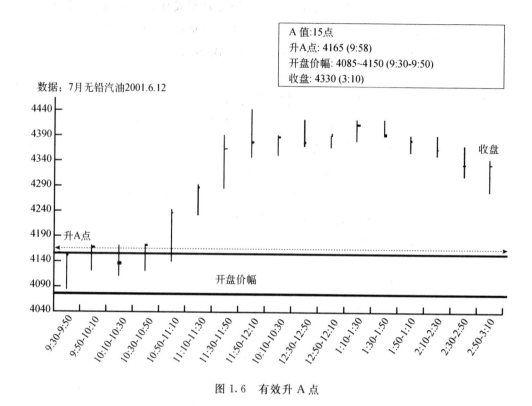

A 值:15点
升A点: 4165 (9:58)
开盘价幅: 4085~4150 (9:30-9:50)
收盘: 4330 (3:10)

数据:7月无铅汽油2001.6.12

图 1.6　有效升 A 点

　　形。复习一下，一旦市场形成了 A 点（上涨或是下跌），随后市场逆转，形成 C 点。C 点就是多空的转折点，反之亦然。

　　图 1.8 的例子是 2001 年 5 月 29 日的无铅汽油期货。当天的开盘价幅是 0.9700～0.9780，A 点的参数是 25 个点。市场开盘之后继续上涨，第 2 根 20 分钟美国线在 0.9805 形成该交易日的升 A 点。市场继续走高，在第 5 根线上形成顶点。随后在卖压的作用下，下跌至开盘价幅区间，并击穿开盘价幅的底部。请记住，一旦确定升 A 点，当市场回到或是低于开盘价幅时，不能马上做空。你要保持中立，直到市场到达开盘价幅下方的进场点，也就是 C 点。

　　在这一案例中，C 点位于开盘价幅下方的 85 个点，也就是说，0.9615 是降 C 点。一旦市场在这一价位持续 10 分钟（等于开盘价幅时间周期的一半），你就应当开仓做空。市场随后继续走低，在小

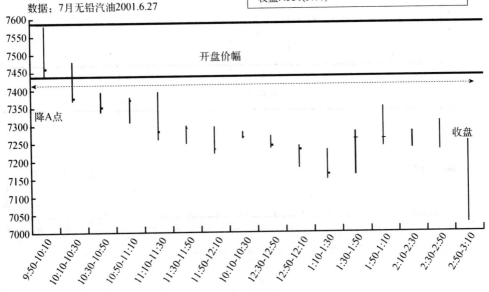

A 值:15 点
升A点:4165(9:58)
开盘价幅:4085-4150(9:30-9:50)
收盘:4330(3:10)

数据：7月无铅汽油2001.6.27

图 1.7　有效降 A 点

幅反弹之前接近 0.9500，收盘价位于 C 点下方的 0.9555。

　　下面是一个对称的相反例子。市场在确定降 A 点之后反弹形成升 C 点。图 1.9 是博通公司（BRCM）在 2001 年 3 月 1 日的走势（只要具备足够的波动性和流动性，ACD 方法在股市和商品期货中都有效）。

　　股市中的所有个股，A 点和 C 点的价格参数是相同的。在博通公司的例子中，参数都是 76 美分。博通公司的开盘价幅是 44.25～46.44。在前 7 根 20 分钟的美国线中，该股主要在开盘价幅内运动。第 8 根线向下击穿这个区间，并在 43.49 形成降 A 点。该股持续崩跌，创下全日的最低点 40.76。随后稳步反弹，上穿开盘价幅（在这个时候你要保持中立），在开盘价幅的上方 76 美分，也就是 47.20 形成升 C 点。这个情形出现在尾盘，并创出当日的 48.00 的高点。

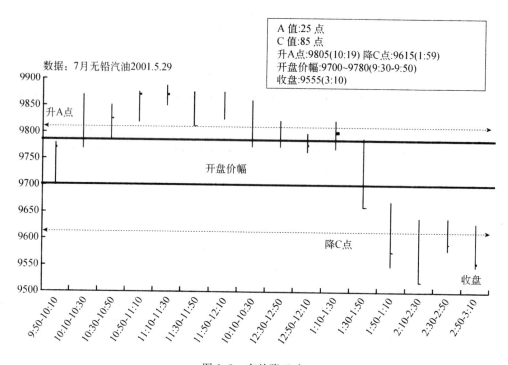

图 1.8　有效降 C 点

收盘前回落到开盘价幅内，以 46.00 收盘。

在上述例子中，A 点和 C 点能够被确定不仅仅是因为价格空间到达了特定的价位，而且还因为市场在特定的价位停留了开盘价幅对应时间周期一半的时间。然而，市场到达了特定的价位，比如说升 A 点，但是并没有在这个价位停留。在应当停留的时候市场却急速回落，这是怎么回事呢？我把这种情形称为"橡皮筋交易模式"。

找来一根橡皮筋，用左手和右手的大拇指、食指一起撑住，分开双手直到橡皮筋到达极限。这个时候，你松开手橡皮筋会怎么样？它会迅速回弹。

当市场以同样的方式延展至极限，就会向反方向快速回弹。我们把 A 点（升 A 点或是降 A 点）想象成为橡皮筋的极限点，如果市场接近或是达到这个点，你就要预期市场会快速逆转。

我用一个例子来说明我的意思：原油期货在当日 5 分钟的开盘

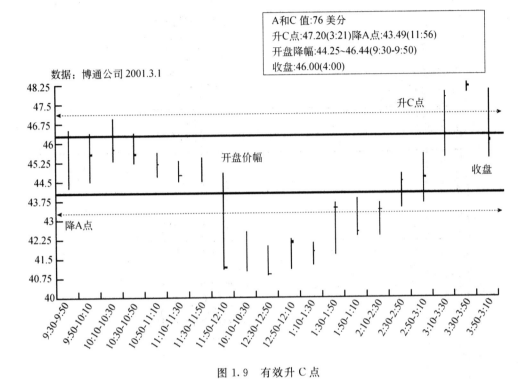

图 1.9　有效升 C 点

价幅是 20.60～20.70，升 A 点是 20.78。市场艰难地上涨到 20.77，
比 20.78 差 1 个点。随后就快速下跌。因此，升 A 点不成立。市场
确实接近目标价位，但是就像橡皮筋一样到达了极限，不可能再伸
长了，当然就会迅速反向运动，参看图 1.10。

　　现在，如果你判断市场会加速下跌，对于橡皮筋形态你就没有
必要等到降 A 点确定后再做空。一旦市场快速回落或是在接近升 A
点的价位，你就可以选择在失效的 A 点下方做空（图 1.11）。

　　此时，你要评估自己承担的风险。请记住，你要随时询问自己，
如果出错了自己要在什么位置离场。在这个例子中，尽管仅仅只有 5
个点，但市场仍在开盘价幅的上方，升 A 点仍旧有效。基于这个原
因，如果市场回到 20.78，你就要以 5 个点的损失离场。另外，如果
市场没有在接下来的 10 分钟内加速下跌（要牢记时间比价格更重要），

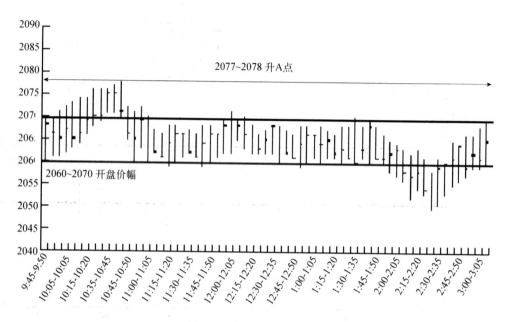

图 1.10   橡皮筋交易形态

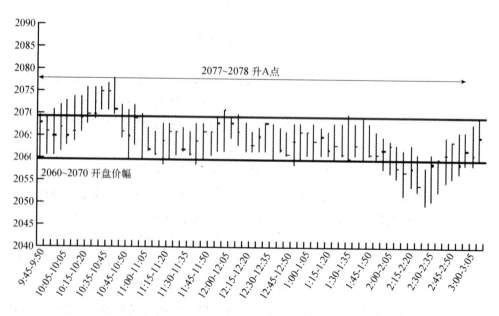

图 1.11   橡皮筋交易形态

你也必须离场。

假设市场的确快速下跌，击穿开盘价幅并低于 20.60，你就可以选择平掉盈利的空单。如果市场重新回到了开盘价幅内，你也得平掉空头仓位。这样操作，你只承担向上 5 个点的风险，对可能的大幅下跌则建仓做空。请牢记：在试图盈利 20 个点的时候，没有人会因为 5 个点的风险而吓跑。

下面我们从对称的角度讨论失效的 A 点（图 1.12）。在这种情形中，市场开盘后就一路走低，并接近降 A 点 20.52。我们知道，在 5 分钟开盘价幅的时间周期模式下，市场必须在 20.52 停留 2.5 分钟才能确定降 A 点成立。然而，市场下跌到 20.53 后，如同橡皮筋伸张到极限，似乎马上就要回弹到高位。此时，就是一个失效的降 A 点。你在快速反弹时候开仓做多，对应的风险很小。当然，你得知道出错了就要在降 A 点的位置离场。

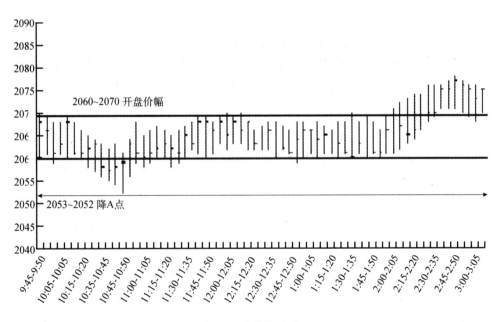

图 12　失效的 A 点

无论是在失效的升 A 点做空还是在失效的降 A 点做多，都是低风险、高盈利的交易机会。

请记住，橡皮筋交易模式仅仅适用于失效的 A 点。一旦 A 点成立，你就必须要在开盘价幅上方看多或是在开盘价幅下方看空。

当然，即使是采用最好的交易模式，交易者有时候也会违背规则。这样的情形也是人类天性的一部分吧，或者也可认为是人在展示个人的自由意志，甚至有时候这样做效果还不错，谁知道呢？但是，我希望你尽量用小仓位去做这类莫名其妙的交易。我的意思是，ACD 方法不能强迫你去做交易。事实上，你做的某笔交易的原因可能是你因为自己错过了 ACD 提供的一个好的交易机会而懊恼。例如，一个升 A 点确定后，你错过了这个做多的机会；现在市场回落到这个升 A 点的下方。这个时候你应当等待一个建仓做多的参照点。而实际上，你却在 A 点的下方开仓做空，仅仅是你就想这样做。如果你的大脑是这样的思维，除了你自己，没有人能够帮你从这个状态里弄出来。

"我想这样做"绝对不是交易的好理由。但是交易者也是人，而且通常还是容易激动的人。因此，他们并不像小机器人那样遵循逻辑。相信我的说法吧，我已经做了接近 20 年的交易，也教授过几千名交易者，我知道这个事实。

你在实战中究竟该如何做呢？在你决定要做某笔交易的时候，如果 ACD 的指标不支持，你就不能踩油门，不要重仓出击。在你无论如何都想做这笔交易的情况下，尽可能使用小仓位，还得带着点儿刹车。在做这类莫名其妙的交易时（任何交易如果没有充足的理由都是盲目的交易，即使该交易是盈利的），至少不能承担太大的风险。

请相信，我反复强调的就是只能去做交易模式确认的交易，这句话到公元 3000 年都管用。但是总有这样的时候，交易者，包括我自己和我手下的交易员，会忽视这套交易方法，用发神经一样的方法去做交易。出现这样的情形，你一定有自己情绪上的非理性原因。可能是昨天晚上，你最重要的另一半在吵架的时候把盘子像飞盘一样扔向了你。第二天上午，你怒气冲冲，在市场大肆买进。也可能是你的岳母大人要来做客……居然要待 6 个星期。在怒不可遏的状态下，你决定必须做空，因为这绝对是世界末日……你肯定知道这样的情形。

我不能阻止你做此类交易，甚至你自己都不能！但是只要保留一点点纪律性，你就不会重仓——做 10 张单子而不是 100 张。

现在回到我们的例子中，假设你正在遵循 ACD 方法交易。Z 商品期货的开盘价幅是 14.10～14.40，A 值的参数是 10 个点。市场在开盘价幅上方爬升，在卖压出现之前向上触及 14.49。这个时候你应该怎么办？

如果你判断这是一个潜在的橡皮筋交易模式，随后你在触及 14.49 后，回落至 14.46 开仓做空。你的止损价是 14.50——升 A 点的位置。你知道自己承担上涨 4 个点的风险。现在，我们假设市场在卖压作用下下跌，击穿开盘价幅后下跌至 13.20 的低点。假设你决定在这里平仓离场，而这里确实就是当日的低点。当天就是你的幸运日，因为你在承担 4 个点的风险下赚了 126 个点！

当市场接近或是仅仅触及目标价位就迅速会拉，这样的走势就是橡皮筋交易模式。在这样的情形中，要在升 A 点的下方开仓做空；或是在降 A 点的上方开仓做多，止损点就是 A 点。同时，如果市场没有在你的时间周期内出现你预计的走势，就必须离场。

至此，我们其实才刚刚开始讨论 ACD 方法。在已经讲述的内容中，你需要注意的是：ACD 方法是由各种价位参照点构成的。换句话说，你依赖这些价位就可以做交易了，并且是最小风险、最大盈利的模式。ACD 方法中的 A 点可以结合市场中的其他信息一起使用。例如，在你冒险以 95.75 的价位卖出 1000 股微软股票的时候，如果你此刻发现在 96.00 的价位有 100 万股的卖单。这个时候，全世界都是你的，对吧。你要以同样的方式使用 A 点的目标价位。

在你做交易的时候，ACD 方法中的价格参照点是可以依赖的工具。在任何时候，你都要知道如果出错了在什么位置离场。这样你就会有信心去做交易。

基于这个原理，你总是能够知道出错时候的离场点。利用 ACD 方法的价格参照点，你就能够在各种交易中逢低买进，逢高卖出（图 1.13）。

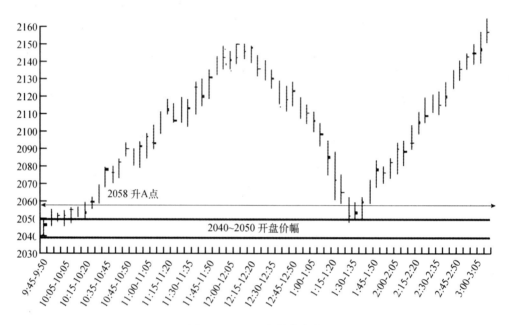

图 1.13　ACD 交易参考点

按照 ACD 方法，一旦 A 点确定，你要根据市场与开盘价幅的关系确定自己的市场偏好。比如说，市场在 20.85 形成了升 A 点，你就要开仓做多，并在 21.50 获利平仓。现在，市场走低，价位低于 A 点但是高于开盘价幅的底部。此刻，你相信市场仍具备上涨潜力，因此你决定逢低买进。

这笔交易的关键点是你在做反弹。不要试图买在最低点、卖在最高点，要让市场自身意识到价位过低而开始上涨。因此，在图 1.13 中你的参照点就是这波下跌的低点，你可以依据这个价位开仓做多。

再次强调，你随时要清楚自己出错时的离场点。这笔交易是在升 A 点下方做多，你的止损点就是开盘价幅的底部，这也是你从看多到中立的转折点。

我们再讨论一下对称的情形。假设开盘价幅是 20.50～20.40，市场在 20.33 停留了 2.5 分钟，形成降 A 点。你开仓做空，并在市场下跌到 19.85 的时候获利平仓。现在，市场开始反弹，但是仍低于开盘价幅。市场从 20.38 开始走低，你在 20.37 开仓做空，止损点就是开盘价幅的顶部。

在 ACD 方法中，此类逢低买进、逢高卖出的灵活变化并不违背基本原则。一旦升 A 点确定，你就要在开盘价幅上方做多；降 A 点确定，就要在开盘价幅下方做空。逆向操作的决策取决于你对市场的观察。在任何时间，你都要知道自己的止损位。

严格按照纪律做交易，你会遭受一些不可避免的小打击。例如你逢低买进，但是市场随后崩跌了。在市场中，没有人能够100%正确。你得假设自己就是一名拳击手，如果你知道用"叫停"来保护自己，就能承受小力度的击打，避开倒地不起的重击。能够这样做的人，都是市场的老手和幸存者。采用 ACD 方法的价格参照点，你就能够拟定自己的交易策略，因为你总是清楚自己出错时候的离场点。

大大提升交易水平的ACD方法五大规则：

1. 绘制价格参照点 A 点和 C 点。

2. 实战中依赖这些价格参照点做交易。

3. 在行情有利的时候加大你的仓位。在所有的时间，降低你的风险。

4. 知道出错时候的离场点。

5. 如果你能够回答出第四个问题，你就可以信心十足地去做交易了。

下面我们讨论基于 A 点和 C 点这两个参照点的另外一种策略——C 点逆转。先回顾一下，无论行情是向上还是向下，一旦 A 点确立后，如果市场反向运动到达足够的幅度，C 点就会出现。

例如，在原油期货中，A 点的参数是 7～8 点，C 点的参数是

11～13 点。如果开盘价幅是 20.50～20.60，在 20.67～20.68 区间就会出现 A 点；C 点则是下跌至 20.39～20.37。

现在，我们假设原油期货上涨并形成升 A 点，随后出现卖压，市场加速下滑，并击穿开盘价幅（这个阶段你的观点是中立的），当价位下跌至 20.39～20.37 的时候，C 点就出现了。但是，市场触及 20.38 后并没有继续走低，而是像前面提到的橡皮筋一样快速回弹——市场随着反弹持续走高。

这就是标准的失效的降 C 点。市场触及 C 点价位，但是并没有在这个价位停留开盘价幅时间周期的一半。在市场脱离失效的降 C 点的价位区间后，你可以在 C 点价位的上方做多，参与这轮逆向运动，止损点就是 C 点。如果市场再次触及 C 点，你就要放弃看多的立场。现在，你的潜在盈利空间是进场点到开盘价幅的区间，且潜在风险非常小。

下面是这种策略的另外一个实战案例，我称之为"成功的升 A 点，失败的降 C 点"（对称的，就是"成功的降 A 点，失败的升 C 点"）。图 1.14 是 2001 年 1 月 22 日的标准普尔 500 指数 3 月期货的走势图。升 A 点在当天开盘后的第 3 根 15 分钟的美国线在 1353.50 成立。随后市场在当天下跌，并触及 1344.50 的降 C 点，但是在这个价位停留的时间并没有超过 7.5 分钟。实际上，市场从这个价位开始反弹，收盘价位于开盘价幅之上。

在本书的开始部分，我们提到了时间的重要性怎么强调都不过分。正如你看到的上面这个例子，尽管行情触及 C 点，但是没有停留足够的时间。市场并没有在 C 点或是 C 点下方停留超过 7.5 分钟的时间（开盘价幅时间周期的一半），这样就形成了失效的降 C 点。

但是，停留的时间是另外一种极端情形——停留太长时间又会怎样呢？正如我在本章前面提到的，时间因素既包含要在特定的价位必须至少停留最短的时间，也包括走势必须要出现变化的最长时间。换句话说，在合理的时间范围内，如果市场并没有出现你期望的运动，你就要马上离场。

在图 1.14 的案例中，你在当日交易时使用的是 15 分钟的开盘价幅，盘中你在标准普尔 500 指数的失效 C 点的上方做多。但是市

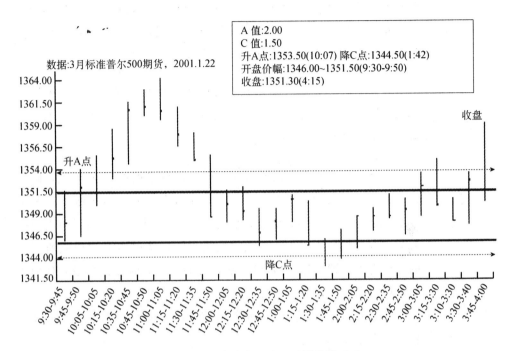

数据:3月标准普尔500期货，2001.1.22

A 值:2.00
C 值:1.50
升A点:1353.50(10:07) 降C点:1344.50(1:42)
开盘价幅:1346.00~1351.50(9:30-9:50)
收盘:1351.30(4:15)

图 1.14　有效的升 A 点，无效的降 C 点

场没有反弹走高，也就是说市场在 15 分钟内一直停留在这一价位盘整。出现这样的情形你就应当离场，去寻找下一个机会。为什么呢？因为市场在同一价位停留的时间越长，就会有更多的交易者进行同样的操作。请记住，市场中绝大多数人都是错误的。当交易非常容易做的时候，通常你也不会有盈利。如果你花费过长的时间去等待预期走势，你就会面临我称之为"巴士乘客"的风险。

如果你与我一样住在纽约，你就会很熟悉载人到大西洋城赌场的巴士。这些巴士是免费的，甚至在到达赌场时你会得到 10 美元的赌场筹码。当这些人离开大西洋城的时候，很明显，钱已经从这些人的口袋进到赌场的口袋。在交易领域中也存在巴士乘客这类人：非专业的交易者、缺乏足够信息和纯粹的外行。我这样说或许会冒犯一些人，但是请你暂时先不要着急下结论。当这些人投资的时候，共性就是几乎 100% 会犯错。作为一名交易者，你不能让自己成为类似这些巴士乘客的乌合之众。因此，当市场横盘的时候，你不能冒险和很多人做同样的事情——在横盘区间买进、卖出。如果出现这样的情形，这笔交易的结果通常是对你不利的。

在你进行交易的时候，务必固定自己的时间周期。不要像"巴士乘客"一样在一个价位区间停留过长的时间。请记住："巴士乘客"通常总是错误的。

当然，市场有时候的确会作弄你。市场走低形成降 A 点，随后快速反弹至开盘价幅的顶部，触及你的止损点；接着继续上行形成升 C 点，这个时候你会做多；但是市场逆转回开盘价幅区间内窄幅波动。这就是无形之手——在你交易中，市场的本质给出众所周知的无形之手。即使你严格遵循 ACD 交易法，此时你依然没有任何进展，事实上你还在当天出现了两笔亏损的交易。

幸运的是，只要你参与的市场符合以下两个基本条件，这样的日子就很罕见。

● 足够的流动性。你参与的时候必须有足够的成交量，这样你能够在接近自己目标价位的时候进场或是离场。

● 交易当天的波动性。即使是欧元这样巨大成交量的市场，如果当天没有波动也不成。没有波动，就没有 ACD 交易法的机会。必须要有波动性。

在任何时候，你都要清楚出错时候的离场点。如果你不能做到这样，就会跟一名叫哈勃的交易者一样。哈勃在公司为我在纽约商品交易所做燃料油期货。某一天，他发现自己陷入很不幸的状态；居然成为场内唯一的买家。所有人都在卖出，只有他一个人在买进，从每一个人手中买进。当然，市场正在下跌（这就是每一个人都成为卖家的原因）。

没人能够知道原因。或许哈勃认为行情正在接近底部，或是市场可能出现逆转，甚至可能是他忘记应当说卖出而不是买进。无论什么原因，哈勃不停地买进。在临近收盘的时候，哈勃突然冲上了交易厅中的台子。我得提示一下，这个台子是交易所的工作人员监控和发布成交价格的地方。哈勃抢下了台上的麦克风，大声宣布："60 买进，有多少买多少。"他把自己的交易卡放在台上，告诉下面目瞪口呆的人群，想卖出的只要把名字写在卡上就成了。故事并没有结束，随后大概有 25 个经纪人跑上台子写下了自己的名字，以 60 的价格卖给了哈勃。

不用说，我们随后让哈勃短暂休息了一下。在恢复了自我控制力之后，他最终回到了交易大厅——当然是带着更严格的纪律观念。

哈勃究竟忘记了什么规则？那就是他不知道自己明显出错的时候在什么位置离场，以及如何离场。

# 第2章
## 中枢概念

作为交易者，都希望能够识别出市场可能获得支撑或是遇到阻力的关键价格区间。因为所有人都知道，如果市场在特定的价位获得支撑，通常都会反弹走高；如果遇到阻力，则会回落走低。同时你也清楚，如果市场有足够的动能击穿支撑位或是突破阻力位，市场将沿着突破方向大幅运动。

现在你要掌握的就是ACD交易法中的第二个重要概念：中枢价幅。中枢价幅能够精确定位支撑或是阻力的关键价位区间，是交易策略的指南。正如我们在第一章讨论过的A点和C点能够确定做多或是做空的价位，中枢价幅也能够帮助你确定关键价位区间。

## 什么是中枢价幅？

中枢价幅是用来确定我所命名为"市场核心"的价位区间，该价位区间是通过最高价、最低价和收盘价计算出来的，能够帮助你看出市场在什么位置有可能获得支撑或是遇到阻力。如果穿越了这个价位区间，随后通常会出现重要的运动。

中枢价幅也试图发现这样一些价位区间，例如买盘增加（支撑位），或是卖盘占据优势（阻力位）。与其他交易系统不同，中枢价幅非常容易计算（本章随后会详细阐述），仅仅使用特定交易周期的最高价、最低价和收盘价。换句话说，计算中枢价幅跟第一章所讲的A点和C点一样容易。

正如开盘价幅与当日最高点或是最低点的重要关系可以用来确定建仓的突破点一样，当日的中枢价幅则可以帮助你识别出在什么价位会有事情发生。中枢价幅是市场趋势的中枢，如果市场在中枢下方向上运动，在中枢价幅就会遇到阻力。当市场突破了中枢价幅，就会有足够的动能脱离这个区间向上大幅运动。相反，如果市场从中枢上方向下运动，在这个区间就会获得支撑；当支撑被击穿后，同样会有足够的动能向下大幅运动。

中枢价幅是市场的支撑位或是阻力位。如果中枢价幅被突破，市场通常会沿着同方向大幅运动。

有一个场景能够帮助你理解中枢价幅的概念。场景中有一个胖大叔侧面站立，他的前腹部和后背之间就是中枢价幅。现在，假设市场是一把剑，如果胖大叔身着铠甲，剑就不能刺穿胖大叔的腹部，相反还会弹回来。但是，如果这副铠甲的强度很低，有锈迹，甚至有锈洞，市场的利剑就会刺穿盔甲并刺到胖大叔的腹部，当然要使劲才行。但是，一旦剑刃刺穿了他柔软的腹部后，并不需要太大的力气就能刺穿整个身体。这样胖大叔（中枢价幅）的背后就会有利剑（市场运动）。

现在你对中枢价幅有了一定的概念，下面我们看一下如何计算中枢价幅。中枢价幅是根据特定交易周期的最高价、最低价和收盘价计算出来的。如果你是日内交易者，你就使用前一日的最高价、最低价和收盘价；如果你是长线交易者，其计算方法如同我们在本章后面阐述的那样，要使用长周期的最高价、最低价和收盘价。现在，我们先讨论日内交易的当日中枢价幅是如何计算的。

每日中枢价幅是由前一交易日的最高价、最低价和收盘价计算出来的。

# 计算当日中枢价幅

当日中枢价幅的计算要从计算当日中枢价格开始。首先，把前一交易日的最高价、最低价和收盘价求和后除以3。我们假设 X 商品期货的最高价是 21.00，最低价是 20.00，收盘价是 20.75。上述三个数值求和后除以 3 等于 20.58（四舍五入）。这个数值就是当日的中枢价格。

接下来，把最高价和最低价相加后除以 2，结果等于 20.50。该数值与 20.58（当日中枢价格）的差就是 8 点，这就是当日中枢价差。

当日中枢价幅等于中枢价格加减当日中枢价差。在上面的例子中，20.58 加减 8，当日中枢价幅就是 20.50～20.66。

当日中枢价幅是在前一日中枢价格加减中枢价差。

计算当日中枢价格和中枢价幅采用以下的方法：

$$\frac{\text{最高价}+\text{最低价}+\text{收盘价}}{3}=\text{当日中枢价格}$$

$$\frac{\text{最高价}+\text{最低价}}{2}=\text{第二个数值}$$

$$\text{当日中枢价格}-\text{第二个数值}=\text{当日中枢价差}$$

$$\text{当日中枢价格}\pm\text{中枢价差}=\text{当日中枢价幅}$$

例如，Y 商品期货的最高价是 24.50，最低价是 22.50，收盘价是 23.25。

$$\frac{24.50+22.50+23.25}{3}=23.42\text{（四舍五入）（当日中枢价格）}$$

$$\frac{24.50+22.50}{2}=23.50$$

$$23.50-23.42=0.08（当日中枢价差）$$
$$23.42+0.08=23.50$$
$$23.42-0.08=23.34$$

当日中枢价幅就是 $23.34\sim23.50$。

## 运用当日中枢价幅

好，我们现在已经学会计算当日中枢价幅了。那接下来的问题就是中枢价幅对你意味着什么？首先，我们比较一下前一交易日的收盘价和当日的中枢价幅，就能发现市场潜在的动向和情绪。如果前一交易日的收盘价高于当日中枢价幅，当日就看涨；如果低于，则看空。

请记住：今日的最高价、最低价和收盘价是用来计算明日的中枢价格和中枢价幅的。

例如，如果市场昨天的收盘价是 20.75，计算出来的中枢价幅是 $20.45\sim20.60$，市场就可以看多。相反，如果昨天市场的收盘价是 20.30，计算出来的中枢价幅还是 $20.45\sim20.60$，就表明市场看空。

下一步就是把当日中枢价幅这个因素放进你基于前一交易日建立的当日交易策略中，中枢价幅就是当日的支撑位（高于）或是阻力位（低于）；如果市场在中枢价幅中运动，则是中立的。

现在，根据当日市场的实际走势，中枢价幅要么证实前一日的市场行为，要么改变前一日的市场行为。例如，我们假设是周一，市场当日上涨，在当日中枢价幅上方表现得非常强势。很明显，接下来的周二市场将看多。如果看多要得到确认，周二的市场就应当在当日中枢价幅获得支撑，并且全天没有跌进价幅区间。但是，如果相反的情形出现，市场跌破当日中枢价幅并继续走低，那周二的看多就不成立。

当市场的实际走势跌破当日中枢价幅还预示更多的信息。在这样的情形下，由于提供支撑的当日价幅被跌破，也就意味着一波强烈的下跌随后就会出现（想一下剑穿过人身体的情形）。如果你认定提供支撑的当日中枢价幅会被跌破，并看见市场轻而易举地击穿它，你就要判断这是否是一个大概率的市场多空的转折点。为什么呢？因为市场毫不费力地击穿当日中枢价幅，有很大可能走得更低。

总的来说，当日中枢价幅能够自动帮助你做好交易计划。在看具体的例子之前，我们先总结一下当日中枢价格的要点。

● 中枢价幅是由特定交易周期的最高价、最低价和结束时的价格计算出来的（对于日线来说，结束时的价格就是前一个交易日的收盘价）。

● 收盘价相对于中枢价幅的位置表明市场的情绪（例如，收盘价高于中枢价幅就是多头市场；低于就是空头市场）。

● 中枢价幅高于市场就是阻力，低于就是支撑。

● 如果市场击穿了中枢价幅（支撑或是阻力），你可以预计市场在同方向会出现重大的运动。

# 中枢价幅策略

我们先讨论一些仅仅使用中枢价幅的具体策略。在图 2.1 中，股票 X 的中枢价幅是 35.00～35.20，前一交易日的收盘价为 35.40，预示将出现一股牛市的气象。下一个交易日，股票开盘价为 35.35。中枢价幅 35.00～35.20 构成支撑位。股票行情走低，跌至 35.20 附近，但是没有低于 35.22。至此，价位反弹，迅速飙升至 35.25。这一走势告诉你什么呢？

在这个例子里，行情在接近中枢价幅时快速弹回，与我们在第 1 章所讨论的橡皮筋交易非常相似。行情大幅拉伸，但是没有触及中枢价幅，在接近中枢价幅时快速反弹。这个案例里，你应当运用橡皮筋交易的策略，在行情低于 35.22 并开始反弹时做多。

我们看一下其中的逻辑。中枢价幅构成支撑位，行情运行至支

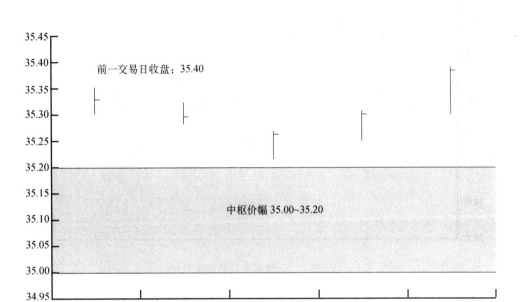

图 2.1　中枢价幅支撑位

撑位，但是没有继续下探，而是快速弹回，这就接近演变成上行趋势。

　　在每一笔交易中，你必须自问我出错时应当在哪里离场？正如第 1 章里提到的开盘价幅、中枢价幅支撑位、A 点和 C 点可以帮助你止损，中枢价幅也是一样的。在这个例子里，中枢价幅上方可确立做多/偏向多头，你的止损点就是中枢价幅下方，在这里偏好转为中立。

　　现在，让我们换一个情形。在图 2.2 中，你可以看到股票 X 的当日中枢价幅是 35.00～35.20，前一交易日的收盘价和前面的例子都是 35.40。第二日开盘价是 35.35，随后下跌。在这种情形下，随着行情向中枢价幅靠近，抛售压力升高，行情跌至 35.25，随后是 35.20，之后是 35.10。至此，交易者将持续盯盘，等待行情回落至中枢价幅以下，如果跌至 35.00 以下，就可以做空。重复一下，止损点在哪里呢？就在中枢价幅的顶部，35.20 上方。

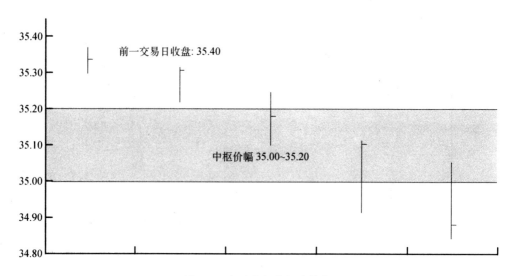

图 2.2　突破中枢价幅支撑位

在 ACD 体系中所有情形都是对称的。行情在中枢价幅上方的变化情形，在中枢价幅下方也一样适用。举例来说，图 2.3 中，股票 XYZ 的中枢价幅是 44.72~44.80。前一交易日的收盘价是 44.65，下一日的开盘价是 44.68。

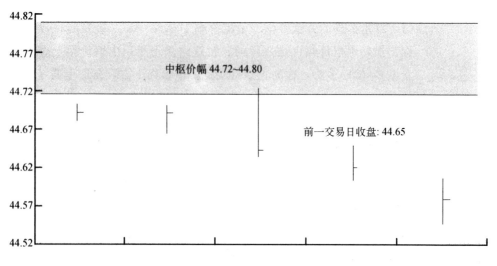

图 2.3　中枢价幅阻力位

市场在开盘价幅附近盘整，随后缓慢拉升至 44.70，在此价位上开始反转，下行至 44.71、44.70 和 44.69，此时应当怎么做？这就是标准的橡皮筋交易形态。一旦行情在 44.72 开始反向弹回，这就是一个做空的机会。为什么呢？行情触及中枢价幅的边缘，但未能刺穿阻力位，随后出现下降趋势的概率非常大。如果行情不跌反升，你所承担的风险，只是行情到达中枢价幅另一端的价格差。

另外一种情形，还要使用股票 XYZ 的例子：在图 2.4 中，可以看到中枢价幅是 44.72～44.80，前一交易日的收盘价是 44.65。假设行情于 44.68 开盘，随后行情稳步上升，到达 44.70、44.72，随后是 44.75，恰好位于中枢价幅中间，此时应该做什么？答案是等待，在中枢价幅区间交易，如同在开盘价幅区间交易。这是一个中立区，在这里要等待行情开始向某一个方向移动，要么上行，要么下行。

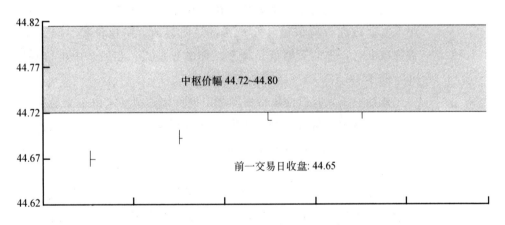

图 2.4　中枢价幅区间交易

在另外一种情形下，股票 XYZ 的中枢价幅还是 44.72～44.80（图 2.5）。但这次行情开盘后稳步攀升，44.78、44.79、44.80，随后到达 44.81。

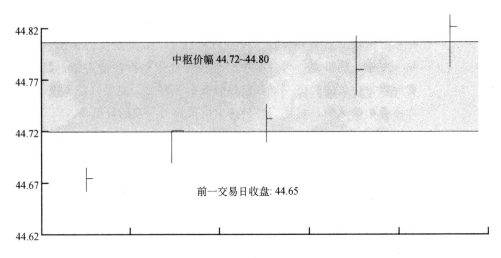

图 2.5 中枢价幅上方做多

正如你看到的，行情轻松突破了中枢价幅阻力区，行至中枢价幅上方。现在你应该做什么？答案是明显的。中枢价幅（阻力位）被突破上行，你的策略就是做多。你的止损点，当然是中枢价幅底部，低于 44.72。

概括一下，我们使用行情围绕中枢价幅的活动来决定交易策略，如果行情从中枢价幅反弹，表明出现逆行情操作的机会。我们确信行情已经竭力拉伸，或者下行至中枢价幅支撑位，或者上行至中枢价幅阻力位，我们将启动反向持仓，在行情无力攀升且出现反转时做空，在行情无法持续下跌反弹时买进做多。相反，如果行情确实突破了中枢价幅，就要根据市场运行走势做空或做多。如果行情突破了中枢价幅支撑位，我们就做空；反之，我们就买进做多。

## 借助中枢价幅交易

通过以上我们假设的案例，现在看一下如何在真实的市场中运用中枢价幅。图 2.6 是 2001 年 8 月 7 日天然气期货的行情走势图。

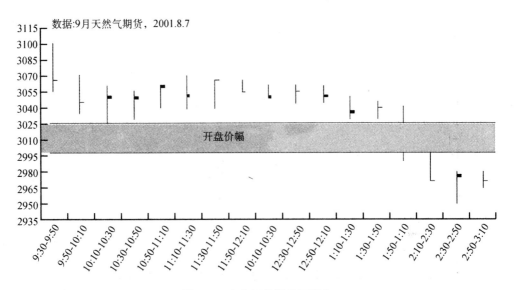

图 2.6　在中枢价幅以下做空

　　如你所见，当日中枢价幅确立为 3.025～2.997。开盘前 20 分钟的时间柱上，行情在 3.100 的高点上运行，随后的时间柱呈下跌走势，到达当日中枢价幅，但此后始终在中枢价幅上方盘整，直到下午 1：50—2：10 的时间柱上，行情穿破中枢价幅。在随后的时间柱上，行情继续稳步下跌，收盘时远低于中枢价幅。你可以清楚地看到，一旦行情突破中枢价幅的支撑，就有足够的下行动能在中枢价幅下方运行，最终在远远低于中枢价幅的点位上收盘。

## 小中枢价幅与缺口日中枢

　　比较中枢价幅与每日价格区间，另一个现象将很容易得出：如果连续几日的交易价格区间幅度不大，而随后一天确定的中枢价幅非常狭窄，预示这一天会有幅度较大的交易价格区间。参见图 2.7，我们来说明一下，这是自 2001 年 6 月 25—28 日连续四个交易日的 9 月原油期货柱形图。

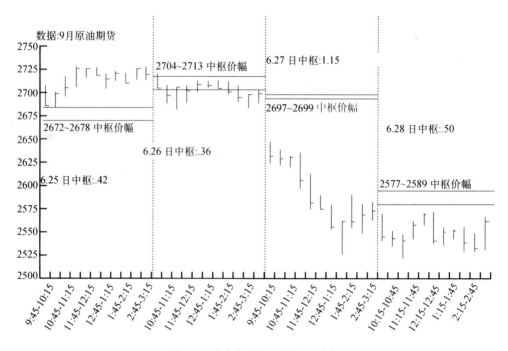

图2.7 小中枢价幅和缺口日中枢

6月25日，市场的中枢价幅是26.72～26.78（6美分价差），当日的交易价格区间是42美分。6月26日，每日中枢价幅是27.04～27.13（9美分价差），交易价格区间是36美分。现在，6月27日，市场当日的中枢价幅只是2美分价差。这个中枢价幅是根据前一日的交易活动得到的，前一日的市场交易是常规的36美分的价格区间。这种情形意味着什么？它意味着交易日将会出现一个比常规价格区间幅度大得多的价格区间，正如在6月27日行情图上所看到的。

6月27日，市场跳空低开（形成缺口日的中枢价幅26.97～26.99），形成比常规交易价格区间1.15更大的幅度。需要记住的是，跳空低开的缺口日中枢价幅，对于未来一段交易时间构成重要的阻力，随后的几日或几周里，如果市场接近26.97～26.99的中枢区间，可以预期在这个水平有明显的阻力。相反，如果市场跳空高开，在中枢价幅上方交易，在随后的几日或几周里，可以预期缺口日中枢价幅对行情形成强大的支撑。

# 特殊意义的时间区域

正如你已经学过的，ACD 体系的多数内容都是基于某个特定的时间区域——不管它是一个开盘价幅或者是中枢价幅——都能帮助你建立多头或空头的仓位/偏好。特别对于长线投资，有其他特殊意义的时间区域，可以确立偏好。其中，某月的第一个交易日，相对其他交易日，更可能成为当月的最高点或最低点。换句话说，某月的第一个交易日比其他交易日更具有统计学意义，如同开盘价幅（在第 1 章已经讨论过）在同一交易日更具有统计学意义一样。

为说明这一点，请参见图 2.8。这是 2001 年连续 4 个月的原糖期货。请注意 5 月、6 月、7 月和 8 月的第一个交易日，都是当月的最高点或最低点。

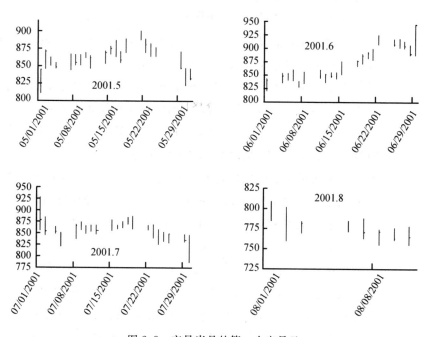

图 2.8　交易当月的第一个交易日

# 3 日滚动中枢

另一个中枢概念可以定义为"3 日滚动中枢"，对于选择中期持仓的交易者，比如持仓几天，或者对于某些盈利丰厚的特殊交易，需要持仓几周，均可以应用此概念。这种中枢是根据连续 3 个交易日的市场活动得来的，以 3 个交易日的最高价、最低价和第 3 个交易日的收盘价计算。根据中枢价幅计算公式（参见本章前面的"计算当日中枢价幅"），以这 3 个参考值计算 3 日滚动中枢价幅。

3 日滚动中枢可以用多种方式使用，比如决定交易进场点。在 3 日滚动中枢上方，可以确立做多/偏向多头，在其下方可以确立做空/偏向空头，3 日滚动中枢还可以用于跟踪止损点。

跟踪止损点相当于时刻保护你的安全网络。跟踪止损点随交易的走势移动，做多时上移，做空时下移，在持仓时予以保护。计算跟踪止损点，也使用 3 日滚动中枢的计算方法，去掉最高的一天，加上新的一天，紧随仓位移动。

举例来说，假设你在某一价格确立空头仓位，随着行情走低，你可以运用 3 日滚动中枢决定平仓止损点（对于空头仓位，止损点就在中枢价幅高点之上。对于多头仓位，止损点就在中枢价幅低点之下）。在获利平仓离场之前，应始终使用跟踪止损点管理仓位，如果市场突破中枢价幅，偏好转为中立，由于跟踪止损点随交易方向移动，因此在止损离场之前，要确保获利。

使用滚动中枢确定跟踪止损点的一个关键就是保持连续性，必须每次使用一个时间区域计算中枢。如果开始交易时使用 3 日滚动中枢，就必须保证在整个交易过程中都使用 3 日时间段，不能在交易中换成 2 日或 4 日时间段。

使用较长的时间段计算中枢，可以在外部突发事件导致某一交易日波段性增长时，起到控制仓位的作用。例如，如果使用短线交易系统，在某些数据报告出炉时，你就很难继续持仓，因为这些报告通常会震动市场，导致剧烈的价格变化，比如 GDP 报告和就业报告。因短线交易系统设定的止损点通常距离市场价格太近，如果使用长时段确定中枢，就可以过滤掉某些经济数据带来的短期市场波动。市场的假动作，比如无法持续的突然涨跌，就不会对仓位构成显著影响。

滚动中枢是中枢价幅概念的延伸，不管使用 1 个交易日还是 3 个交易日（或者更长时间段，本章中还将继续讨论），概念都是一致的，由最高价、最低价和特定交易时间段的结束价得出滚动中枢价幅，以此确定进场点和止损点。

图 2.9 是 6 月无铅汽油期货 3 日滚动中枢价幅，5 月 11 日的 3 日滚动中枢在 1.0700 下方形成支撑位，行情突破中枢，确立降 A 点 1.0510，此时可以做空。请注意此图，市场继续下跌至 3 日滚动中枢下方，5 月 16 日下跌至 0.9500 的低点，随后 5 月 17 日行情突破 3 日滚动中枢，到达其上方（远远低于 5 月 11 日的 3 日滚动中枢），确立升 A 点 1.0010。再观察数据，行情在随后的 4 个交易日里如何在 3 日滚动中枢上方运行。

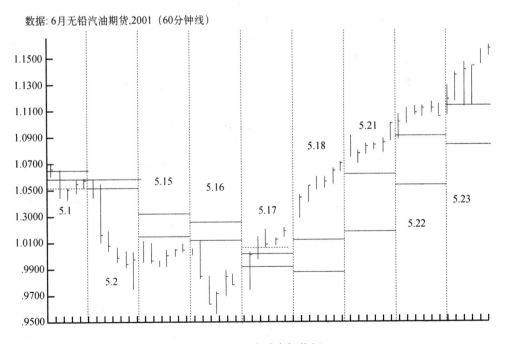

图 2.9　3 日滚动中枢价幅

# 上涨日与下跌日

由中枢价幅概念衍生的另一个概念是上涨日与下跌日。上涨日与下跌日的计算方法很简单，就是将一个特别交易日的市场价格变化与当日中枢价幅相比较，根据结果将交易日定义为上涨日或下跌日，我称之为给当日中枢确定一个数值。

● 如果市场在中枢价幅下方开盘，收于其上方，就是一个上涨日。换一种说法，如果开盘价低于中枢价幅，中枢价幅低于收盘价，就会出现一个上涨日。

开盘价幅＜中枢价幅＜收盘价＝上涨日

● 如果市场在中枢价幅上方开盘，收于其下方，就是一个下跌日。换一种说法，如果开盘价高于中枢价幅，中枢价幅高于收盘价，就会出现一个下跌日。

开盘价幅＞中枢价幅＞收盘价＝下跌日

● 所有其他情况都是零值日（或者说中立交易日）。

中枢价幅是根据之前的市场状况，预测未来的市场变化。上涨日/下跌日概念与之相同，可应用于 30 个交易日为基础预测。基于多年的交易经验，我发现 30 个交易日前如果是波动剧烈的上涨日（开盘价低于中枢价幅，收盘价高于中枢价幅），在统计学意义上，交易当日有较大几率也是一个上涨日，也将有剧烈波动。30 个交易日前如果是波动剧烈的下跌日（开盘价高于中枢价幅，收盘价低于中枢价幅），在统计学意义上，交易当日有较大几率也是一个下跌日，也将有盘面震荡。

如何运用这种信息呢？假设 30 个交易日前是一个上涨日（请记住，这意味着市场开盘价幅低于中枢价幅，收盘价高于中枢价幅），现在，交易当日的中枢价幅是 75～85，行情开盘低于中枢价幅区间，开盘价幅是 60～70，且前一交易日是一个上涨日，交易当日会出现什么情形？如果 30 个交易日的循环效应属实，已知开盘价幅低于中枢价幅，就可预期行情会运行至中枢价幅之上，并收于中枢价幅之上。

有两个关键点需要注意：第一点是确定 30 个交易日前是否为上涨日，或者是否为下跌日；第二个问题是，历史如果在交易日重演，从开盘时就要重演相同的情况。比如，如果 30 个交易日前是一个上涨日（开盘价幅低于中枢价幅，收盘价高于中枢价幅），假定今日很可能会延续这一情况，但如果今日行情在中枢价幅上方开盘，没有按照上涨日预期运行，即便行情最后收于中枢价幅上方，也不是一个上涨日，因为前面提到的第一个条件没有出现——行情没有在中枢价幅之下开盘。因此，当你使用 30 个交易日为基础的上涨日/下跌日指标时，当市场在某个交易日收盘前，先确定市场情形是否是按照顺序依次出现的。参见图 2.10 和图 2.11。

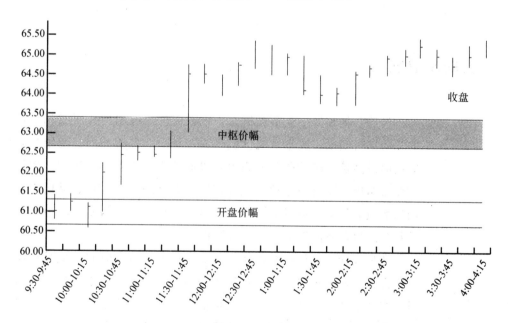

图 2.10　上涨日

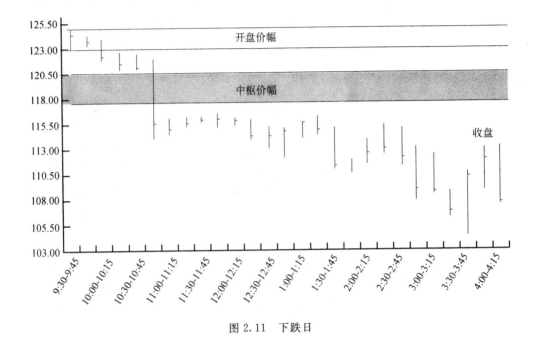

图 2.11　下跌日

# 长周期中枢

　　最后，提到另一个重要概念：将中枢价幅应用到几周或几个月的长周期时间段。在本章之前我曾讲过，概念是相同的：使用某时间段的最高价、最低价和收盘价，以此计算中枢价幅。比如，如果你使用两周的交易时间段，先确定这一时间段的最高价、最低价和两周的最后一个交易日的收盘价，将这三个数字应用到当日中枢的计算公式里，就能得出下一时间段的中枢价幅。

　　从长周期中枢价幅的角度，我们发现某些特定时间区域具有统计学意义。根据每年前两周计算出的中枢价幅，对于上半年的行情具有统计学意义。换句话说，根据前两周计算的中枢价幅，对上半年的市场构成重要的支撑位或阻力位，随后市场在年中盘整，再根据 7 月的前两周计算出的中枢价幅，就确定下半年的重要支撑位或阻力位。

一旦你已经计算出长周期的中枢价幅，比如确定这一年前两周的中枢价幅，你就能确定建仓做多或做空的目标价位，这些目标价位就是升 A 点和降 A 点。与第 1 章提到的 A 点有所不同，前面提到的 A 点和开盘价幅的关系，可采用短线的当日交易策略。这里所讲的升 A 点和降 A 点目标价格水平是从长周期考量的。

让我们看一个案例。图 2.12 是 2001 年前半年的天然气期货周线图，根据这一年前两周的市场情况计算，中枢价幅为 9.005～8.650（以 1 月 9 日的最高价 9.870，1 月 3 日的最低价 8.140，以及 1 月 12 日的收盘价 8.472 计算得出）。

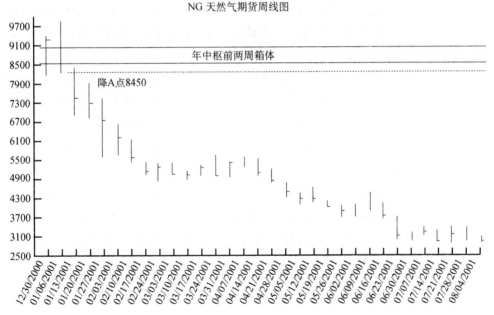

图 2.12　长周期中枢

基于这一中枢价幅，可计算出升 A 点和降 A 点。由于是长周期交易，不是当日交易，我们要选用较大的 A 值参数，在这里以 200 个价格增幅（相比之下，根据开盘价幅确定当日 A 点，是以 15～20

个价格增幅计算）。这样，根据前两周中枢价幅得出升 A 点的目标价位是 9.205（9.005 加上 200 个价格增幅），降 A 点的目标价位是 8.450（8.650 减去 200 个价格增幅）。

现在，看看图中第三根周线时间柱发生什么情形吧。行情在降 A 点 8.450 下方运行，在此确立空头偏好或做空。行情缓慢下行，4 月出现轻微反弹，然后持续下行，直到年中。6 月的最后一个交易日完成半年的循环，天然气期货价格收于 3.200，相对于降 A 点 8.450，这无疑是巨大的跌势！

有趣的是，在 6 月 30 日的第一根时间柱上，行情没有出现任何明显变化。相反，市场处于窄幅整理中，表明市场在为下半年新的走势重新定调。对于下半年，需要根据前两周的行情计算出新的中枢价幅，以适用于 7—12 月的市场活动，然后市场将再次定调子。

上面的图表描述了一个生动的例子，即如何通过长线中枢价幅确定长线的获利仓位。那么问题来了，建立长期仓位后，要在何处平仓？答案就是交易者所确定的时间区域结束时，在这个例子里就是 6 月的最后一天。如果行情回到参考点，中枢价幅的上方，也要果断平仓，无论短线或长线，关键要想到出错时在何处离场，参考点在何处。再次提醒，中枢价幅是关键。对于空头仓位，如果行情运行至中枢价幅上方，就应果断离场。对于多头仓位，如果运行至中枢价幅下方，就应迅速平仓。

中枢价幅的概念是清晰明了的。确定中枢价幅有助于我们研判市场中的情绪，确定市场受到支撑和阻力的价格水平。在本章中，我们讨论了如何使用中枢价幅这一概念。从引言中可知，ACD 体系是层层叠加，一层指标建立在另一层指标之上。在第 3 章中，我们要讨论如何将 A 点和 C 点与中枢价幅结合起来制定交易策略。

# 第 3 章

# 综合研判：ACD 体系与中枢价幅相结合

截至目前，你已经学习了 ACD 的基本体系，即以体系中的 A 点和 C 点作为市场中做空（偏向空头）或做多（偏向多头）的参考点。在第 2 章中，你已经复习过如何利用中枢价幅确定支撑位和阻力位，以及如何利用其确定进场点。现在我们要将 ACD 参考点和中枢价幅相结合，去微调你的进场点和设置止损点。通过融合两种研判指标，你将能有效地提高成功获利的确定性，从而使你的仓位最大化，风险最小化。

请牢记：当我们融合两种研判指标时，ACD 体系是两者中更重要的一个。因为这套体系是对称的，不管行情是上行或是下行时。

## A 点与中枢价幅

第一种我们要讨论的组合策略是通过中枢的 A 点。总的来说，当市场交易进入一个高于开盘价的特别点位，即可确定升 A 点；当市场交易进入一个低于开盘价的特别点位，即可确定降 A 点。但是当 A 点接近中枢价幅或处于中枢价幅区间，我们该如何研判呢？两种研判指标碰巧指向一个特殊的价位，这一参考点位必然是相当重要的。那么，当市场交易进入或通过这一参考价格区域，这一研判信号的强度将达到 2 倍以上，我们将其称之为"通过中枢的 A 点"。

举例说明，假设商品 X 有一个日线中枢价幅（根据前一日的交易活动所确定），27.90～27.95，收盘价是 27.85。瞧了一眼后，你就确定了下一交易日的熊市态势，因为市场收于中枢价幅以下。而今日商品 X 的开盘价幅，在前 10 分钟交易内已确定为 27.80～27.85。假定商品 X 的价格参数是 10 个点的增幅，那么就能确定升 A 点为 27.95，降 A 点为 27.70。

假设市场已经运行至高位，轻易地突破中枢价幅的最低点 27.90，然后一直升至中枢价幅的另一边（最高点）27.95，同时也是升 A 点的价位。至此，市场已确立了升 A 点（第一项指标），也通过了中枢（第二项指标）。这两个交易信号同步一致，你即可根据"通过中枢的有效升 A 点"在 27.95 的价位之上做多或者偏向多头（图 3.1）。

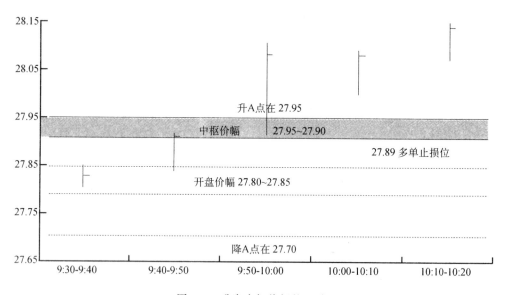

图 3.1　升穿中枢价幅的 A 点

当这两项研判指标同时被确认，你就能在 27.95 坚持做多，同时也能增加你的仓位。为什么呢？因为交易中出现了两个信号，你已然能够增强对这一交易点位的信心（应牢记：仓位要最大化）。与此同时，综合运用 ACD 与中枢价幅进行研判，你将得到一个比单独运用 ACD 更为限定的止损点。正如第 1 章提到的，升 A 点的止损点就是 B 点，低于开盘价幅的底部。在这个案例中，就是 27.80 以下，低于你的进场点 15 个点的增幅。不管怎样，以通过中枢的升 A 点买进做多，你的止损点将会低于中枢价幅的底部，如这个例子中的 27.90，低于你的入场点 5 个点的增幅。再次提醒：风险要最小化。

当市场交易通过中枢，即可充满信心地在升 A 点买进做多。确保你的止损点低于中枢价幅的底部，使风险最小化。

让我们通过交易档案，查看一个"通过中枢的有效升 A 点"的实例。如图 3.2 所示，这是标准普尔股指期货在 2001 年 7 月 17 日的行情，开盘价幅在日线前 15 分钟确定为 1203.50～1208.80，A 值参数为 2.00，这样就使得升 A 点的目标点位为 1210.80，降 A 点的目标点位为 1201.50。根据前一个交易日的市场走势，确定当日的中枢价幅为 1212.14～1215.40，高于升 A 点的目标点位 1210.80。

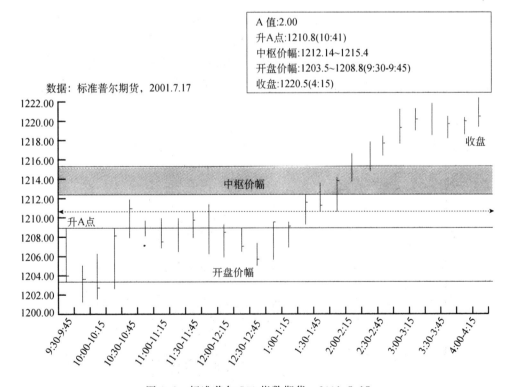

图 3.2  标准普尔 500 指数期货，2001.7.17

如图 3.2 所示，市场交易走高，在当日的 10：30 到达升 A 点，但是在这一价位上，市场并没有穿过中枢价幅，所以无法确立做多（偏向多头），你应当选择静观市场的变化。换句话说，如果中枢高于升 A 点（或低于降 A 点），你就应当尽可能地等到市场脱离中枢，确定 A 点是真实有效的。如果市场穿过中枢且高于升 A 点，你就应当做多；反之，你就该场外旁观。

在交易走低以后，行情在午间交易时又开始走高，击穿升 A 点，同时继续走高并通过中枢价幅。至此，行情清晰地显示其上升动能，足以增强交易者对于后市上涨的信心。行情，果然稳定地走高，以 1220.50 收于当日最高价附近。

## 通过中枢价幅的降 A 点

现在，让我们再来看相反的策略，特别是通过中枢价幅的有效降 A 点。正如你在图 3.3 中所看到的，商品 B 在日线活动中出现一个日线中枢价幅 39.80～39.70。今日，开盘价幅在开盘前 20 分钟确

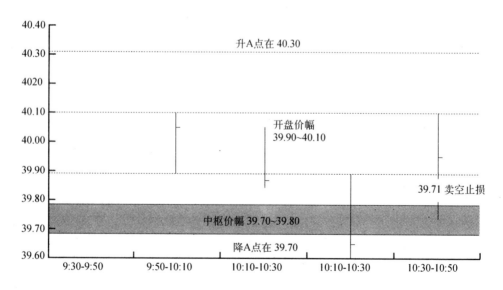

图 3.3　利用中枢价幅使风险最小化

立为 40.10～39.90。基于 A 值为 20 个点的增幅，降 A 点目标定为
39.70，升 A 点目标定为 40.30。

让我们假设行情走低，跌破中枢价幅，降至降 A 点 39.70。在
这个点位上，交易持续至少 10 分钟（持续时间为开盘价幅的一半）。
至此，你有两个理由去确立做空（偏向空头）：一是降 A 点已经确
定，另一个是行情很轻易地通过中枢价幅。基于这两个明确的信号，
你将有机会最大限度重仓，这反映出你对交易的信心增强。

至于风险——请牢记，始终记得一旦出错就该在那里及时离
场——中枢价幅就是你的重要参考点。当你只使用有效降 A 点进行
交易，你的止损点就该是——B 点——位于开盘价幅以上。具体到
这个案例，是高于开盘价幅的 40.10，同时以 40 个点增幅高于你的
降 A 点 39.70。使用中枢价幅作为你的研判参考，你的止损点只是
高于你的中枢价幅的顶部（39.80），也是高于降 A 点 10 个点增幅的
进场点。这比只使用 B 点作为止损点，要极大地降低了风险。

在行情通过中枢的降 A 点后做空，将增强你对交易的信心。通
过将你的止损点置于中枢价幅顶部，可使风险最小化。

在风险最小时应使你的仓位最大化，这对于你的每次个人交易
乃至整个交易生涯都是至关重要的一点。没有人会因为承担 5 个或
10 个点价幅的风险而破产！与此同时，如果你可以以 5 个或 10 个点
价幅的风险，而换取 10 个或 20 个点价幅的仓位，那么回报将远胜
过同等的风险。

以下是我的观点：假设行情确立了一个有效升 A 点，你购买了
10 份石油期货合同，你的风险止损点尽管是 B 点，低于开盘价幅的
底部，却有 25 个点的增幅空间。当前的石油价格，10 份合同、25
个点的增幅，相当于 2500 美元的风险。

另一方面，如果通过日线中枢的升 A 点得以确立，你对交易的
把握将会更大。由此你会增加你的交易仓位，比如买入 25 份交易合
同而不是 10 份。当你使用中枢价幅作为参考点，你的风险将会降
低，因为你的止损点仅低于中枢价幅的底部，距离进场点有 10 个点

的增幅。因此，你的全部风险就是——25 份交易合同的风险，它等同于 10 份交易合同的风险——2500 美元，显然你的止损点位是严密的。换一种说法，你将非常确信这笔交易，获得一个有效的参考点，在没有增加你的综合风险的情况下获得 2.5 倍的交易仓位。

每次你增加一个研判指标，就等于多了一份测市意见。研判指标更多一致，你对于交易的信心将会更加确凿。举例来说，假如行情确立了通过中枢的升 A 点，基于两个做多（偏向多头）的信号，你将信心十足地增加仓位。现在，假设你又增加了一个 30 日交易周期，以第 2 章你所学到的内容，交易日的涨跌属性是基于开盘、收盘与中枢价幅的密切关系的（如果市场开盘时低于中枢，但是收盘高于中枢，即是上涨日；如果市场开盘时高于中枢，但是收盘时低于中枢，即是下跌日）。我们已经发现行情走进 30 个交易日的周期。因此，如果 30 日的交易周期之前是一个上涨日，行情将会在今日再次重演，很可能又是一个上涨日。

这样，如果 30 日交易周期之前是一个上涨日，今日行情再次重演了相同情形，那么今日将有较大机会出现一个上涨日。那就意味着行情开盘时低于中枢，收盘时将升至中枢以上。现在行情已经开盘时低于中枢了，一路走高，确立了升 A 点，也通过中枢，我们再加入第三个利好因素，综合考量：市场将有很大可能性如期收于中枢以上。假如在行情通过中枢的升 A 点时做多，将有多大的可能性获得一笔盈利交易？答案是非常大。市场已经克服两大障碍——确立了升 A 点，行情已通过中枢。当市场以强势的走势如期收在中枢以上（在上涨日），你将能收获超出预期更大的信心。现在，也许可以取代平常的 10 份合同，以 20 或 30 份合同提升仓位。为什么这样做？当信号排队出现，就应该是最大化交易仓位的时候，因为你已经使风险最小化了。

你所运用的每一项研判指标，都应当增加你的一层信心。例如，当市场确立通过中枢的升 A 点和 30 个交易日前是上涨日，市场上行的可能性将会非常强势。

另一面是，时间因素有时会侵蚀你的交易信心，正如你在第 1 章里所学到的，你必须学会适时离场和及时采取行动。市场在某一价位停留越久，交易越有较大可能背离你的初衷（当所有搭顺风车的人蜂拥而至你所运作的交易时，他们几乎全都是错的）。这种情况适用于所有利用中枢价幅的交易。如果市场运行至中枢价幅之间——不管它即将上行或是下行——若只是停留在其间，没有继续运行至中枢价幅的另一边，那么你那就要考虑是否离场。如果行情处于中枢价幅的时间长于开盘价幅的 3 倍（如果开盘价幅是 10 分钟，3 倍时间就是 30 分钟），那么中枢将在交易日失去研判意义，你就可以考虑离场和进行其他交易。当行情到达参考区域，应当密切关注预期行情是否发生，如果没有出现，应尽快离场。

如果行情在中枢价幅停留太久，当日交易将确定无效。当行情到达一个关键的参考价格区域，它必须继续向前运行，如果滞留在此价格区域，当日交易将无从研判。

## 与中枢背离的无效 A 点

如果行情没有在升 A 点或降 A 点的目标点位停留足够时间，会发生什么？或者说，当行情穿过中枢却无论如何不能到达升 A 点或降 A 点，会发生什么？假定中枢价幅确实被证明有足够强势的支撑和阻力动能，那么行情是否将在到达 A 点之前失去动能？这种情形将会导致什么结果？答案是，出现与中枢背离的无效 A 点。

我们所学每个概念都是建立在其他概念的基础上，首先一起复习一下。正如第 1 章所描述，一个无效的 A 点，是当行情触及或接近升 A 点或降 A 点时，没有运行足够时间（只有开盘价幅的一半时间）无法被证实；或者，当行情接近升 A 点或降 A 点时，却猛然掉头，我们形象地称之为"橡皮筋交易"。现在，如果同样情形出现中枢价幅区间内的无效 A 点——那意味着行情只是勉强进入中枢价幅

（或运行至 A 点之前）猛然掉头——随着信号的增加，你将确信后市应如何交易。

让我们看一个例子。如图 3.4 所示，你可以看到商品 C 的中枢价幅是 20.15～20.25，交易当日的开盘价幅是 20.08～20.13。使用 7 个点的增幅，则升 A 点确立为 20.20，处于中枢价幅的中间价位。

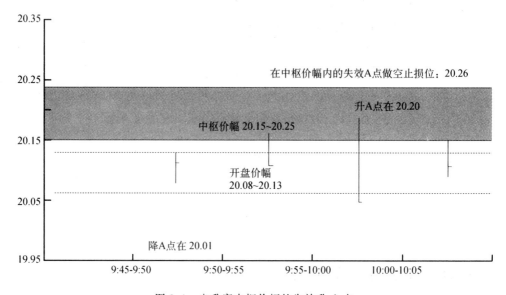

图 3.4　未升穿中枢价幅的失效升 A 点

现在让我们假设中枢价幅的确有明显的阻力作用。当行情奋力通过中枢价幅的第一部分，却无法升至升 A 点。在 20.19 这一价位，行情猛然回撤，结果构成了一个典型的与中枢背离的无效 A 点。于是这一情形甚至比这一区间更具研判信号。作为一名交易者，你将最大可能地把这两项事实综合研判，从而得出一个结论：在 20.19 做空的风险是最小的。无效的 A 点结合无效的中枢价幅，将会增强行情反转下行的可能性，而市场在此刻突然转势穿过中枢价幅的可能性将微乎其微。就这个案例而言，在失效的升 A 点之下做空后，你将不得不在 20.26 设置一个止损点，这是高于中枢价幅一个价格增幅的位置。

一个无效的升 A 点，高于或处于被证实有阻力作用中枢价幅，这将会增加这一价位成功做空后市的可能性。

让我们看看相反的情形，中枢价幅内无效的降 A 点。如图 3.5 所示，商品 D 的中枢价幅是 20.40～20.50，开盘价幅是 20.55～20.60，这一情形下的降 A 点将确定为 20.47（低于开盘价幅底部 8 个点的幅度）。

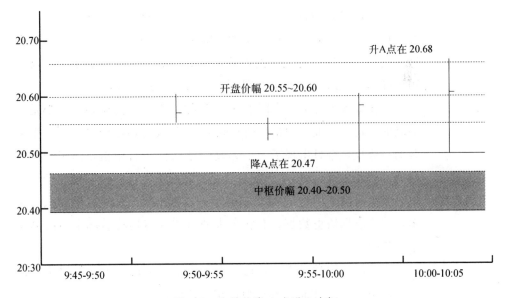

图 3.5　失效的降 A 点进入中枢

现在，我们假设行情走低，通过中枢价幅边缘 20.49，但是没有到达降 A 点 20.47，反而迅速反转，升至 20.50，然后升至 20.51。在这种情况下，市场已经形成一个无效的降 A 点，恰好位于中枢价幅内。交易下行的无效，证实这一价位具有强力的支撑，增加了后市走高的可能性。因此，在市场出现猛然掉头的橡皮筋交易时买进做多，可使风险最小化，回报潜力更大。但是就像之前一直强调的，你必须在交易一旦出错时尽快离场，就这个案例而言，应当在行情低于中枢价幅底部时止损。

一个无效的降 A 点，低于或位于被证实起支撑作用的中枢价位，将增加这一价位做多盈利的可能性。

被证实的与中枢背离的无效 A 点，若处于交易日的早盘阶段，在大趋势行情里是一个重要的需要留意的信号。假设市场趋势全面走高，但在一个特别的交易日，行情低于开盘价幅，过早显示出弱势。尽管随后早盘的弱势走势消失，市场会出现一个无效的降 A 点，行情将会继续走高。至此，这个处于中枢区间的无效降 A 点，将确认出一个低风险的进场点。你将有两个信号预示后市做多：中枢价幅被证明有支撑作用，行情猛然从降 A 点掉头。再加上市场已经在这一交易日呈现反转上行的趋势，你此时的风险将是最小的：仅仅距离降 A 点几个点，但是你的回报潜力却是相当的大。

现在加入另外的考虑因素（ACD 体系新加入的研判指标都是分层级的，建立在上一项指标的基础上）。假设行情已经进入到一个上升的趋势里，今日出现了一个无效的降 A 点，且中枢是高于开盘价幅的，除此之外假设 30 个交易日之前是一个上涨日（开盘时低于中枢，收盘时高于中枢），那就有足够理由在出现无效降 A 点时买进做多，因为根据历史数据，有相当大的可能性市场将会确定最终高于中枢价幅。

在我们继续学习之前，这里有一个单子，列举了我们讨论过的关于使用 A 点与中枢价幅可能出现的情形：

● 通过中枢价幅的有效升 A 点。在行情通过中枢的升 A 点时买进，并考虑增加你的仓位。设置低于中枢价幅底部的止损点，或使用时间段止损，即如果行情没有在一定时间段按照你预想的方向运行，将考虑离场，使风险最小化。

● 通过中枢价幅的有效降 A 点。在行情通过中枢的降 A 点时做空，并考虑增加你的仓位。设置高于中枢价幅顶部的止损点，或使用时间段止损，使风险最小化。

● 与中枢背离的无效降 A 点。在行情出现与中枢背离的无效降 A 点且猛然掉头时买进。将你的止损点设置于低于中枢价幅的底部，或使用时间段止损。

● 与中枢背离的无效升 A 点。在行情出现与中枢背离的无效升 A 点且猛然掉头时做空。将你的止损点设置于高于中枢价幅的顶部，或使用时间段止损。

# C 点中枢

截至目前，我已经解释过如何运用中枢与 A 点研判后市。现在让我们看一下在 ACD 体系中利用中枢背离研判后市的另一个进场点——C 点。回想一下，C 点是一种代表你的倾向性/市场情绪转变的价位。如果市场确立了升 A 点，然后反转，你的倾向将从看多（在升 A 点）转向中立（通过开盘价幅），再转向在 C 点看空。既然这一体系是对称的，如果市场确立了降 A 点，然后随之上扬，你的倾向将从看空（在降 A 点）转向中立（通过开盘价幅），再转向在 C 点看多。

通过分析这种与中枢价幅背离的行为，你将获得一次潜在且巨大的反转策略，我称之为"C 点中枢交易"。这并非是你可能经常看到的那种交易策略，但当它一旦出现，却是非常值得关注和利用的，且市场回报率惊人。

首先，确定的因素必须陆续出现，以确立 C 点中枢：

● 开盘价幅必须高于中枢价幅；

● 行情必须确立升 A 点；

● 行情必须随后击穿开盘价幅下行，一路走低通过 C 点中枢价幅。

或者，

● 开盘价幅必须低于中枢价幅；

● 行情必须确立降 A 点；

● 行情必须随后反弹通过开盘价幅，一路走高通过 C 点中枢价幅。

当这些戏剧性的反转情况出现之时，结果通常就是市场出现大幅的变化。再次强调，这些情况并非是你所能经常看到的。事实上，我称其为"百年不遇的交易"，是十分罕见的。你的市场行为是依据ACD体系的，你需要寻找那些确定的启动时机。当你看到C点中枢交易形成时，你理应知道接下来该做什么。

C点中枢交易的美妙之处在于，它能帮助你在复杂多变的市场因素中，识别那些仓位最大、风险最小的各种区域和类型。换句话说，一个典型的C点中枢交易情形，就是一脚油门操作的完美时机，前路畅通且无障碍，交易获利近在眼前。

首先，让我们复习一下常规的C点是如何产生的。如果升A点在当日的早盘确立，你将偏向于看多后市。现在，行情随后开始反转，一路下行通过开盘价幅，一直跌至C点，你将转而偏向看空后市。随即在C点做空，而你的止损点，如果行情反转，就确定为D点——位于开盘价幅顶部以上。

相反地，如果行情在当日早盘确立了降A点，你将偏向于看空后市。一旦行情随之反转，一路走高通过开盘价幅，一直升至C点的上方，你将转而偏向于看多后市。如果你在C点建仓做多，你的止损点将是D点，低于开盘价幅的底部。

现在，让我们加入中枢价幅的指标。如果市场在当日早盘确立了降A点，随后马上强势反弹——通过开盘价幅和中枢价幅，升至C点的上方——你就有了双倍的理由在这一点位上做多。你不仅确定了C点，也确定了通过中枢的C点。利好信号的戏剧性交会，增强了你的信心，提升了你的交易仓位。进一步说，你将确定风险最小的止损点是低于中枢价幅底部，而不是通常的低于开盘价幅底部的D点。

下面是一个假设的案例。在图3.6中，股票XYZ的开盘价幅是55.00~55.30，基于前一交易日市场行为的日线中枢价幅是55.40~55.45。当日早盘，行情走低，确定降A点（低于开盘价幅底部11美分）是54.88。现在，行情强势反弹，交易掉头通过开盘价幅55.00~55.30——你的偏向由看空转为中立——行情持续走高，升至C点上方的55.41（高于开盘价幅顶部11美分）。至此，你将完全偏向于看多后市。

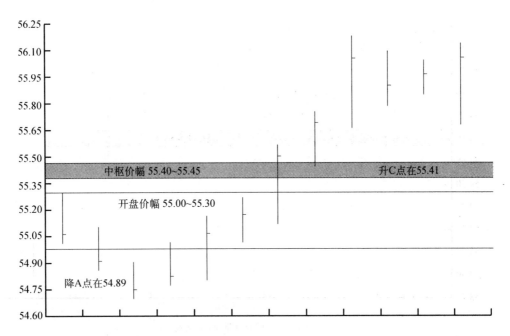

图 3.6　C 点中枢向上交易

更重要的是，C 点位于中枢价幅的中间位置，延伸至 55.45。随着行情稳定地向上移动，运行至中枢价幅的顶端，看多后市的情绪变得越发强烈。你在 55.45 或以上的价位建仓做多，是基于两个同向的信号：C 点和中枢价幅这两个阻力位轻易地被击穿。这无疑是增加仓位的良好时机。与此同时，你在此交易中的止损点将低于中枢价幅的底部——或者准确地说是 55.40——而不是通常情况下低于开盘价幅的 D 点 55.00。

行情通过中枢的 C 点上方，将增强你建仓做多的信心，可将保护性的止损点设置于中枢价幅的底部，使风险最小化。

再看一下相反的情形，在图 3.7 中，股票 XYZ 的开盘价幅是55.00～55.30，当日中枢价幅是 54.80～54.85。市场行情稳定地走高，确立升 A 点为 55.41（高于开盘价幅顶部 11 美分），此时你偏向于看多后市。

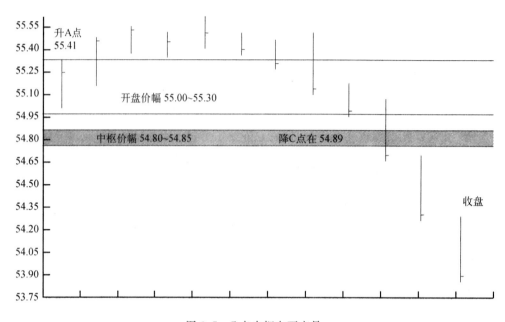

图 3.7　C点中枢向下交易

随后在当日，市场开始稳定地抛售。抛售压力开始加剧，行情随后通过开盘价幅，你开始偏向于中立，确立降 C 点为 54.89（低于开盘价幅底部 11 美分）。至此，你偏向于看空后市，视线集中于 54.80～54.85 的中枢价幅。随着市场继续走低，中枢价幅的支撑位被轻易突破，你在此点位交易做空的信心开始增强，仓位也随之增加。将你的保护性止损点设置于高于中枢价幅的顶部，确切地说是 54.85，而不是通常的高于开盘价幅顶部的 D 点 55.30，这样将使你的交易风险变得最小。

行情通过 C 点中枢的下方，将增强你做空后市的信心，可将保护性止损点设置于高于中枢价幅顶部的点位，使交易风险变得最小。

# 尾盘的 C 点中枢

有一种变化的情形，当它出现时，不仅可以增加你的信心和仓位，还可以使你有信心持仓一整夜，坐等盈利到手。这就是被称为"尾盘 C 点中枢的交易"。

处于这种情形，行情走势表现为非常规律的 C 点中枢交易。升 A 点或降 A 点在早盘确立，随后行情发生反转至 C 点，进入或接近中枢价幅。一旦 C 点被确立、行情通过中枢价幅，你将有机会在这次反转交易中获利。

现在，假如 C 点中枢出现在交易日尾盘呢？首先，这是一次巨大的反转——足以令市场确立 C 点，并使行情通过中枢价幅——通常意味着一件事，整个市场的情绪都是错的。绝大多数交易者和投机商都在当日的早盘做空后市，当反弹接踵而至，他们都被行情套住继而恐慌，急于在任何价位回补空头头寸。这种恐慌性买入行为为驱动行情继续走高，直到通过 C 点和中枢。

当你发现了一个尾盘的 C 点中枢，则大多数场内玩家都站在市场的错误一边——他们在行情反弹时做空，或者在行情跌破时做多。由于是当日的尾盘，进场时间十分有限。举个例子，假设一位交易池里的经纪人在上午 11 点得到了一个买入 5000 张期货合约的指令，他是有足够时间观望一阵的——3～4 个小时——当他看到最好的价位，就去执行这一指令。但是如果他在收盘前 3 分钟，得到了买入 5000 张合约的指令，会怎么操作呢？他会发疯似的尽可能完成这一指令。在有限的时间内，他的交易执行效率是远不及正常情况的。因此，在大多数情况下，用 3 分钟执行 5000 张合约不是人类所能完成的——特别是在市场迅速反弹或迅速跌破时。我喜欢将这一灾难性情况比作某人在一个吵闹的电影剧院里叫喊着"着火了！"，200 个赞助商一下子争先恐后地奔出大门。

在交易中，这种恐慌性补仓的结果就是，第二个交易日仍需了结剩余的订单。有一些交易指令在当日的最后几分钟没有被执行，还有一些没有纪律性的交易者得经过隔夜的思考才能意识到自己是如何出错的。但是第二天的早晨，他们不得不咬紧牙关离场，在开盘时买进。综合研判，你就能推导出，在尾盘C点中枢交易中，第二个交易日的早晨，将会出现一个跳空缺口（反弹或跌破）。

请牢记，C点中枢的出现是因为人们判断出错，或是站在市场的错误一边。但是C点中枢允许交易者在出错时提前意识到这一点，它会提前给出市场即将反转的信号——使投资者脱离所处的困境。你要能够先发制人，在其他人脱离空头险境时，已经买进做多，迎合市场即将到来的强势上行。或者，在其他人放弃多头仓位时，你已经在积极地做空后市了。

这就是为什么当这种恐慌性的尾盘C点交易出现时，你已经在隔夜期紧握住低风险、高回报的交易筹码了。在当日尾盘出现通过中枢的C点，你便可以启动操作。你的仓位——无论做空或是做多——都会在隔夜期安心持有，第二天开盘将如预期出现一个强势跳空缺口。因此，如果你是做空，你会预期市场在开盘时跳空低开，因为市场会面临大量斩仓抛售以退出多头的压力。如果你是做多，你会预期市场在开盘时跳空高开，因为市场会面临大量补仓买入以退出空头的压力。

出现在尾盘的C点中枢交易，如果行情收盘时高于中枢和C点，你就可以回家安心持仓。

# 中枢第一小时的高点/低点

在这一章里，我们最后要讨论的中枢类型是一种短线交易的概念，称之为"中枢第一小时的高点和低点"。当交易中出现这一类型，基本可确定一件事：人人都想知道何时会确定当日趋势。仅就短线交易而言，开盘后第一小时内的高点和低点，将会给你当日趋势的早期预兆。

当这一中枢类型出现时，基于前一交易日行为，A 点与当日中枢价幅必须要满足以下几个标准：

● 当日的第一小时里，中枢价幅必须吞没确定的高点或低点；

● 在第一小时末尾，行情必须确立升 A 点或降 A 点；

● 并且，在第一小时末尾，行情必须介于当日已出现的极端价位（最高点或最低点）的 15％范围之内；

● 如果这些标准都符合，这就很可能是一个确定当日趋势的信号。

下面是一个例子，关于第一小时中枢的高点或低点。假设第一小时原油期货的价幅是 25.10～25.60。当日中枢价幅（基于前一交易日）是 25.05～25.15——吞没第一小时的低点 25.10。鉴于开盘价幅是 25.15～25.30，行情在第一小时确定升 A 点为 25.38。

现在，在第一小时结束时，行情运行至 25.56。这一价位介于第一小时极值 15％的区间。换句话说，这一价位非常接近第一小时高点 25.60 的边缘。

在这种情形下，随着行情确立升 A 点 25.38，你将明确地做多（偏向多头）。但是现在，随着中枢在第一小时走低，你将增加你的多头仓位至 25.56，对当日趋势有一个上升的期盼。你的止损点将设置于 25.38，即升 A 点。或者使用时间段止损，相当于开盘价幅 2 倍的时间。换句话说，如果行情在这一时间段内没有向着你所预期的方向运行，就要果断地离场。

第一小时中枢的高点或低点，即在开盘的第一个小时找到确定的升 A 点或降 A 点，并且行情在第一小时尾声，应介于当日价格极值的 15％之内。

正如我一直所说的，ACD 的指标都是对称的。再来看相反的情形，假设第一小时原油期货的价幅是 25.00～25.35。中枢价幅是 25.30～25.40，吞没了第一小时的高点。鉴于开盘价幅是 25.15～25.25，行情确立了第一小时的降 A 点（假设距离降 A 点有 8 个点的增幅）为 25.07。在第一小时末尾，行情运行至 25.03，这是第一小时中枢的高点和一个确凿的趋势下行信号。如果你在降 A 点做空，当第一小时末尾股价处于最低点 15％区间时，就应当增加你的空头仓位。复习一下，让我们看看一些可能出现的情形，检验你是否真正理解中枢第一小时的高/低点。

## 情形 1：

● 天然气期货开盘后第一小时的价幅，介于低点 4.00 与高点 4.06 之间；

● 开盘价幅是 4.015～4.03；

● 假设升 A 点有 0.02 个点的增幅，行情确立第一小时的升 A 点为 4.05；

● 中枢价幅是 4.01～4.015；

● 第一小时末尾，行情运行至 4.055。

这是第一小时的中枢低点吗？让我们看一下研判标准。行情在第一小时确立了升 A 点，并在第一小时处于极值 15％区间之内，在这个案例中是仅仅低于最高点 1 个增幅。价格中枢呢？当前是 4.01～4.015。最低点是低于中枢价幅的 4.00，因为最低点不处于中枢价幅区间内，也就不是中枢第一小时的低点。

## 情形 2：

● 原油期货第一小时的价幅是 24.50～25.10；

● 开盘价幅是 24.95～25.05。假定距离降 A 点有 8 个点的增幅，行情确立了降 A 点为 24.87；

● 当日中枢价幅是 24.90～25.20；

● 行情第一小时结束时，运行至 24.55。

给定的这一情形，是中枢第一小时的高点形态吗？让我们看一下详情。降 A 点是在开盘第一小时被确认的，第一小时的高点（25.10）包含在中枢价幅（24.90～25.20）区间内，第一小时行情收于 24.55，介于当日最低点的 15％区间内。因此，这无疑是中枢第一小时的高点形态，是预示当日趋势的重要信号。

**情形 3：**

- 原油期货开盘第一小时的价幅是 27.10～28.20；
- 开盘价幅是 27.16～27.22，假定有 8 个点的价值增幅，升 A 点确定为 27.30；
- 中枢价幅是 27.09～27.11；
- 在开盘第一小时末尾，行情运行至 28.00。

给定的这一情形，是中枢第一小时的低点形态吗？我们再一次分析一下每个环节。升 A 点在开盘第一小时被确认，第一小时的低点（27.10）包含在中枢价幅（27.09～27.11）区间内，第一小时行情收于 28.00，介于当日最高点（28.20）15％区间幅度内。这确定为中枢第一小时的低点形态，是指示当日趋势的重要信号。我们也要注意到，第一小时价幅是比较大的。回溯到第 2 章探讨的不寻常的狭小中枢价幅（27.09～28.11）的原理，这将预示当日开启一个非常大的交易价幅。

# 险象环生的交易

在我们讨论过的中枢概念中，有一种潜在的风险交易，以一种警示的方式我将在这里讨论一下，这就是与中枢背离的无效 C 点。这种情形出现时，意味着市场出现异常波动，在 A 点与 C 点之间宽幅震荡。这是非常有难度的交易类型，因为你知道行情是极不稳定的，可轻易移动到你预期相反的方向。下面我们开始分析。

假设行情确立了升 A 点，且强势上行，每个人都纷纷做多。现在，在当日晚些时候，行情突然发生震荡，通过开盘价幅，穿破 B 点，你将由看多转为中立，行情一直接近 C 点。C 点的目标点位，同时也是日线中枢的目标点位。随后行情只是触及了那个区域或者猛然掉头，而不是确立一个有效通过中枢的 C 点。现在你将确信这是一个与中枢背离的无效 C 点。

此时有一个机会可以抵消这种态势，那就是在行情反弹至与中枢背离的 C 点时开始建仓做多。如果你这么做，这将是一个瞬间惊喜的情形。换句话说，你必须快速交易获利，因为行情将会轻易反转和去向其他地方。

# ACD 体系无效的交易

这一节内容将带我们进入到下一话题，ACD 体系无效的交易。当行情反复莫测、起伏不定时，将会出现这种交易类型。举个例子，当 2001 年 1—7 月交易股票，就是使用这一策略的绝佳时机。你能在这些起伏不定的行情状况下观察到，当有效 A 点和有效 C 点确立时，行情随后出现反转，你不得不止损离场。因此，当行情起伏不定时——意味着飘忽不定、无迹可寻——你将无从借助 ACD 体系进行交易，比如运用通过中枢有效的升 A 点。这是为什么呢？因为在一个起伏不定的行情里，你知道绝无足够的要素符合 ACD 交易的条件，并且行情很容易反转和走向其他方向。

那么你应当怎么做呢？在这种情形下，你要等待行情无法升至升 A 点以上，然后交易掉头低于中枢。至此，你将在行情低于中枢价幅底部时做空后市。事实上，你正在做的是在你已经止损的点位上做空，使你获得一个通过中枢的有效升 A 点。相反地，如果行情无法跌至通过中枢的降 A 点以下，你将在行情掉头通过中枢价幅上行时做多。你的进场点将是随后高于中枢价幅的点位，也就是你已经在通过中枢的降 A 点止损出局的点位。

一句话提醒大家：这是极有风险的交易，因为你没有一个明确参考的止损点。所以，你需要在执行交易时非常警觉，见好就收，得利即走。

# 本章综述

正如你所看到的，一旦理解了 ACD 体系研判信号的前提条件——A 点、C 点、中枢价幅、中枢第一小时的高/低点，等等——你就可以检验市场行为是否与研判标准相背离，行情是匹配这种情形，或者不匹配。如果确定的条件出现——例如，如果行情确立了通过中枢的升 A 点，或者中枢第一小时的高/低点——随后你可以得出一定结论，从而做出交易选择。如果市场行为无法如预期奏效，那么当日将无法进行交易。完整的 ACD 体系的美妙之处在于它的简单，层级叠加，互为依据。换句话说，它是一个循序渐进、合乎逻辑发展的研判体系。

总结这一章，我愿意与你们分享一些值得关注的、我们已经讨论过的无比清晰的交易原则。我可以保证这些情形都是真实的。

首先，我举一个尾盘 C 点中枢交易的例子。请牢记，在这个情形中尾盘时行情戏剧性地反转回到 C 点。当这种情形出现，你将回家安心持仓——无论做多或是做空——在你交易方向上的开盘跳空会如期出现的。

有一位在纽约商品交易所交易池上班的原油期货经纪人，他是我的一个朋友（至今仍是）。我们都开玩笑称他为"油脂"。他是世界上最大的原油交易公司的主要原油经纪人，经手的都是大宗交易额。

在一个特别的周三交易日，1990 年 8 月 1 日，原油期货的开盘价幅是 20.95～21.05。当日中枢基于前一日的交易活动，确定为 21.20～21.26。很快在开盘之后，行情一路下行至 20.78，在此过程中降 A 点确定为 20.87。

在这一价位上——基于降 A 点和截至目前的情形——你一定认为我的偏向是空头。但是有两个因素是我所知道的：30 个交易日的前一日是上涨日，这意味着什么？行情在当日开盘时低于中枢价幅，收盘时却高于中枢价幅。在这个特殊的交易日，市场开盘时已经低于中枢价幅，我知道当日晚些时候会有一个不错的反弹良机，推动行情上行通过中枢价幅，收于中枢价幅以上。同时，30 日的累计数字线（我们将在第 4 章深入探讨）正在失去空头的价值，任何有价的多头指标都意味着支撑着多头走势一路前行。

在周三交易日的下午，大约收盘前 1 个小时，行情开始反弹，一路持续走高。我能感觉到即将发生什么。这不仅是一个上涨日，行情还将通过中枢，并收于中枢之上。

可以预见，在以 2 杯百事可乐、4 块约德尔饼干狼吞虎咽地解决掉午餐后，我走进交易池，在 21.15～21.25 的价位大笔买进。我的经纪人哥们儿"油脂"，据我所知在 21.10 的价位做空。在交易池里，你可以观察其他人的动向，因为人们都在开放式的拍卖场里大声喊价。有鉴于此，我知道"油脂"的做空价位是多少。同时我也知道一个强势反弹不仅会出现——它还将以席卷之势使行情一路狂飙。

5 分钟后，行情通过中枢价幅 21.20～21.26，高于 21.30。现在，回到 ACD 体系的基本原理，已经确立了降 A 点，开盘价幅为 20.95～21.05，那么 C 点将在哪一点位确立呢？在那些交易日，C 点参考值是 16～18 个点的增幅，所以可以用 17 个点的增幅来确立反转情绪下的 C 点 21.22——介于中枢价幅之间。

这就是一个百年不遇的尾盘 C 点中枢交易。我已经预想到它要发生，所以在行情接近开盘价幅时，我就开始买进做多。现在，随着 C 点通过中枢，我知道我们已经获得了行情走高的确凿信号了。

当市场出错时，C 点中枢的情形才会出现。交易者不得不在任何价位上仓皇出逃，恐慌性空头回补推动行情在当日的最后 10～15 分钟从 21.30 飙升至 21.60，行情最后收于 21.55。

现在，坦白地讲，我至此持有的多头仓位是巨大的，远远超过了应当持有的仓位。当日的交易情绪中，我知道行情是尾盘的 C 点中枢，我理应小赚一笔离场。考虑到这一点，我很可能全部买进500～600 张合约，顺便大约卖出 200 张合约。

看了一下我在收盘时的仓位情况，我决定最好将其中一些平仓卖出。我知道我的哥们儿"油脂"大幅做空，就对他说："我要卖出50 张合约，你想要吗？"他当时说完全不想要，并且一点儿回旋的余地也没有。

没问题，很好，我自言自语道。他有他的选择，我持有所有筹码进入下一个交易日。在交易日的尾声，一直到周四早晨，我都持有 400 张合约，期待出现一个较大的高开缺口（也就是"尾盘的 C

点中枢交易"）。

随后，周四的凌晨 2 点，电话响了。听起来像是"油脂"打来的。

"你还想卖出那 50 张合约吗？""油脂"对我说。

混沌的半梦半醒中，我挂断了电话。过了一会儿，我开始清醒过来，思索"油脂"是真的给我打电话了吗？我刚才是在做梦吗——没准还是个噩梦？凌晨 3 点的这个时候，我是不方便给他打电话询问他是否想买这 50 张合约。

完全清醒后，我走下楼到厨房吃点儿东西。我坐在餐桌上，打开电视。伊拉克刚刚入侵了科威特！海外原油的价格已经涨了 2 美元一桶！

我的原油期货交易，是在 21.15～21.25 建立多头仓位的，我完全不知道伊拉克和科威特的任何事，只是按照 ACD 体系的基本原理在操作。我们确立了降 A 点，但是行情开始反弹。我知道 30 个交易日之前是一个上涨日，这意味着行情收盘时是高于中枢的。根据这些因素，我知道此时风险是很小的，做多的回报利润是相当大的。随后当行情确立尾盘的 C 点中枢，我知道多头持仓到下一个交易日（这个案例中是周四早上），将会取得丰厚的盈利。

不用说，到了周日早上，原油期货的价格明显走高，而我是从21.15～21.25 建立多头仓位的。对"油脂"而言，在 21.10 的价位做空显然是不妙的。但是我已经建议他在周三的收盘时以 21.55 卖给他 50 张合约。

对我而言，那是一次完美的 C 点中枢交易。请牢记，这就像电影剧院着火的情形一样，每个人都蜂拥地从一个门里出逃，形势极为恐慌。在市场中，恐慌往往导致行情以强势姿态奔向同一个方向——行情若是上行，空头会努力回补；行情若是下行，多头会斩仓出逃。当恐慌发生在交易日的尾盘时，你知道依然会有不少交易者，像我的哥们儿"油脂"一样，一被套牢就急于在下一个交易日的开盘时出逃。

下面是关于 C 点交易的另一个例子。1989 年 12 月 29 日是取暖油期货市场当年的最后一个交易日，市场将于美国东部时间下午 1

点早早地关闭。当日，1月份的取暖油期货合约失效。鉴于以下因素——年度最后一天、长时间的熊市期以及合约期满——绝大多数交易者在市场里都会异常谨慎。这是一个特别的交易关注日。请牢记，像取暖油这种合约，如果你不是逐渐减持——意思是既不做多，也不做空——在截止期限时，你就会处于既无法提货也无法交货的尴尬位置。换句话说，作为投机商，你是绝对不想处于这一境地的。

1月份的取暖油期货，开盘价幅是 0.9700～0.9750。现在，应牢记取暖油在这些交易日有 25 个点的增幅，其中每个点价值 420 美元。更重要的是，同时取暖油期货的最高点已升至 1.02 附近。再绘声绘色地讲，由于这是年度的最后一个交易日，我们在谈论取暖油——一种同时影响工业与消费者的商品——有 10 个来自商品期货交易委员会的人，与政府监察部门的人在股票池里巡视。他们密切观察交易活动，以确保一切正常。

市场开盘后，跌至 0.9350，确立了过程中的一个降 A 点。但是随后在这一日——请记得是要早早收盘的 12 月 29 日——取暖油股价开始反弹，突破开盘价幅 0.9700～0.9750，持续走高，升至 0.9875，接近 C 点 0.9950，随后开始抛售，这看起来与升 C 点背离。随后市场开始继续反弹。

我以 0.9950 的价格买入 27 份 1 月份的取暖油合约，建立多头仓位。随后来到交易的最后半小时，取暖油的出价为 0.9950，随后是 1.00，紧接着菲利浦兄弟公司，一家市场里主要的交易经纪行，叫价 1.02——全天的合约最高价。行情升至 1.03，随后是 1.04。OHNO 开始叫价，试图买入 200 份合约。

此时我从他的眼睛里看到了恐慌，他正在被迫买入，伴随着行情的一路咆哮蹿升，价位升至 1.06，随后是 1.10。OHNO 只是出手 3 份合约——他还有 197 份合约要买入！

OHNO 强烈地叫价 1.15，随后是 1.20，他又出手 5 份合约。按铃记录员——股票池里做交易记录的人，接近发疯状态，试图在追踪这一系列疯狂的行为。纽约商品交易所的价格台贴出 1.02 的价位，而此时 OHNO 已经喊出 1.20 并已出手。

OHNO 叫价 1.30，随后价格依然走高。在 1.50 的价位上，我卖给他 27 份合约——较我的入场价 0.9950 有 51％的涨幅。10 分钟内，随着行情完全进入我的 C 点交易模式，我净赚了 57 万美元。

你无法想象交易池里的嘈杂程度！商品期货交易委员会的人在那里，交易所主席帕特·汤普森在那里，监察部门的头也在那里。真是一场疯狂的闹剧。交易所的价格报告无疑是滞后的，我试图确保我以 1.50 价位卖给 OHNO 的 27 份合约是有效的。

最终，交易所做出了决定，尽管有交易报告记录当日最高价为 1.60，但交易所认定最高价为 1.10，我简直难以相信。我可是以合理的方式以高出 40 个点的价格 1.50 卖给 OHNO 的。

"帕特，"我找到交易所主席说，"这个决定真的是坑死我了，你简直是在从我的口袋里抢钱！"

"那是交易所的决定。"帕特回复我。

我决定不再纠结于是以 1.10 还是以 1.50 卖给 OHNO，而是继续多头持有 27 份取暖油合约。

随后，市场关闭——不仅是这一天，而是一整年的交易。仍让我愤怒的是，我回到办公室里（就在交易所的楼上），过一会儿，帕特·汤普森和其他高层官员过来找我。"我们需要谈一下。"他们对我说。

长话短说，交易所强烈要求我以 1.10 的价格将手头的 27 份合约卖给 OHNO。"这对交易所是一件好事。"他们对我讲。"我们需要你卖给他 27 份合约。"我很快意识到交易所可能找不到另外的一个卖家来接 OHNO 的单。

抛开别的不提，做这一件对交易所有利的事，意味着我将损失 45 万美元的利润！

"让我们说清楚，"我最后跟他们说，"我要用 45 万美元为你们交易所的错误买单！"

取暖油交易行为的调查在当天公布，在我看来，交易所完全就是监察部，作为一位主要的独立交易者，我的行为被明显质询了。在年度最后一个交易日——当多数人态度谨慎时，我却敢于在 0.9950 买入，积极地持有，在最后几分钟内出手！

为什么？他们想知道答案。为什么我会如此交易？

其实很简单，这是一个有效的C点交易！

现在，平心而论，我不得不讲完这个故事。在新年伊始，1月份取暖油摘牌，失效。2月份是全新的合约月，第一天以0.8500开盘。所以我没有坚持以0.9950的价格做多是对的。最终，以1.10卖出的决定，对我有利——也对交易所有利。

# 第4章
# 宏观 ACD

　　在第 1 章里我已经讨论过微观 ACD，即如何基于一个交易日的开盘价幅确定实盘图中的 A 点和 C 点。但是在一个更大的背景下，一个有效的升 A 点和降 C 点具有何种含义呢？我们知道在微观视角下，降 A 点是可以做空交易（偏向空头）的点位，升 A 点是可以做多交易（偏向多头）的点位。在交易日结束后，那些 A 点和 C 点又有何含义呢？这就是宏观 ACD 概念所要阐述的。

　　简而言之，宏观 ACD 是基于每日交易活动，连续观察 30 个交易日的时间周期——例如，是否确立升 A 点，是否确立降 C 点，等等。每个交易日都会给定一个数值，根据行情定价于 $-4 \sim +4$ 之间。

　　基于交易日发生的市场活动，如是否确立升 A 点，或者是否确立降 A 点，升/降 C 点是否确立，市场的结算点位，等等，每一个交易日都会给定一个数值。

　　图 4.1 至图 4.26 描绘了市场活动和可能的情形，每一种情形都被赋予一种特殊的数值。

　　当你对一些连续的交易日进行数值上的评估，就能拉出一条数字线值，反映过去 30 个交易日的市场活动。请牢记，时间架构是按照 30 个交易日——而不是 30 个日历上的日期——假期与周末不包括在内。甚至假如行情在一个重大假期之前只有半日，也仍然视为是一个交易日。30 个连续交易日的行情记录作为一个累加的数值，

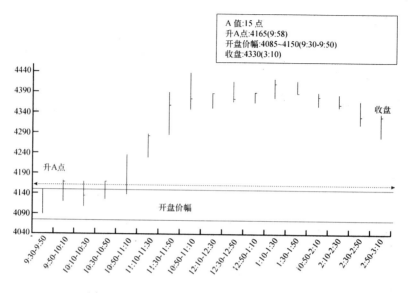

图 4.1　7月天然气期货（2001年6月12日）

　　行情在交易日开盘后第 4 根 20 分钟分时柱上确立升 A 点，此后行情直到收盘，也没有低于开盘价幅，并收于开盘价幅以上。当日的数字线值为：＋2。

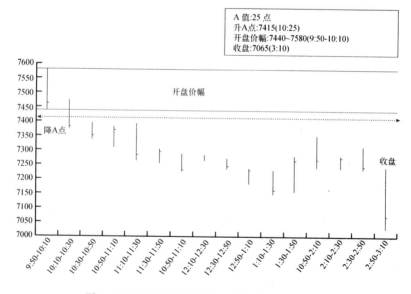

图 4.2　7月无铅汽油期货（2001年6月27日）

　　市场于交易日开盘后的第 2 根 20 分钟分时柱上确立降 A 点，此后行情直至收盘，都没有高于开盘价幅，并收于开盘价幅以下。当日的数字线值为：－2。

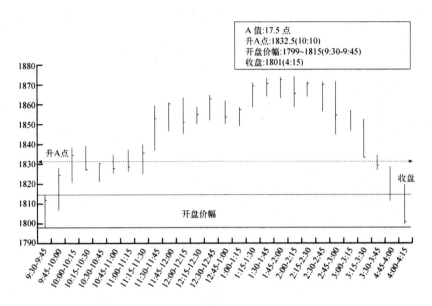

A 值:17.5 点
升A点:1832.5(10:10)
开盘价幅:1799~1815(9:30-9:45)
收盘:1801(4:15)

**图 4.3  9 月纳斯达克期货（2001 年 6 月 28 日）**

　　市场于交易日开盘后第 3 根 15 分钟分时柱上确立升 A 点，行情在收盘时未能站在开盘价幅以上。当日的数字线值为：0。

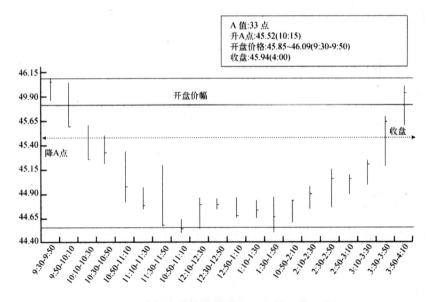

A 值:33 点
升A点:45.52(10:15)
开盘价格:45.85~46.09(9:30-9:50)
收盘:45.94(4:00)

**图 4.4  摩根大通公司股票（2001 年 6 月 7 日）**

　　市场于交易日开盘后第 3 根 20 分钟分时柱上确立降 A 点，行情在收盘时未低于开盘价幅。当日的数字线值为：0。

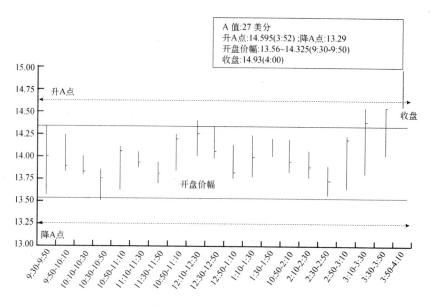

A 值:27 美分
升A点:14.595(3:52);降A点:13.29
开盘价幅:13.56~14.325(9:30-9:50)
收盘:14.93(4:00)

图 4.5　雅虎公司股票（2001 年 3 月 22 日）

　　市场于开盘价幅的两端震荡运行，未能确立升 A 点或降 A 点，于当日的最后一根
10 分钟柱上确立了升 A 点，收于升 A 点以上。当日的数字线值为：+2。

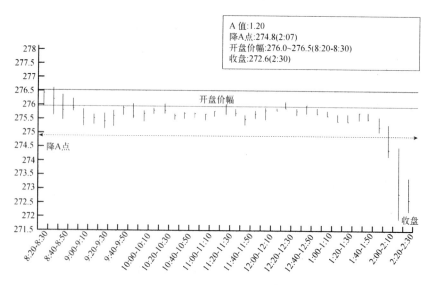

A 值:1.20
降A点:274.8(2:07)
开盘价幅:276.0~276.5(8:20-8:30)
收盘:272.6(2:30)

图 4.6　8 月黄金期货（2001 年 6 月 27 日）

　　市场于开盘价幅的两端震荡运行，未能确立升 A 点或降 A 点，于当日的倒数第 3
根 10 分钟分时柱上确立降 A 点，并收于降 A 点以下。当日的数字线值为：-2。

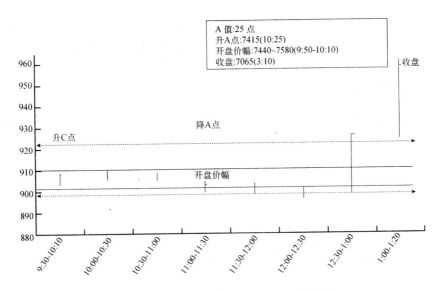

图 4.7　7 月原糖期货（2001 年 6 月 29 日）

市场于上午 11：00—11：30 的分时柱上确立降 A 点，行情在交易日的倒数第 2 根分时柱（12：30—13：00）上，攀升至开盘价幅以上，确立了 C 点，随后收于开盘价幅以上。当日的数字线值为：+4。

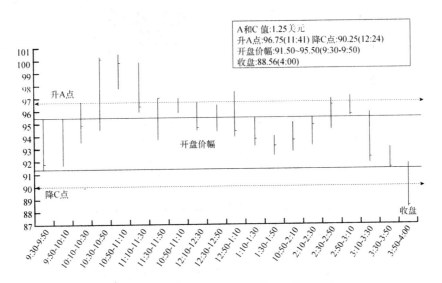

图 4.8　康宁公司股票（2000 年 10 月 18 日）

行情在交易日的第 4 根 20 分钟分时柱上确定了升 A 点，在当日的最后一根 10 分钟分时柱上，低于开盘价幅并确立了 C 点。当日的数字线值为：-4。

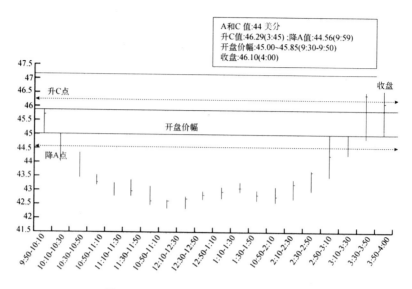

图 4.9　ENE 股票（2001 年 6 月 19 日）

　　行情在交易日的第 2 根分时柱上确立了降 A 点，随后于下午 3：30—3：50 的分时柱上确立升 C 点，并收于开盘价幅之上。当日的数字线值为：+4。

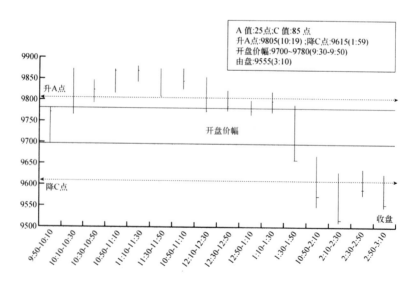

图 4.10　7 月无铅汽油期货（2001 年 3 月 29 日）

　　行情在交易日的第 2 根 20 分钟分时柱上确立升 A 点，于下午 1：30—1：50 的分时柱上运行至开盘价幅以下，紧接着在下午 1：50—2：10 的柱上确立降 C 点，收于开盘价幅以下。当日的数字线值为：—4。

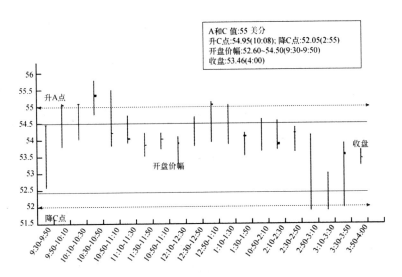

**图 4.11　Q 逻辑半导体公司股票（2001 年 6 月 22 日）**

　　行情在交易日的第 2 根 20 分钟柱上确立升 A 点，在下午 2：50－3：10 的柱上运行至开盘价幅以下，并确立降 C 点。随后行情收于开盘价幅区间。当日的数字线值为：0。

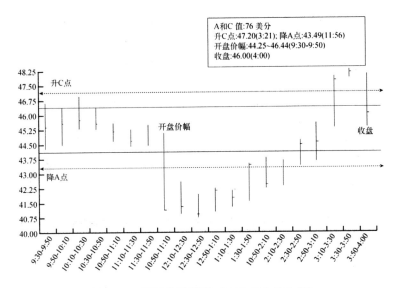

**图 4.12　博通公司股票（2001 年 3 月 1 日）**

　　行情于交易日上午 11：50—12：10 的分时柱上确立降 A 点，于下午 3：10—3：30 的分时柱上运行至开盘价幅之上，同时确立升 C 点，收于开盘价幅区间内。当日的数字线值为：0。

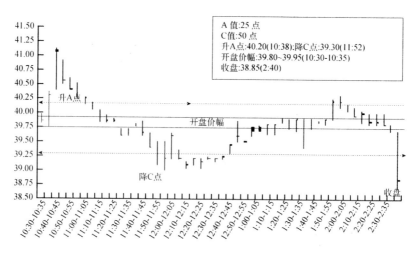

图 4.13　7 月棉花期货（2001 年 6 月 22 日）

　　行情于交易日的第 2 根 5 分钟分时柱上确立升 A 点，在下午 1：50 — 1：55 的分时柱上运行至开盘价幅以上。当日的数字线值为：0。

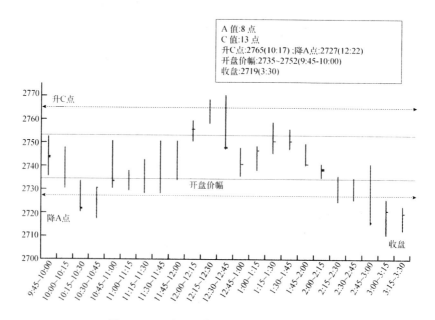

图 4.14　9 月原油期货（2001 年 7 月 9 日）

　　行情于交易日的第 3 根 20 分钟分时柱上确立降 A 点，并于 12：15 — 12：30 的分时柱上确立升 C 点，在下午 2：15 — 2：30 的分时柱上运行至开盘价幅以下。当日的数字线值为：0。

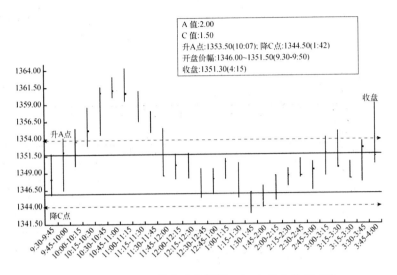

图 4.15 3 月标准普尔股指期货（2001 年 1 月 22 日）

行情于交易日的第 3 根 15 分钟分时柱上确立升 A 点，于下午 1：30—1：45 的分时柱上运行至开盘价幅以下，同时尝试确立降 C 点。由于在 C 点附近交易时间过短导致降 C 点的尝试无效，行情收于开盘价幅区间。当日的数字线值为：＋3。

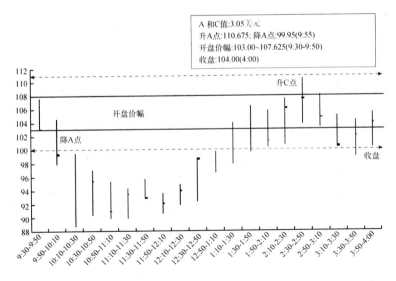

图 4.16 艾瑞柏股票（2000 年 3 月 31 日）

行情于交易日的第 2 根 20 分钟分时柱确立降 A 点，在下午 1：30—1：50 的分时柱上试图确立升 C 点，但由于股价无力上冲 C 点导致尝试无效，随后行情于开盘价幅区间里。当日的数字线值为：－3。

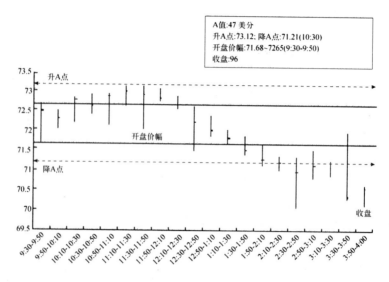

图 4.17　微软公司股票（2001 年 7 月 2 日）

　　行情试图在交易日的第 6 根 20 分钟分时柱上确立升 A 点，尽管由于无力站在 A 点价位以上导致尝试无效，随后行情在下午 1：30—1：50 的分时柱上确立降 A 点，并最终收于开盘价幅以下。当日的数字线值为：−3。

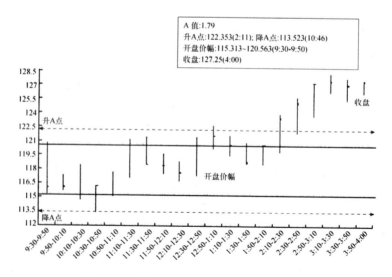

图 4.18　雅虎公司股票（2000 年 3 月 22 日）

　　行情试图在交易日的第 4 根 20 分钟分时柱上确立降 A 点，尽管由于时间较短无法站稳 A 点价位导致尝试无效，随后行情于下午 2：10—2：30 的分时柱上确立升 A 点，并最终收于开盘价幅以上。当日的数字线值为：＋3。

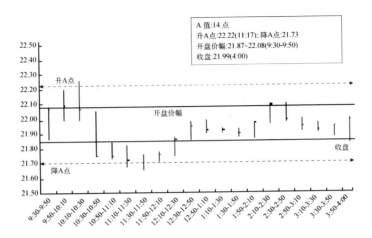

图 4.19　T 股票（2001 年 7 月 5 日）

　　行情试图在交易日开盘后的第 3 根 20 分钟分时柱上确立升 A 点，尽管由于时间较短无法站稳升 A 点导致无效，但在上午 11：10—11：30 的分时柱上确立降 A 点，并最终收于开盘价幅区间。当日的数字线值为：—1。

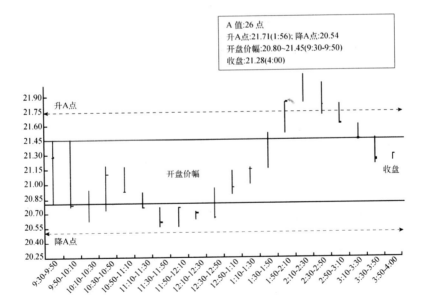

图 4.20　罗文公司股票（2001 年 7 月 10 日）

　　行情试图在交易日上午 11：30—11：50 的分时柱上确立降 A 点，尽管由于时间较短无法站稳降 A 点导致无效，随后在下午 1：50—2：10 的分时柱上运行至开盘价幅以上，确立升 A 点，并最终收于开盘价幅区间。当日的数字线值为：+1。

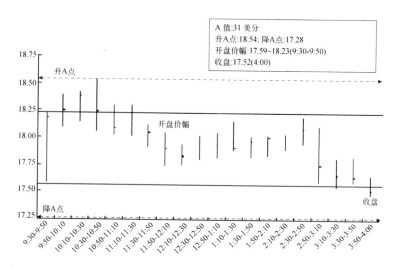

图 4.21　思科系统公司股票（2001 年 7 月 22 日）

行情试图在交易日开盘后的第 4 根 20 分钟分时柱上确立升 A 点，尽管由于无力上冲 A 点导致无效，直至收盘价位始终在 A 点之下运行，最终行情收于开盘价幅以下。当日的数字线值为：—1。

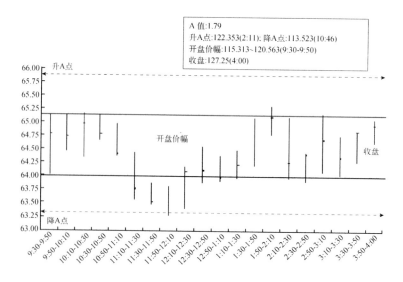

图 4.22　电子海湾公司股票（2001 年 6 月 7 日）

行情试图在交易日上午 11：30—11：50 的分时柱上确立降 A 点，尽管由于时间较短无法触及降 A 点导致无效，直至收盘价位无法冲破升 A 点，收于开盘价幅区间或之上。当日的数字线值为：+1。

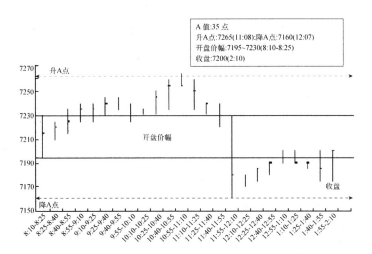

图 4.23  7月铜期货（2001年6月15日）

　　行情试图在交易日上午 10：55—11：10 的分时柱上确立升 A 点，尽管由于时间较短无法触及 A 点导致无效，在上午 11：55—12：10 行情运行至开盘价幅以下，试图确立降 A 点，但同样由于时间较短无法触及 A 点导致无效。行情最终收于开盘价幅区间。当日的数字线值为：0。

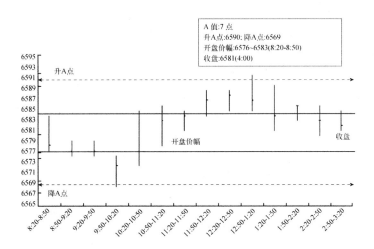

图 4.24  加拿大元（2001年6月11日）

　　行情试图在交易日的第 4 根 20 分钟分时柱上确立降 A 点，尽管由于时间较短无法触及降 A 点导致无效，在 12：20—12：50 的分时柱上，行情试图确立升 A 点，但由于时间较短无法触及升 A 点导致无效。行情最终收于开盘价幅区间。当日的数字线值为：0。

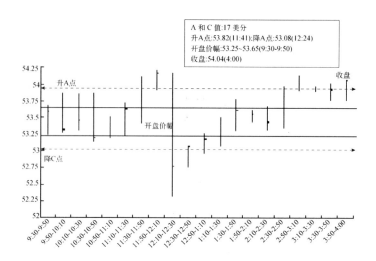

图 4.25 百思买公司股票（2001 年 6 月 1 日）

行情试图在交易日上午 11：30—11：50 的分时柱上确立升 A 点，在 12：10—12：30 的分时柱上运行至开盘价幅以下，试图确立降 C 点，但是由于时间较短无法触及降 A 点导致无效，行情最终收于开盘价幅区间以上。当日的数字线值为：+2。

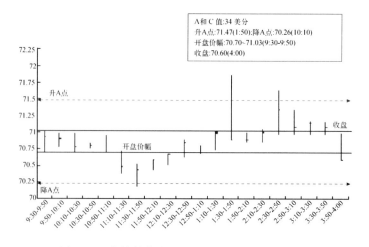

图 4.26　森林制药公司股票（2001 年 6 月 14 日）

行情在交易日的第 7 根 20 分钟分时柱上确立降 A 点，在下午 1：30—1：50 的分时柱上运行至开盘价幅以上，同时试图确立升 C 点，但是由于时间较短无法上冲至 C 点以上，行情最终收于开盘价幅区间以下。当日的数字线值为：—2。

在第 31 个交易日，当你加入最近一个交易日的数值，要减去最早一个交易日的数值。

数字线值的主要目的是明确行情的潜在发展趋势。当过去 30 个交易日的累积数值从 0 运行至＋9 或者－9，并在此价位上保持两个连续的交易日（与 ACD 体系的其他部分一样，这一概念同时适用于股票和期货），就形成了发展趋势。＋/－9 的累加总和很重要，因为我们已经发现，当过去 30 个交易日的数值总和大于或等于＋/－9（在两个连续交易日里），将具有显著的统计学意义，特别是数字线值以 0 开始时。换句话说，累积总和的数值达到＋/－9 不是唯一重要的条件，行情从累计数值 0 开始，通过几个交易日达到＋/－9 这一数值，是另一个关键标准。

当 30 个连续交易日的累积数值，在两个连续交易日里从数值 0 达到＋/－9，将极具统计学意义。

让我们一步一步地分析。首先，这是连续运行 30 个交易日的总数值。因此，假设在 30 个交易日的最后一个数字线值是 5（这是将 30 交易日内所有的数值＋1、－1、＋2、－2 等等累加的结果）。在第 31 个交易日，你不仅要加入最新一个交易日的数值，更要减去最早一个交易日的数值，重新计算连续运行 30 个交易日的数值。假设在这个特别的交易日里，行情确立了升 A 点，从前面的图例中你可以看到，数值是＋2。同时，假设你减掉了数值－2，那就等同于数值变为＋4（减掉－2 和加上＋2）。现在你的连续 30 个交易日的数字线值是＋9，成为了具有统计学意义的事件，你就可以将这一指标应用到你的交易策略中。

宏观 ACD 数字线值概念，对于长线交易者和日线交易者都是非常有用的指标。首先，正如我在第 1 章讨论过的，ACD 体系是依赖于市场的波动。换句话说，行情必须有充分的波动幅度，上下震荡，才能确立升 A 点和降 A 点，继而获得盈利。所以，当行情波动上行冲破开盘价幅，确立了升 A 点，你才可确定交易做多（偏向多头）。当行情波动下行跌破开盘价幅，确立了降 A 点，你才可确定交易做空（偏向空头）。日复一日，ACD 的参考交易点将帮助你确定在哪里做多或做空。

但是在更加广阔的大背景下，我们该如何确定呢？你能告诉我总体趋势是怎样的吗？趋势何时确立又何时反转？这就是宏观 ACD 的数字线值所能帮助你解答的。假如说，你远离市场 3 个交易日，你所要做的就是借助宏观 ACD 数值回顾这几个交易日的市场活动。举例来说，当你看到原油期货（或是不管跟踪什么期货的行情）在那 3 个交易日的数值是＋2、0、＋2，你应当马上意识到什么呢？答案是应当看到行情出现了一个升 A 点（＋2）、一个中立交易日（0）和另一个升 A 点（＋2）。在宽泛的大背景下，两个升 A 点交易日中间有一个中立交易日，告诉你：3 个交易日里有 2 日是牛市行情，有 1 日是中立行情。现在，你知道即将开始的交易日，借助 ACD 体系可判定有支撑的行情倾向。

假设过去 3 个交易日的数值是－3、－2 和＋2。分别看一下每一个交易日，你会发现有一个无效的升 A 点和随后出现的降 A 点（－3）、一个降 A 点（－2）以及一个升 A 点（＋2）。在宽泛的大背景下，你能看到这 3 个交易日的前两日出现了抛售筹码的信号——第 1 日的升 A 点无效，随后出现一个降 A 点；第 2 日出现一个降 A 点。第 3 日，尽管出现了一个利好信号，但混合的信号告诉你，下一个交易日没有充分的 ACD 数值表明有足够的支撑倾向。

查看过去几个交易日的数值，将揭示随后的交易日出现利多、利空或中立的 ACD 指标偏向。

正如我在这一章的开头简要提到的，经过几年来的观察，我们发现，如果两个连续交易日的 30 个交易日累计数值是＋/－9，行情将有显著的动能滑向某一个方向。事实上，根据 30 个交易日的累计数值偏向，行情将在几个显著的价位上出现重要的走势：当数字线值到达－9、0 或者＋9，在这些点位上行情将到达出现显著变化的临界点。相反，当行情没有到达这些临界点价位（介于 0 和＋/－9 之间），你就可以判定行情走势还要持续一段，直到出现重要的突破信号。

　　当连续两个交易日的30个交易日累积数值从0走到＋/－9，行情的波动将显著增加。对于期权交易者来说，预期波动性的增强，可以帮助他们谋划交易策略。更进一步地说，＋/－9的数字线值提醒交易者行情正发展为明确的走势。尽管走势的形成必须与我所讲的即时满足的规则一起生效。你所观察的市场走势必须迅速发展，否则研判信号就会失效，随后将出现系统失效的交易模式。

　　通常当行情突破＋/－9的阻力，将快速运行至数字线值所指示的方向（如果数字线值是－9，预示下行；如果数字线值是＋9，预示上行）。我所知的快速运行，是指处于两三个交易日以内，与第1章我们讨论过的概念相似，对于交易成功而言，时间是比价格更重要的因素。请牢记，如果交易者的交易时间太久，使那些搭顺风车的人在你所交易的同等价位蜂拥而至，这笔交易会好到哪儿去？如你在第1章里所学习的，只有行情在一个确定的价位运行足够的时间，才可确立有效的升A点或降A点。如果行情在此价位上走势衰弱，信号就是无效的。那么在这里，借助宏观ACD数字线值，如果数字线值到达＋/－9，并且接下来的交易日数值也是＋/－9，如果预期的价格活动没有很快形成，很可能会出现体系无效的交易情形。

　　打一个比方，可以帮助大家解释时间与机会的概念。（美式）橄榄球迷都知道，当一个跑卫寻求达阵的机会时，都会寻觅一个转瞬即逝的机会之窗。他只要发现防守上的一个漏洞，就有机会完成一击致命的达阵。那个漏洞，如果存在也是转瞬即逝的。如果跑卫稍有犹豫，或者路线上被拦截，那个漏洞或机会，就不会再有。但是如果跑卫冲破这个漏洞，他知道就可以直捣黄龙、触地达阵了。

　　这与宏观ACD交易的情形几乎一样。你所寻找市场在连续两个交易日数值达到＋/－9的开盘机会（如同橄榄球防守链条上的漏洞），当出现这一情形，将是理论上交易"达阵"的良机。相似的是，如果宏观ACD的信号是有效的，行情理应像跑卫一样快速启动，冲向得分线。但是如果行情犹豫或衰弱，则机会将无法停留，防线上的漏洞就会关闭。

　　这就是我所形容的"瞬间的喜悦"。如果行情滑向宏观ACD数字线值所指示的方向，你将很快知道结果，或者至多两三个交易日里见证结果。如果预期的走势无法出现，随后将出现系统无效的交易情形。

若使宏观 ACD 信号有效，行情必须快速朝向预期方向运行——至少在两三个交易日里。

对于长线交易者来说，数字线值提供一个额外的作用：它是一个重要的指标，特别是研判何时进场或离场。假设在过去的 10 个交易日里，30 个交易日累加的数字线值，像弹球一样在−4～+4 之间跳跃，一会儿确立了一个升 A 点，随即出现了降 A 点，这种反复的无定向的交易，无助于确立长线交易策略。当 30 个交易日的数字线值在 0 值的两侧大幅震荡，那就是时候退出长线交易了。尽管可能会有一些盘中的交易机会，比如数值为+2 的交易日（确立降 A 点时）或者数值为−2 的交易日（确立升 A 点时），但行情没有一个持续的定向趋势。事实上，当 30 个连续交易日的数字线值介于−9 和+9 之间，你通常可以预计后市是一个震荡市。

同样对于日线交易者，之前讨论过的数字线值可以帮助你认识体系是否失效，也能识别出与 ACD 信号相悖的交易机会。一个与 ACD 信号相悖的交易机会的出现，意味着行情不断挑战具有统计学意义的+/−9 区域，但是第二个交易日却无法确认出现。假设 30 个交易日的数值总和是+7，第二日是+9，接下来是+7，+8，然后又是+7。在这个例子中，作为一个日线交易者，你应当将这一情形视为与信号相悖的交易机会，直到两个连续交易日的 30 个交易日数值出现+/−9。

请牢记，如果即刻满足的规则失效，研判体系无效将随之出现。如果在两个连续交易日的数值线值为+/−9，行情没有在两三个交易内移动到预期方向，你将知道体系已经失效。如果是这种情况，你应当借助宏观 ACD 信号止损离场，尝试去找到另一个价位，从假突破的方向进行与你原仓位的反向操作。

宏观 ACD 的数字线值具有以下作用，包括帮助长线交易者确定震荡市，帮期权交易者确定增幅的波动性，以及帮助日线交易者采取与 ACD 信号相悖的操作，以识别体系失效的交易。

体系失效和机会相悖，促使你记得宏观 ACD 数字线值的主要目的是指示哪里会形成潜在的趋势。趋势形成的最重要机会是数字线值从 0 运行到＋/－9。处于这一临界点，你需要找到一个确认点。举个例子，如果 30 个交易日的数字线值已经到达＋9，你需要至少两个连续交易日的累积总和至少达到＋9。如果第二日的数字线值是＋10，随即你便能够确认行情。如果第二个交易日的累积记录跌回至＋7，随即你便知道行情没有得到确认（正如我之前解释过的，你应当寻找潜在的体系失效的交易模式）。

相较两个连续数值为＋/－9 的交易日更有信号指示作用的是两者之间的时间间隔。说明一下，假设一件商品在 1 月份出现两个连续交易日数值为＋9，在随后的 2 月份 30 个交易日的数字线值回归到 0，这种类型——两个确认的＋9 情形出现在相隔的两个月——将不作为信号考量。换句话说，两个连续数值为＋/－9 的交易日自从前一年 9 月份以后，又出现在 3 月，那么它将具有强烈的指示信号。一个市场事件可能本身很有研判意义，但如果在市场中极少发生，那才是更有价值的事。

重大的市场事件——比如两个连续数值从 0 开始至＋/－9 的交易日——有非常值得强调的重要性。这是我称之为百年不遇的交易机会，比如我在第 3 章分享的 1990 年 8 月亲身经历的原油期货行情。

宏观 ACD 的数字线值对于过去的市场活动（已知的）和今日的市场活动都能进行分析和研判，已成为你谋划和执行今日交易非常实用的指标工具。举个例子，假设在昨日收盘时的 30 个交易日的数值是＋9，你首先要考虑的是什么？那就是找到确认上升趋势的另外一个＋9 的交易日，或者如果你没有发现，你需要寻找一个体系失效的交易模式。

现在，回到今日，你知道需要将 30 个交易日的数值上减去一个

＋1。这意味着什么？自动地——甚至在今日的交易开始前——数字线值是＋8（前一个交易日的数值＋9减去要减掉的数值＋1）。以＋8数值开始，你知道为了累积30个交易日的总和成为＋9（以确定上升趋势的可能），今日的交易活动结果至少需要一个＋1的数值。

假设今日行情确立了升A点，当日数值为＋2，随之30个连续交易日的数值为＋10。由于上一个交易日的数值为＋9，这就确认了一种上升趋势启动的可能性。现在，你已经确认了一种低风险、高回报的交易良机。

由于升A点已经确立（＋2），唯一需要关注的事是，如果行情到收盘时低于开盘价幅（随之数值为0），累积总和应达到当日的最低幅度。这样你这次交易的风险价位只是低于开盘价幅。市场活动在开盘价幅以上运行是对你有利的。

基于这种情形，当市场条件已经风险最小化的时候，你将寻觅一个增加你的交易仓位的机会（使仓位最大化）。这样，如果你是典型的只做5份期货合同的日线交易，你需要找到同时增加你的仓位和延续性的方法。反之，交易持续对你有利，你需要增加你的仓位，也许可考虑增加至10份期货合同。随后，在交易日的尾声，行情始终高于开盘价幅，你将不会平掉10份合约的仓位。相反，如果预期后市有大幅的上升行情，你可以留一些合同过夜。

当行情的宏观ACD的数值线值确定为＋/－9，预期行情将大幅向既定方向运行，交易者应当考虑增加仓位，持有一些筹码过夜。

至此，让我们看一个真实世界的案例，关于如何运用30个交易日的数字线值用来研判长线交易和进行仓位管理。在表4.1中，你能看到咖啡期货从1997年1—6月的行情，显示每日的结算价位和当日数值。如你在表中看到的，在1月16日，30个交易日的累计总和第一次到达＋9，这是趋势上升最初的提示信号。但是在你确定趋势上升之前，行情必须证明下一个交易日至少保持＋9的数值。

表 4.1　咖啡期货数字线值表

| 月 | 日 | 线值 | 结算价 | 月 | 日 | 线值 | 结算价 |
|---|---|---|---|---|---|---|---|
| 1 | 2 | −6 | 11665 | 2 | 10 | 14 | 15865 |
| 1 | 3 | −6 | 11625 | 2 | 11 | 15 | 16355 |
| 1 | 6 | −6 | 11405 | 2 | 12 | 17 | 17185 |
| 1 | 7 | −4 | 11935 | 2 | 13 | 19 | 18005 |
| 1 | 8 | −2 | 11890 | 2 | 14 | 19 | 17785 |
| 1 | 9 | 0 | 11935 | 2 | 18 | 18 | 15725 |
| 1 | 10 | 0 | 11960 | 2 | 19 | 18 | 16630 |
| 1 | 13 | 5 | 11845 | 2 | 20 | 16 | 16640 |
| 1 | 14 | 7 | 12220 | 2 | 21 | 14 | 16185 |
| 1 | 15 | 7 | 12260 | 2 | 24 | 14 | 16165 |
| 1 | 16 | 9 | 12305 | 2 | 25 | 15 | 16325 |
| 1 | 17 | 10 | 12400 | 2 | 26 | 15 | 17285 |
| 1 | 20 | 10 | 12925 | 2 | 27 | 13 | 17110 |
| 1 | 21 | 9 | 12965 | 2 | 28 | 13 | 17685 |
| 1 | 22 | 10 | 13530 | 3 | 3 | 15 | 18485 |
| 1 | 23 | 9 | 14005 | 3 | 4 | 14 | 19525 |
| 1 | 24 | 7 | 13690 | 3 | 5 | 13 | 20065 |
| 1 | 27 | 9 | 13660 | 3 | 6 | 8 | 19370 |
| 1 | 28 | 5 | 13950 | 3 | 7 | 8 | 18980 |
| 1 | 29 | 9 | 14480 | 3 | 10 | 14 | 19930 |
| 1 | 30 | 9 | 14030 | 3 | 11 | 11 | 20315 |
| 1 | 31 | 17 | 13940 | 3 | 12 | 7 | 19610 |
| 2 | 3 | 18 | 14565 | 3 | 13 | 5 | 18225 |
| 2 | 4 | 20 | 14745 | 3 | 14 | 11 | 18635 |
| 2 | 5 | 16 | 14455 | 3 | 17 | 9 | 16865 |
| 2 | 6 | 17 | 15080 | 3 | 18 | 5 | 16880 |
| 2 | 7 | 15 | 15105 | 3 | 19 | 5 | 16810 |

续表

| 日 期 | | 线值 | 结算价 | 日 期 | | 线值 | 结算价 |
|---|---|---|---|---|---|---|---|
| 月 | 日 | | | 月 | 日 | | |
| 3 | 20 | 9 | 16915 | 4 | 29 | 14 | 19895 |
| 3 | 21 | 4 | 16575 | 4 | 30 | 17 | 21040 |
| 3 | 24 | 5 | 16290 | 5 | 1 | 20 | 22290 |
| 3 | 25 | 5 | 17930 | 5 | 2 | 15 | 21615 |
| 3 | 26 | 7 | 18685 | 5 | 5 | 20 | 21850 |
| 3 | 27 | 5 | 18980 | 5 | 6 | 16 | 21285 |
| 3 | 31 | 3 | 19115 | 5 | 7 | 12 | 21140 |
| 4 | 1 | 8 | 19430 | 5 | 8 | 12 | 21690 |
| 4 | 2 | 8 | 19315 | 5 | 9 | 12 | 21790 |
| 4 | 3 | 4 | 17770 | 5 | 12 | 14 | 22965 |
| 4 | 4 | 10 | 17915 | 5 | 13 | 12 | 24115 |
| 4 | 7 | 15 | 17940 | 5 | 14 | 12 | 24060 |
| 4 | 8 | 14 | 17875 | 5 | 15 | 16 | 25520 |
| 4 | 9 | 14 | 18970 | 5 | 16 | 14 | 25315 |
| 4 | 10 | 12 | 19105 | 5 | 19 | 10 | 24625 |
| 4 | 11 | 10 | 18910 | 5 | 20 | 8 | 24025 |
| 4 | 14 | 11 | 19600 | 5 | 21 | 8 | 25310 |
| 4 | 15 | 6 | 17465 | 5 | 22 | 10 | 26030 |
| 4 | 16 | 4 | 18530 | 5 | 23 | 14 | 25685 |
| 4 | 17 | 5 | 18750 | 5 | 27 | 13 | 27430 |
| 4 | 18 | 9 | 19415 | 5 | 28 | 18 | 29555 |
| 4 | 21 | 7 | 19405 | 5 | 29 | 20 | 31480 |
| 4 | 22 | 1 | 18835 | 5 | 30 | 18 | 27640 |
| 4 | 23 | 3 | 19340 | 6 | 2 | 14 | 25395 |
| 4 | 24 | 9 | 19820 | 6 | 3 | 18 | 26420 |
| 4 | 25 | 11 | 19325 | 6 | 4 | 19 | 25155 |
| 4 | 28 | 10 | 19640 | 6 | 5 | 15 | 23050 |

| 日 期 | | 线值 | 结算价 | 日 期 | | 线值 | 结算价 |
| 月 | 日 | | | 月 | 日 | | |
| --- | --- | --- | --- | --- | --- | --- | --- |
| 6 | 6 | 13 | 23725 | 6 | 12 | 1 | 19240 |
| 6 | 9 | 15 | 25330 | 6 | 13 | −3 | 18275 |
| 6 | 10 | 10 | 21795 | 6 | 16 | 0 | 18160 |
| 6 | 11 | 6 | 20765 | 6 | 17 | 0 | 19070 |

1月17日，从30个交易日总和里减掉最早一天的−1数值，随之30个交易日的数字线值为＋10。这样，长线交易者，遵循这一确定的数字线值，寄希望行情持续在这一价位。举例说明，如果这一天的行情，1月17日确立了降A点（数值为−2），随后趋势无法被确认。若要证实上升趋势，则1月17日必须为一个中立日（数值为0），或者出现＋1、＋2以上的数值，不能是−1以下的数值。换句话说，如果1月17日的数值不低于−1，将是明确做多的信号。结果就是，1月17日30个交易日的累积总和升至＋10，上升趋势就此确立。

如你大致所见，这种信息除了对长线交易者有帮助，对短周期日线交易者也有助益。下一个交易日，1月20日30个交易日数值减去一个＋3，将行情带回至＋7。长线体系交易者将会保持1月17日收盘时的仓位。但是日线交易者将在1月20日寻求一个有效的升A点（数值为＋2）。

1月20日，咖啡期货开盘价依然是前一交易日的开盘价124.00。此时，数值A是100个价格增幅（现行A值参数，请参考附录部分）。这就确立了升A点的目标点位为125.00，降A点的目标点位为123.00。

在1月20日，开盘价幅是123.35～124.00，最低点是123.35，最高点是129.50，收盘价是129.25。基于这些数据，你可以看到行情真的确立了升A点（125.00），收于开盘价幅以上，接近当日最高点。基于这些信息，你认为1月20日的当日数值会是怎样？如果你认为是＋2，那么恭喜你答对了！

现在，作为一个日线交易者，你知道＋2的数值将使30个交易日的累积数值变为＋9。根据这一情形，如果你是手上持有5份咖啡期货合同的日线交易者，你将不会在当日尾盘卖出你的所有合同。相反地，你会继续持有一些合同进入下一交易日，特别是当你有正向的开仓交易选择权时。

同时，复习一下。1月20日的情形，作为一个日线交易者，你的入市风险是怎样的呢？一旦你确立了升A点，你的风险仅仅是行情穿透开盘价幅的底部，对于一份咖啡期货（基于1997年1月20日的价格）的风险是619美元。在这一天随着行情以129.25收盘，你已经一份合同净赚了1600美元。

从长线交易的角度，再来看咖啡期货从1月底到3月的行情。咖啡期货开始大量的空前飙升，从1月20日收盘时的129.25，升至3月的200.00以上，最终于3月31日收于191.15。在这两个多月里，日线交易者处于很好的行情波动中，确立了很多有效的升A点，在短线基础上获利颇丰。

同时，对于长线交易者，在1月17日确立了做多的仓位，技术上看，直到连续两个交易日的30个交易日累计数字线值穿破0值以下，你都可以继续持有。或者，当他或她看到数字线值突然急剧地下跌，交易者可能会平仓退出，以管理好自己的交易。举例来说，3月29日，数字线值是＋20，价格是314.80。此时，长线交易者，若在1月17日持有一份合同，将有7.2万美元的盈利！日线交易者，若从1月20日持有2份合同，应当意识到将有12.5～13万美元的盈利——这还不算从那时就开始执行的所有日内交易的利润。

回到表格中，你可以看到30个交易日的数字线值为＋20，是6个月来最高的。但是介于这8个交易日之间的30个交易日的数字线值显著下跌，从＋9以下一直到6月11日的＋6。至此，一个有经验的借助宏观ACD指标研判的长线交易者，会基于数值线值的消极活动锁住利润。请牢记，我很早就说过，当数字线值从0运行至＋/－9，这将是非常重要的信号。同样，当数字线值运行至与预期相反的方向，也是一个重要的信号，特别是当它快速地回落时。

在这个案例中，我看到在 6 月 2 日 30 个交易日的数字线值是 ＋14，这一数值并不是信号，但是考虑到 5 月 29 日之前的两个交易日数字线值都达到＋20。现在你需要注意的事情是宏观 ACD 的数字线值出现减小的信号——从＋20 降至＋14——在连续的 3 个交易日里，对于一个有经验的宏观 ACD 长线交易者，这将是提醒记录者至少平仓部分筹码的信号。

# 逻辑交易者：期中考试

在过去的 4 章，我们已经学习了 ACD 体系中确定 A 点和 C 点，计算中枢和中枢价幅，说明市场的数值，以及使用宏观 ACD 数字线值的一些关键点，现在是时候来复习一下了。这次的期中考试不只是检验你所学过的知识（无需担心，你是唯一知道自己得分的人），还能增强你对前 4 章讨论过的知识点的印象。

写下下面问题的答案在一张单独的纸上，正确答案附在本章最后。

## 问题

1. 市场是会确定信号的，请问止损的信号是什么？

2. D 点信号是与开盘价幅方向相悖，作为＿＿＿＿＿的信号。

3. C 点信号是确立＿＿＿＿＿相对反向的信号。

4. 图表中哪一个时期或时间柱是 ACD 估价中最具有统计学意义的？

5. 找到图表中的开盘价幅，你需要识别出哪一个时间柱？

6. 每一个交易都需要一个参考点。这句话是什么意思？

7. 怎样的宏观 ACD 数字线值才能确立一个有效升 A 点？

8. 怎样的宏观 ACD 数字线值才能确立一个有效升 C 点？

9. 在 ACD 体系中，D 点是 ACD 体系中什么点的止损点？

10. 在 ACD 体系中，数值对于预测 A 点和 C 点是非常有用的。股票和期货的主要数值有何不同？

11. 如果天然气期货开盘价幅是 4345～4360，中枢是 4405～4430，收盘价是 4490，那么这一天应当如何定义？

12. 前半年的哪两个周被认为是具有统计学意义的？

13. 给定的某一交易日，行情确立一个无效的升 A 点和无效的降 A 点，那么当日的宏观 ACD 数字线值是什么？

14. 如何运用 ACD 体系确认一个下跌日？

15. 开盘价幅的一半时间用于确定什么？

16. 什么价幅被认为是市场中最重要的？

17. 你能通过一个有效通过中枢的升 A 点做多交易，你将在哪一点位设置止损点？

18. 一个进入日线中枢的失效升 A 点被认为是一个_____风险交易。

19. 一个开盘后 1 小时的中枢高点或低点的交易情形，处于开盘第一小时价幅的极限百分比是多少？

20. 一个失效的与中枢相悖的 C 点被称为_____交易。

21. 多少个交易日用来计算宏观 ACD 的数字线值？

22. 如果宏观 ACD 两个连续交易日的 30 个交易日的数值从 0 达到＋/－9，它后市的统计学意义会怎样？

23. 哪一种行情根据宏观 ACD 数字线值可以帮助长线交易者避免介入？

24. ACD 交易方法可以适用于任何商品、股票或货币交易，只要市场有足够的_____和流动性。

25. 与现实生活相似，交易时你需要有一个_____。

一旦你成功回答出前 25 个问题，可继续尝试下面的问题：

1. 如果没有一个 B 点信号，随后不可能出现一个_____信号。

2. 行情运行至升 A 点或高于升 A 点 50 秒，开盘价幅时间是 15 分钟，这是一个有效的升 A 点，还是无效的升 A 点？

3. 哪一种对 ACD 体系来说是更好的：一个失效的降 A 点，还是一个有效的通过中枢的升 C 点？

4. 根据下面的信息计算中枢和中枢价幅：最高点是 29.00，最低点是 28.15，收盘价是 28.65。

5. 在一个日线交易中，一个失效的降 C 点之后，行情确立了升 A 点，宏观 ACD 数字线值是多少？

6. 行情 A 值是 15 个价格增幅，开盘价幅是 35.00～35.20，中枢价幅是 35.30～35.45，最低点是 34.95，最高点是 37.10，收盘价是 36.25，这一交易日属于何种类型？

7. 哪一种 ACD 交易形态会套住一些判错方向的交易者，但如果出现在尾盘就变成更好的交易机会？

8. 对一个类似沃达丰（VOD）的股票而言，交易者应该选择在哪一个市场来确定开盘价幅？

9. 如果交易者确立建仓，行情在 40 分钟内没有移动到你所预想的方向，那么持仓的交易者应当做些什么？

10. 一个正常的交易价幅交易日，下一个交易日出现狭小的中枢价幅，通过意味着下一日是一个_____的价格变动。

11. 每月的第一个交易日将被认为是一个具有重大意义的____。

12. 在交易日尾盘出现 C 点的中枢情形，如果行情收于_____和_____以上，你就可以回家安心持仓。

13. 当行情震荡和振幅小，这是很好的信号，去寻求_____体系的交易。

14. 宏观 ACD 信号被证实有效，行情必须移动到信号所指示的方向，出现在_____个交易日内。

15. 宏观 ACD 的数字线值从 0 运行至＋9，第二交易日也随即出现＋9，出现怎样的频率才能让信号变得更强势？

16. 如果宏观 ACD 日线数值是一个奇数，你知道这一交易日出现了什么？

17. 解释一下两个交易日是如何得到宏观 ACD 的＋3 数值的？

## 期中考试答案

1. B 点信号

2. B 点

3. A 点

4. 开盘价幅

5. 第 1 根

6. 参考点给交易者提供了确立做空（偏向空头）或做多（偏向多头）的价格水平，更重要的是提供了一个低风险的止损点。

7. −2

8. +4

9. C 点

10. 对于股票，A 点和 C 点数值是相同的。对于期货，A 点和 C 点的数值是不同的。

11. 一个上升日

12. 一月的前两周

13. 0 值

14. 开盘价幅高于中枢价幅，中枢价幅高于收盘价；或者开盘价幅＞当日中枢价幅＞收盘价

15. 一个"有效"的升 A 点或降 A 点（相对于无效的 A 点而言）

16. 中枢价幅

17. 直接低于中枢价幅的底部

18. 风险很低

19. 15%

20. 险中求胜

21. 30 个

22. 重大意义

23. 震荡行情

24. 波动性

25. 交易计划

随后的 17 个答案：

1. C 点

2. 失效的升 A 点

3. 通过中枢的有效升 C 点

4. 中枢价格＝28.60，中枢价幅是 28.57～28.63

5. +3

6. 通过中枢的有效升 A 点

7. C 点中枢交易

8. 本地市场，在这个案例里是伦敦。

9. 平仓离场

10. 幅度较大

11. 时间架构

12. C 点和中枢价幅

13. 无效

14. 2～3

15. 很罕见

16. 行情必须出现交易无效的信号

17. 失效的降 A 点和有效的升 A 点；或者收于开盘价幅顶部以上的失效的降 C 点

# 第5章

# 中枢移动平均线

有许多交易体系都在研究移动平均线。移动平均线反映了平均的价格——在滚动行情的基础上——一只特别的股票或一件商品在一段时间内的价格。例如，200 日移动平均线是过去 200 个交易日的平均价格；50 日移动平均线是过去 50 个交易日的平均价格，以此类推；或者移动平均线可以基于更短的时间周期，从 5 分钟到 30 分钟，或 60 分钟。既然是移动平均线，当一个新的交易日（或者是你正在使用的任何时间周期）增加，最早的一个交易日相应减去，移动平均线随之移动起来。

我对于传统的移动平均线有一个疑问，那就是它多数情况下是参考收盘价格的。不管时间周期是 5 个价格增幅、5 分钟，或者是 1 天，所依据的价格都是同时段的收盘价。对我来说，收盘价是一个主观的时间点。无论是股票或商品持仓过夜，都导致收盘价成为无效的概念。我的意思是，如果股票 X 的收盘价是每股 34 美元，但是持仓过夜的价格达到 35 美元，那么以 34 美元来计算移动平均线有何意义呢？

相反地，我所使用的移动平均线是基于每个特别交易日的中枢价格的。正如你在第 4 章学习过的知识，中枢是基于一个特别交易日的最高点、最低点来计算的，其价格计算结果反映了当天交易日的行情核心。因此，基于中枢价格的移动平均线比基于收盘价计算得出的移动平均线更有研判意义，且关联性更大。

中枢移动平均线是运用中枢价格计算的，或者根据一定交易日的数字反映行情的核心部分。这就使得中枢移动平均线比基于收盘价得出的移动平均线更有市场意义和客观价值。

第二个关于移动平均线的问题，是不同于许多交易者，我不会将移动平均线视为一种必须跨越的障碍。所谓的传统观念会认为，如果一只股票低于 50 日移动平均线，将是熊市来临的信号。或者，一旦行情穿过 200 日移动平均线，将是牛市的预兆。就我的观点，这不是最好的使用移动平均线指标的方法，特别是对短线交易者而言。

与其关注一根移动平均线是否是一种障碍，不如去看中枢移动平均线本身。特别是，我正在关注的均线倾斜率，或者更多特别的均线倾斜率的价格变化。这是为什么呢？因为均线倾斜率出现变化，却没有出现大幅价格变动，这种情形首次出现，意味着市场观念有了变化，这是非常重要的信号。

与其关注移动平均线是否是一种必须穿越的障碍，不如关注中枢移动平均线的倾斜率。均线倾斜率的变化是一种市场观念发生变化的重要指示信号。

回想一下你在学校里学过的线与图表的知识。线的倾斜度代表 $Y$ 轴（图表中的一根轴）对应 $X$ 轴（图表中的另一根轴）的变化。$X$ 轴与 $Y$ 轴的相对变化将决定线的倾斜度，陡峭或是平缓，向上或是向下。

现在，将倾斜率这一概念应用于中枢移动平均线。水平轴上的点代表时间，不管是以日还是分钟作为周期。竖直轴上的变化代表数值的增加或减少。在一个方向上的变化越大，线的倾斜率就越大。一个方向上的变化越小，线的倾斜率就越平缓。

举个例子，第一个交易日的中枢价格是 34.20，下一个交易日的中枢价格是 34.25，第三个交易日的中枢价格是 34.30，这就确定了三个交易日的中枢移动平均线是 34.25。现在，假设第四个交易日的中枢价格是 34.40。再一次，加入新一日的中枢，并减去最早一日的中枢，你就得到 3 日移动平均线的数值 34.35。

现在，你可以用 3 根中枢移动平均线的数值画出一个图表：
34.25、34.30 和 34.35。看看这个简单图表里的数字，你能看到 3
日中枢移动平均线正在稳步上升。当你用这三个点画出一个图表，
你就能得到一根如图 5.1 所示的线。

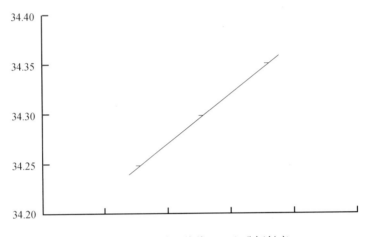

图 5.1　中枢移动平均线——上升倾斜率

由这三个点形成的线，有一个特殊的倾斜率，在这个案例中它
是稳步上升的——一个经典的市场趋势上行的图形。现在，让我们
讨论一下这个案例。假设在第六个交易日，中枢价格是 34.35，则 3
日中枢移动平均线的数值为 34.37（约等于）。在第七个交易日中枢
价格是 34.30，则 3 日中枢移动平均线的数值为 34.35。第八个交易
日的中枢价格是 34.25，则 3 日中枢移动平均线的数值是 34.30。绘
制出这些移动平均线数值的图表，会得到一根全然不同的线，如图
5.2 所示。

很清晰，这根线弯曲并开始向下倾斜，这提示你市场的观念开
始改变。中枢移动平均线开始从上行转为下行，现在行情（如图中
这根线所证明）开始下行趋势。这个简单的案例表明，中枢移动平
均线可以研判过去的行情趋势，同时也能研判市场情绪上的转变
时机。

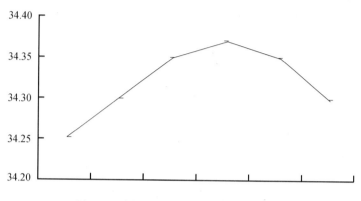

图 5.2　中枢移动平均线——倾斜率变化

　　在 ACD 体系中，我们发现三种实用的中枢移动平均线，分别是 14 日、30 日和 50 日（或者在更短的时间周期上，你可以定为 14 时柱、30 时柱和 50 时柱的中枢移动平均线，每个时柱代表一个确定数字的分钟，如 5 分钟、10 分钟、30 分钟）。正如你在 3 日中枢移动平均线案例中所做的，14 日（14 时柱）、30 日（30 时柱）、50 日（50 时柱）的中枢移动平均线都是在行情滚动的基础上计算出来的。这样可以绘制出反映市场观念的图形，从短周期（14 日/时柱）到中周期（30 日/时柱），再到长周期（50 日/时柱）。使用这三根移动平均线，你能够以三种不同的时间周期观察行情，而使用一种移动平均线只能代表一种时间周期和一个观察角度。

　　在前一个例子里，你在关注三根均线的倾斜率——上行、下行或没有倾斜率的水平走势。请牢记，均线倾斜率意味着变化的幅度：倾斜率越陡峭，变化幅度就越快。中枢移动平均线的倾斜率反映市场里人们观念变化的幅度。因此，如果中枢移动平均线的倾斜率突然变化，从上行转至下行，或者相反，预示着行情同样将有一种突然的转变。如果中枢移动平均线的倾斜率，从陡峭转为略有倾斜，再转为平缓，随后慢慢下行，它反映了市场观念正在缓慢变化。

　　线的倾斜率反映变化的幅度。中枢移动平均线的倾斜率反映市场观念的变化幅度。

　　一名交易者使用中枢移动平均线的目的是为了研判当前的市场情绪，以及在转变发生时如何决策——在一个主要的市场走势出现时。

　　观察三根中枢移动平均线倾斜率的一种途径是，将其作为一种统一的意见。当多根中枢移动平均线都向同一个方向移动——要么上行，抑或下行——行情将在相应的方向上有一个清晰的趋势。当中枢移动平均线的倾斜率开始改变——变得平缓，或者突然向相反方向移动——随后市场的观念会出现显著的变化。

　　当三根中枢移动平均线移动至不同的方向——一根向上倾斜，一根平缓移动，一根向下倾斜——随后移动平均线将不能反映市场观念。换句话说，行情（至少从中枢移动平均线的角度看）是不明朗的，没有清晰的可判断走势的信号。

　　将三根移动平均线的情况进行区分是很重要的，如走势不明的行情与中立的行情。正如我们提到的，在一个走势不明的行情里，三根移动平均线是背离的（一根向上，一根向下，一根水平）。在中立的行情里，三根移动平均线是相互平行且走势平缓的。当均线都是平缓的时候，市场是比较容易从中立市转向牛市，或者由中立市转向熊市的。换句话说，处于中立行情，一旦这些平缓的均线转向上行或下行，将有一个转入牛市或熊市的机会。在不明朗的行情中，均线无法直接进入牛市或熊市。三根均线必须首先协调起来，随后趋势将根据均线的倾斜率进入确定的上行或下行通道中。

　　中枢移动平均线是另一种你可以与ACD之前各章所讨论的概念混合使用的指标。以ACD概念为基础，这些不同的指标像不同的楼层，一个指标是建立在另一个指标之上。下面是一个案例：假设行情确立了升A点，如你在第1章所知道的，这将是一个偏向多头市场的倾向。此时宏观ACD的数字线值是＋9，如你在第4章所了解的，这预示行情将有一个明确的移动。再加上中枢移动平均线倾斜度向上，反映出市场上的牛市情绪。这三项指标同时预示市场向相同方向运行，你不仅会对这一天的牛市信号充满信心，同时移动平均线倾斜率的突然上扬，也让你对市场移动的信号充满信心。因此，像案例中这样，当多数信号都指向一个预期方向，你将决定最大化你的仓位，或者换一种表达，是时候踩下油门全力向前了。

现在，假设行情确立了升 A 点，预示行情有一个牛市利好的信号。ACD 数字线值是 $-2$，这意味着到达 $+/-9$ 的目标数值还有一段路要走。同时，三根移动平均线倾斜率向下，预示将出现熊市的趋势。已知的这些信号互相矛盾，你将不会决定进入交易，或者，你可能想要在升 A 点处准备逆向交易，因为其他指示信号都显示市场情绪由中立市转为熊市。如果你确定根据升 A 点的信号做多（偏向多头），你将可能轻仓交易，因为这次交易的信心十分有限。换句话说，这将是松开油门刹车慢行的情形。

再看另外一种情形，假设行情确立了降 A 点，预示行情有一种利空（熊市偏向）的信号。现在，假设 ACD 数字线值开始到达 $-9$，并且中枢移动平均线倾斜率向下。这是一种上车赶路的情形。你想要最大化你的仓位，因为你的信心在最高点，足以确保盈利，参见图 5.3a～h。

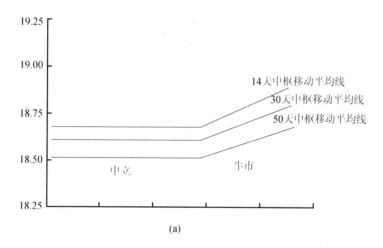

(a)

图 5.3a　移动平均线倾斜率——中立市转向牛市

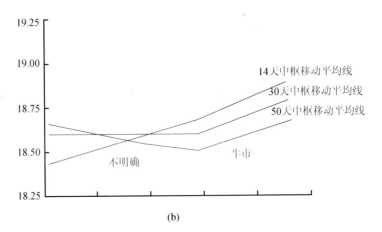

(b)

图 5.3b 移动平均线倾斜率——行情不明转向牛市

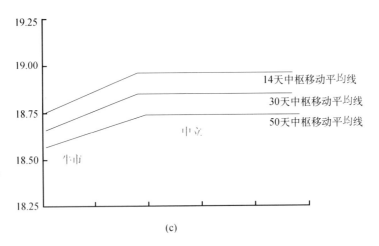

(c)

图 5.3c 移动平均线倾斜率——牛市转向中立市

你可以从牛市进入中立市，然后返回牛市

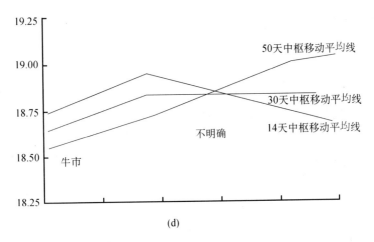

(d)

图 5.3d　移动平均线倾斜率——牛市转向行情不明

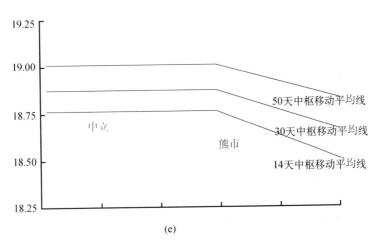

(e)

图 5.3e　移动平均线倾斜率——中立市转向熊市

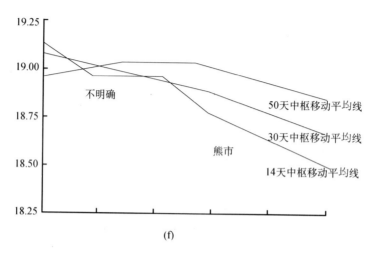

(f)

图 5.3f  移动平均线倾斜率——行情不明转向熊市

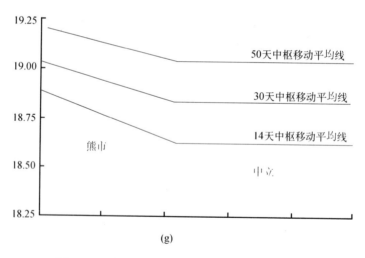

(g)

图 5.3g  移动平均线倾斜率——熊市转向中立市
你可以从熊市进入中立市，然后返回熊市

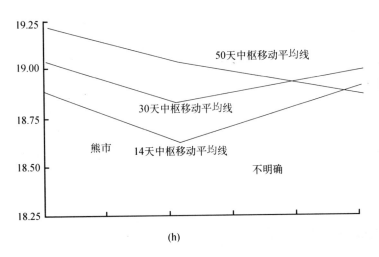

(h)

图 5.3h　移动平均线倾斜率——熊市转向行情不明

# 欺骗性移动平均线

　　第二种运用中枢移动平均线的策略是欺骗性移动平均线 (MAF)。如图 5.4 所示，三根中枢移动平均线倾斜率向上。图表中的日线柱显示，行情稳步爬升突破了 50 日、30 日和 14 日的三根中枢移动平均线。随后行情倾斜向下，跌落到 14 日均线以下，但是仍高于 30 日均线（如果行情像穿透 14 日均线一样，也击穿 30 日中枢移动平均线，就不是欺骗性移动平均线）。

　　现在，尽管三根均线的倾斜率都向上，但你还是没有理由做多。你还要等待行情弹回后再一次走高，穿越 14 日中枢移动平均线。一旦移动回到 14 日均线以上，你可以恢复牛市倾向（做多），该笔交易的参考止损点就是向下回探时的底部。

　　相反地，假设中枢移动平均线倾斜率向下，图表上的日线柱也移动下行。随后行情开始走高，穿过 14 日中枢移动平均线以上，但是没有击穿 30 日均线。甚至均线仍然倾斜率向下，你也没有理由做

数据:天然气期货（2000年1月），2000.10.5—2000.12.27

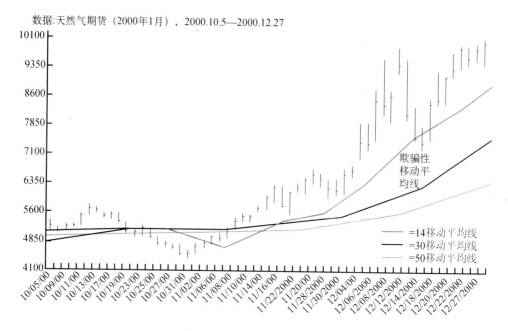

图 5.4　欺骗性移动平均线

空。你必须等到行情完全返回跌破 14 日移动平均线，你的仓位和倾向才能明确转向熊市，你的参考止损点就是此次行情反弹的顶部。

　　一如往常，你必须问自己如果判断出错应当在何处离场。在这个例子中，你的止损点就是行情回拉的那一根时间柱。如果行情运行低于这根时间柱的最低点，你就应当平掉你的多头仓位；或者，如果行情运行高于这根时间柱的最高点，你就应当平掉你的空头仓位。

　　在这些欺骗性移动平均线的情形中，重要的是记住研判这些交易的标准：

　　● 所有三根均线的倾斜率如果同时向上，或者所有三根均线的倾斜率向下。

　　● 行情走高后反转，下探到 14 日移动平均线以下；或者行情走低后反转，上升至 14 日移动平均线以上。

　　● 在反转时，行情并没有击穿 30 日中枢移动平均线。如果行情下探至 30 日中枢移动平均线以下（或者在下降趋势中上升至 30 日中枢移动平均线以上），这种欺骗性情形将不再适用。

● 当行情击穿 14 日移动平均线，并重新回到 14 日移动平均线上或下的方向上时，你才可以建仓或确立偏向。

# 移动平均线背离交易

多数交易者都喜欢逆市场而行，这意味着他们试图在顶部卖出或者在底部买进。更好的策略是，通过研判移动平均线的背离（MAD），帮助你识别逆行情而行的特别机会。

移动平均线的背离交易，最重要的是三根中枢移动平均线必须是中立的（平缓，没有倾斜率），或者是方向不明的（一根倾斜率向上，一根倾斜率向下，另一根是平缓的）。事实上，中枢移动平均线方向不明，是使用移动平均线背离交易最好的情况。如我们之前讨论过的，移动平均线是中立的，它们的倾斜率可以直接移动至牛市或熊市。但是当移动平均线方向不明时，趋势快速确立的机会几乎没有。

移动平均线背离的第二个条件是要有一个参考点，参见图 5.5a～d。与此同时，你所依据一个有效或无效的 A 点、一个有效或无效的 C 点，得遵从市场情形决定。

如果 30 日宏观 ACD 数字线值同样方向不明，也能确保交易成功率更高。换句话说，如果行情一直在 0 值的两侧波动——就像从 $-2～+2$，或者从 $-4～+4$——随后这将预示行情在进行盘整，没有清晰的趋势形成。

在移动平均线的背离情形中，通常会出现行情猛烈地自移动平均线上冲或者下破。随着中枢移动平均线处于方向不明的态势，将不会有持续的趋势。因此，任何向上或向下的移动都是短期变化，最终都要调整过来。移动平均线背离交易开始之时，交易者要意识到短暂移动已经无效，并要识别出清晰的参考点。

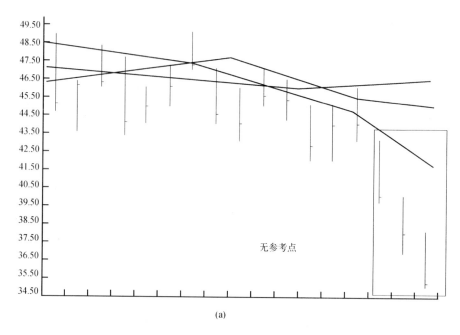

(a)

图 5.5a   方向不明的移动平均线——无交易、无参考点

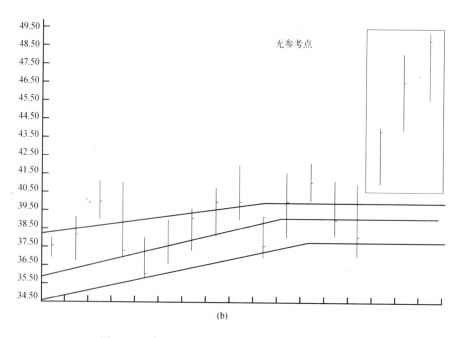

(b)

图 5.5b   中立的移动平均线——无交易、无参考点

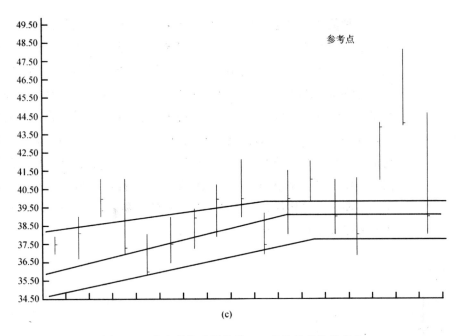

图 5.5c　中立的移动平均线——有效的交易参考点

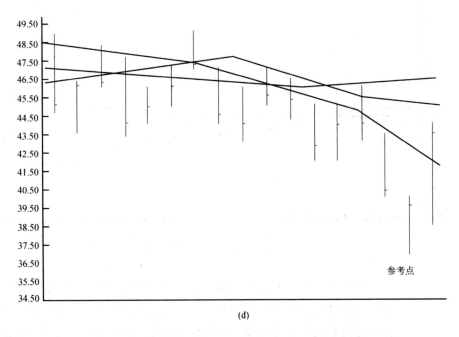

图 5.5d　方向不明的移动平均线——最佳的交易参考点

　　一种能够诠释这一概念的是"岛形反转形态"，这是技术分析师和图表分析师都非常熟悉的。岛形反转形态是在行情有欺骗性上行或下行时出现，从而形成两个缺口。举例说明，在第一个交易日，商品 X 的最低价是 15.10，最高价是 15.50。在第二个交易日，商品 X 以 15.90 的开盘价跳空高开，一路上冲至 16.50。随后第三个交易日，商品 X 以 15.70 的价格跳空低开，一路跌至 15.20。第二日出现的欺骗性行情，使交易者相信行情即将走高，但是趋势没有持续。因此，第三日行情跳空低开，跌回第一日的价位。第三日的第二次跳空证明，那些错误相信市场一路走高的交易者，多头仓位被套牢，不得不斩仓出逃，参见图 5.6。

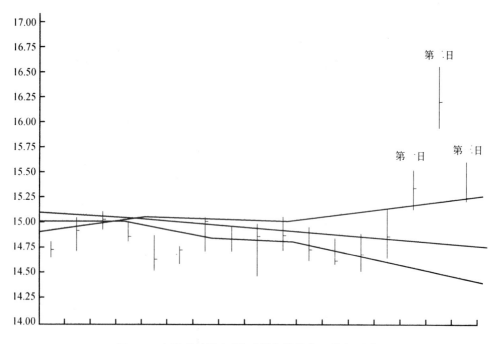

图 5.6　岛形反转形态/移动平均线背离（方向不明）

　　如果岛形反转形态的出现，伴随中枢移动平均线出现中立或方向不明的特征，那么行情将给出一个完美的高回报、低风险的参考点来进行移动平均线背离（MAD）交易。岛形反转形态/MAD 交易的机会出现，是因为行情移动方向不明确，市场观念没有达成共识，无法引导行情向一种明确的方向上持续运行。因此，很可能上行或下行的高点是暂时的，选择顶部或底部交易的结果将很可能盈利。

鉴于 ACD 体系是对称的，同样的理由适用于欺骗性下行的情况。再说一次，交易开启的因素是三根中枢移动平均线是中立或方向不明（方向不明是最适合的）。如果图表中的时间柱稳步向下倾斜，随后开始攀升，你将有一个参考点，可选择在底部入市。

## MAD 与数字线值的综合交易

中枢移动平均线为你提供了确立交易的另一个参考点。这一概念并不能取代微观 ACD 或者数字线值。相反地，与其他指标一起综合研判，将提供给你一个更好的、数据更充分完全的交易启动时机。举例说明，假设 30 日宏观 ACD 数字线值是＋7，三根中枢移动平均线的倾斜率是向上的，尽管行情已经下探到 14 日均线以下。现在，行情于今日走高，升至 14 日移动平均线以上，确立了升 A 点。升 A 点的数值是＋2，宏观 ACD 数字线值达到＋9。综合研判，三根移动平均线斜率向上，加上行情已经回到 14 日中枢移动平均线以上，并确立了升 A 点。这些指示信号预示着什么？赶快行动——踩下油门吧。

## 幼儿园交易者

中枢移动平均线概念的美妙之处在于它是直观的。交易者可以清晰地看出行情的偏向或氛围，如果所有三根均线倾斜率向上，就是牛市的征兆；如果所有三根均线倾斜率向下，就是熊市的征兆；如果所有三根均线倾斜率是平缓的，行情就是中立的；如果一根均线向上，一根均线向下，另一根均线是平缓的，就是方向不明。以上这些，一个 5 岁大的小孩都能识别。事实上，我们找来了幼儿园的小孩，他们可以说出何时三根均线都向上和向下。所以，如果他们能做到，你没有理由做不到。只是不要搞得复杂，保持简单，因为这是一个简单的概念，参见图5.7a~d。

　　甚至没有价格数据或者日柱——没有任何商品交易的知识——只要你有三根中枢移动平均线的倾斜率，你就可以创造出盈利的交易机会，参见图5.7e~f。

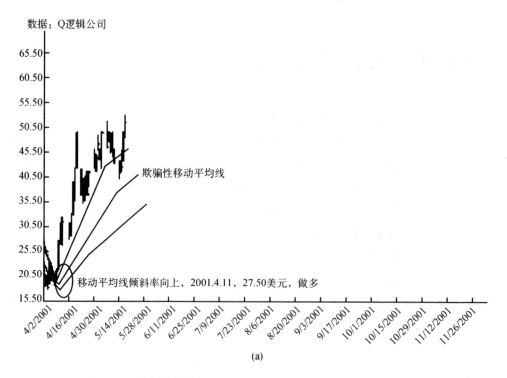

(a)

图5.7a　幼儿园交易者——14日、30日和50日中枢移动平均线

——2001年4月2日至2001年5月14日

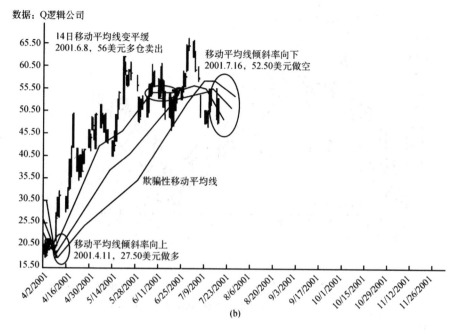

图 5.7b　幼儿园交易者——14 日、30 日和 50 日中枢移动平均线

——2001 年 4 月 2 日至 2001 年 7 月 23 日

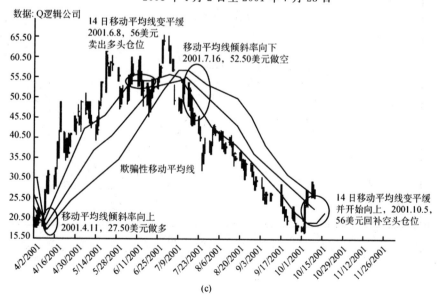

图 5.7c　幼儿园交易者——14 日、30 日和 50 日中枢移动平均线

——2001 年 4 月 2 日至 2001 年 10 月 15 日

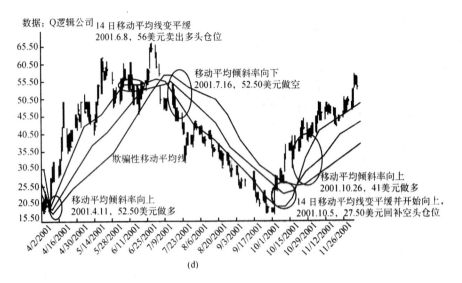

图 5.7d　幼儿园交易者——14 日、30 日和 50 日中枢移动平均线

——2001 年 4 月 2 日至 2001 年 11 月 26 日

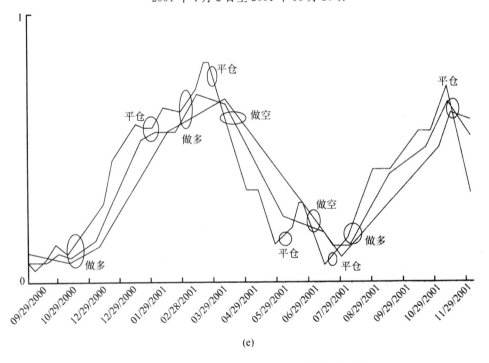

图 5.7e　幼儿园交易者——没有价格数据或日柱

——2000 年 9 月 29 日至 2001 年 11 月 29 日

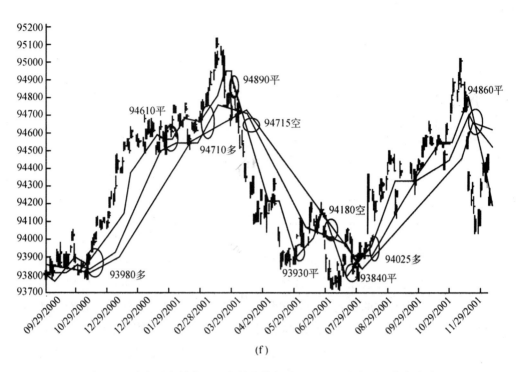

(f)

图 5.7f 幼儿园交易者——有价格数据或日柱——澳大利亚债券期货
——2000 年 9 月 29 日至 2001 年 11 月 29 日

# 第6章
## 高级交易者

许多交易者都会发现有效的入场点。但是当获利平仓时，他们往往会在退出的点位上遇到麻烦。许多交易者都没有一致性的离场策略，无法在交易失败之前平掉盈利仓位。ACD 体系不仅提供给交易者有效的进场点位，更给交易者离场时的警示信号。此外，使用这些 ACD 策略允许交易者使用直观的分析，剔除交易中的情感因素。在这一章，我们将讨论各种交易策略，允许你——在合适的时机结束交易。

## 滚动的中枢价幅（RPR）

滚动的中枢价幅（RPR），通常包括 3～6 个交易日，可以作为入场或离场的参考点。对于滚动中枢，也许最重要的并不是它所告诉你应该做什么，而是告诉你不去做什么。也就是说，它可以使你保持锁定盈利的仓位，使你不会因为市场上一些无关紧要的因素过早离场（就像你晚上因为丈母娘的事与配偶争吵）。运用滚动的中枢价幅可以帮助你管理仓位，使追求快速获利的短周期交易者，以小而快的赢家成为大而多的获利者。对于那些喜欢延长交易时间的人，滚动的中枢价幅可以使他们不会过久地停留，在利润缩小之前就能及时离场。

对于不习惯持仓的短线交易者，滚动的中枢价幅将提供持续交易的充足弹药。对于那种乐于停留于行情中的交易者，滚动的中枢价幅将使他们更习惯于尽快离场。

滚动的中枢价幅的完整定义，参阅第 2 章的内容。这里，我将讨论如何运用滚动价幅到各种交易策略里。在一个短周期基础上，日线中枢价幅将告诉你在哪里进场，比如当你确立一个通过中枢价幅顶部的升 A 点，或者行情确立了一个通过中枢价幅底部的降 A 点，此时重要的是牢记滚动的中枢价幅——不是当日的中枢价幅——是最佳的帮助你优化离场策略的指标。此外，如果你是一个短线交易者，试图将你的持仓时间延长至 1～2 天，运用 6 日的滚动的中枢价幅则没有意义，使用 2～3 日的滚动的中枢价幅才有价值。如果你是一个长线交易者，使用 2～3 日的滚动的中枢价幅则没有意义，因为这可能导致你过早离场，相反你得使用 5～6 日的滚动的中枢价幅。当使用这一策略时，你必须保持连续性。如果你根据某些你所使用的指标入市，举例来说，3 日滚动的中枢价幅作为离场的策略，你就不可以中途切换到——因为你在寻找一个留在行情里的借口——6 日滚动的中枢价幅作为离场策略。

如果使用得当，滚动的中枢价幅允许你在所有那些疯狂的经济报告出台时保留某一仓位——不管这是失业报告（官方说法是非农业就业数据，通常在每月的第一个周五发布），或者美国石油组织（API）的统计数据（通常是在能源期货市场闭市后的周四发布）。这些报告公布的结果通常会造成短线的波动，容易使短线交易者平仓离场。

使用滚动的中枢价幅可以消除这些报告带来的短期影响，当行情消化新的数据时，它能使交易者安心保留自己的仓位。在一个报告公布后，当行情有一个戏剧性的移动时（通常是在常规交易日一两个标准差以上的变化），这种情况无论如何你都得离场。

围绕滚动的中枢价幅的时间越长，留给市场的价格空间就越大，你所持仓的时间就越长。围绕滚动的中枢价幅的时间越短，在你止损离场之前，留给市场价格的空间就越小。

　　滚动的中枢价幅也可以提醒交易者平仓离场，当潜在的行情失去了动力和悬念后，特别是一次较长的定向运行后。我的意思是：假设原油期货开盘后确立了降 A 点低于 4 日滚动的中枢价幅底部，你基于这一点和其他 ACD 因素决定做空。你已经确定了你的想法，于是继续交易，直到行情反转，升越 4 日滚动的中枢价幅的顶部。

　　运用这一概念，有一些时候当行情——特别向一个方向持续移动时——开始走平或者近似于直线，行情已经处于停滞，正停留在此处。但是，滚动的中枢价幅已经坐稳行情上方吗？滚动的中枢价幅将最终赶上市场，随后低于行情（如果行情的趋势已经下行），或者高于行情（如果行情的趋势已经上行）。市场真的没有移动，但是滚动的中枢价幅现在已经赶上行情，或者已经在行情的相反一边。这绝对是市场失去动能的信号。通常，在市场价位出现戏剧性的变化之前，滚动的中枢价幅的偏向已经改变。一旦已经高于行情的滚动的中枢价幅，到达行情价位，或者低于行情价位，就该是离场的时候了；或者，如果开始时低于行情的滚动的中枢价幅，现在到达行情价位，或者高于行情价位，也是需要平仓的时候。

　　如果行情已经确立了在一个方向移动的信号，随后停滞，当滚动的中枢价幅赶上行情，向上或向下穿过行情时，就是离开交易的时候——尽管行情价格走势不会与你的预期相反。

　　有时你很幸运，不管你是交易商品期货、标准普尔合约，或者股票，都可以将一个短线交易延长一段时间——也许是一两周，或者特殊情况下三周。换句话说，你已经抓住了一个抛物线行情。最初，滚动的中枢价幅远远高于或低于行情，因为移动的幅度已经确立。因此，滚动的中枢价幅不是一个即时的因素。最终市场失去了动能，滚动的中枢价幅不仅赶上了行情，它还第一次突破性地高于或低于行情，那就是该到说"晚安，艾琳"的时候了，然后"能多快就多快"地逃离市场。

　　在 2001 年 5 月的无铅汽油走势图上，参见图 6.1，行情开始停滞，滚动的中枢价幅迎头赶上。随后，在 5 月 17 日，行情于当日早盘实现突破，高于滚动的中枢价幅。交易者不仅能在行情移动到或者接近最低点时获利平仓，同时也能在行情反转、反弹初期做多。

数据：6月无铅汽油2001 (60分钟图)

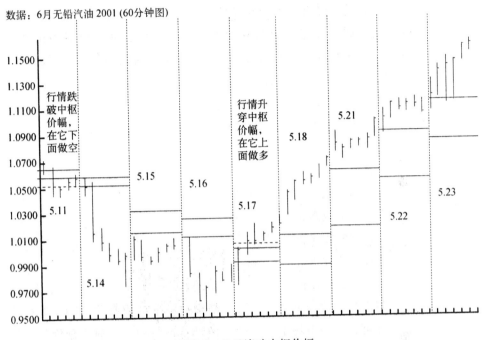

图6.1　3 日滚动中枢价幅

# 动量

  当我关注动量时，我会将市场今日的收盘价与一定时间以前的收盘价进行比较。我喜欢使用 8 个交易日的对照表，但是不管你使用 6 个、8 个，还是 10 个交易日都是无所谓的，你可以根据自己的意愿——只是应当像滚动的中枢价幅一样持续观察。你不能因为你所关注的特殊交易，就改变观察的时间周期。

  简单地说，动量将显示谁是一定时期内市场的赢家或输家。假设今日原油期货的收盘价是 24，8 日前的收盘价是 25，其结果显示消极动量为 100 个价格增幅（1 美元）。显然，在此期间做空的人赚得了这 100 个价格增幅，在此期间做多的人损失了这 100 个价格增幅。

当行情已经有明确的移动信号时，现在却停滞，伴随微小的价格波动，此时动量将是最有用的。如果行情在动量指标中出现变化——甚至只有轻微的变化——你就知道是时候离场了。下面是一个例子：

| | |
|---|---|
| 今日的收盘价 | 24.65 |
| 1 日前的收盘价 | 24.75 |
| 2 日前的收盘价 | 24.50 |
| 3 日前的收盘价 | 24.55 |
| 4 日前的收盘价 | 24.45 |
| 5 日前的收盘价 | 25.00 |
| 6 日前的收盘价 | 25.75 |
| 7 日前的收盘价 | 25.55 |
| 8 日前的收盘价 | 26.00 |

将今日的收盘价 24.65 与 8 个交易日前的收盘价 26.00 进行比较，你可以看到市场上存在消极的动量，因为今日的收盘价是远低于 8 日前的收盘价的。现在，假设随后的 3 日行情变化不大，收盘价分别为 24.51、24.58 和 24.52。从任何角度看，你都应该说，市场收盘价几乎是水平的。随后，在下一日，市场收盘价是 24.65。现在，过去 8 日的收盘价表格是类似于这样的：

| | |
|---|---|
| 今日的收盘价 | 24.65 |
| 1 日前的收盘价 | 24.52 |
| 2 日前的收盘价 | 24.58 |
| 3 日前的收盘价 | 24.51 |
| 4 日前的收盘价 | 24.65 |
| 5 日前的收盘价 | 24.75 |
| 6 日前的收盘价 | 25.50 |
| 7 日前的收盘价 | 24.55 |
| 8 日前的收盘价 | 24.45 |

现在，最近的收盘价是相对最高的——+0.20级别的动量——与8日前的收盘价相比。因此，尽管行情没有出现重大移动——实际上3日内基本上没有变化——动量上从负值转为正值的改变，意味着是时候离场了。

动量的变化——基于今日市场收盘价与过去一段时期的比较——将是离场的指示信号，尽管行情移动并未与你的预期相反。

不同市场行情的动量数值每天都被记录在中枢表格里，可以在本书附录中找到案例。

# 反转交易

在过去的两三年，我所使用的最好的交易体系——不管是像能源期货这种公开喊价的市场，或是像OTC股票一样的线上交易市场——就是反转交易。这不是你在其他书刊里读到的典型的反转交易，我所要讲到的这种反转交易，是在行情没有穿上裤子时抓住它。换句话说，你试图在市场失灵时捕捉机会。一旦你已经看到市场失灵的情形，你就要使用ACD体系进入交易。你的目标是在其他所有人开始恐慌性匆忙进入交易时，成为第一个跳出盒子的人。

下面是我所关注的反转交易。首先，行情在同一个运行方向上出现连续的两个A点信号。当然，出现这种情况最快速的时间周期是两个连续的交易日。正如我刚才说过的，可以间隔几天在同一方向上出现两个连续A点信号——但是前提是没有其他ACD指标出现。换句话说，如果你有一个第1日的升A点和第3日的另一个升A点，如果第2日没有ACD信号，这就是有效的启动点。

下面是一个案例：假设今日IBM的股票确立了降A点100，明日确立了另一个降A点100.50。IBM股票在哪里收盘都没太大关系。你关注的是两个连续出现的降A点信号——第一个降A点是100，第二个降A点是100.50。

现在，你应当关注是否下一个 ACD 信号是高于这两个降 A 点最高值的升 A 点（或者，如果有两个连续的升 A 点信号，你最好关注低于两个连续升 A 点最低点的降 A 点）。回到这个案例中，假设第 3 日，IBM 确立升 A 点为 101.50，这就是一个反转交易。

思考一下已经发生的情况：在行情崩盘时，有些交易者在降 A 点 100 的价位上做空，其他交易者在第二个降 A 点 100.50 的价位上做空。现在，今日随着升 A 点在 101.50 的价位上出现，他们都没有资金可继续投入到交易中，只能被动地止损回补空头仓位。再一次强调，这种反转交易是用来判断人们被套牢和不得不斩仓的时机。这些充满希望的反转信号，可以使你在多数交易者回补仓位之前进入市场，这样你就能利用随后的空头回补进行获利。

请牢记一条重要的原则：你只能在两个连续的 A 点信号出现后确立交易，并跟随相反的 A 点信号。举个例子，如果第 3 日降 A 点是 100，第 2 日降 A 点是 100.50，今日降 A 点是 100.25，这种交易情形就是无效的。如果在同一方向出现了 3 个 A 点信号，随后你必须重置日期，寻找另外的交易机会。为什么？因为市场上的短线交易者通常最短持仓 4 个小时，或者最长持仓 2 天。如果你在同一方向上有 3 个连续的信号，那些第 1 日建仓的交易者已经在第 3 日获利离场，他们中的一部分第 2 日建仓的也已经离场。因此，将不会出现反转交易，因为太多交易者已经获利后平仓了。

或者，假设有两个连续的降 A 点，随后行情在第 2 日确立了升 C 点，这也是无效的情形。如果有一个升 A 点，随后出现降 A 点，显然也不是反转交易。再一次强调，必须有两个连续的 A 点信号（两个升 A 点，或者两个降 A 点）。

正如我在这一节之前提到的，在两个信号 A 之间可以出现中立交易日。行情不能确立任何信号——A 点、B 点、C 点或者 D 点。在两个信号 A 之间有潜在的一两个中立日，但是在两个信号 A 之间有太多的中立日，随后也是无效的。

现在，回到 IBM 股票的案例，假设第 3 日确立了降 A 点 100，第 2 日确立了降 A 点 100.50，今日确立了升 A 点 101.25。这是反转交易吗？当然是。两个连续降 A 点和一个升 A 点。但是现在，假设在第 3 日确立降 A 点 100，第 2 日确立了另一个降 A 点 100.50，行情在今日突然确立了升 A 点 104。这两种交易情形哪一种更好呢？

毫无疑问，后一种情形是更好的，因为随着行情出现跳空缺口升至 104，在 100 和 100.50 做空的交易者，准备恐慌性出逃。同时，还要想到如果行情已经确立，比如突然上冲，许多交易者将犹豫是否做多。在这个案例中，当行情从 3 美元升至 4 美元时，几乎没有人敢建仓。但是交易心理学就是这样，人们不想去做的通常都是最好的。两个降 A 点与随后的一个升 A 点（或者两个升 A 点与随后的一个降 A 点）之间的价格差值越大，这笔交易成功获得的利润就越大。你的交易机会就是人们被突然的行情移动搞晕的时候。这是特别的真相，如果行情跳空开盘，交易者依然会保持原有想法，拒绝止损。假设在两个连续的降 A 点之后，IBM 的股票以 8 美元跳空高开，大多数交易者在跳空开盘后会拒绝买进。但是这种情形，通常将成就净赚 20 或 30 美元的赢家。

反转交易使用两个连续的 A 点信号（两个升 A 点或两个降 A 点）和随后一个相反方向的 A 点，去判断市场上人们被套牢的点位。两个升 A 点与随后的降 A 点（或者两个降 A 点与随后的升 A 点）之间的价格差越大，交易成功获得的利润就越大。

下一个关于反转交易的问题是，建仓后应当在哪里离场？当你凭借信号 A 进场，你会直接使用 ACD 管理交易，包括它的进场策略。换句话说，直到出现一个反方向前，你都要待在交易里。当你凭借升 A 点信号进场，直到当日确立了降 C 点或者下一个降 A 点，你才能考虑退出。

我曾经历过持续两周的反转交易。一旦我进入交易，行情就在我预想的方向上运行。我发现反转交易在不成熟的市场上特别有效，因为那里有很多不成熟的投机商和交易者。我的交易体系在全球市场上都曾应用过反转的概念，从美国股市和商品市场，到德国的债券市场，伦敦的金融市场，甚至更远的澳大利亚市场。但是请牢记，你必须遵循最基本的 ACD 研判条件：任何股票或商品市场，必须有足够的流动性，才可能确保进行交易；有足够的波动性，才能确保交易盈利。

简单地说，反转策略的关键在于把握人类的心理弱点。它关注的是人们被套牢而被迫平仓的情形。图 6.2 至图 6.7 显示不同的交易情形，其中只有几种符合反转交易的条件。

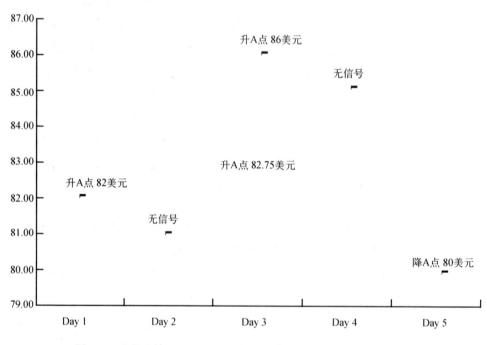

图 6.2 这是反转吗？不是——第二个信号是升 C 点，不是升 A 点

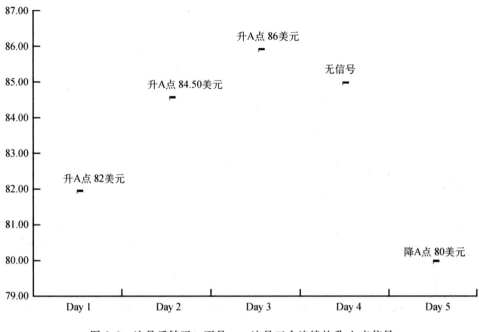

图 6.3　这是反转吗？不是——这是三个连续的升 A 点信号

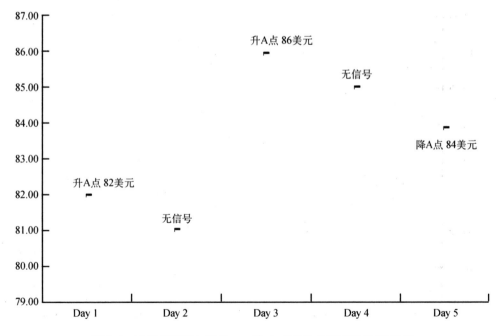

图 6.4　这是反转吗？不是——降 A 点的价位没有低于 82 美元

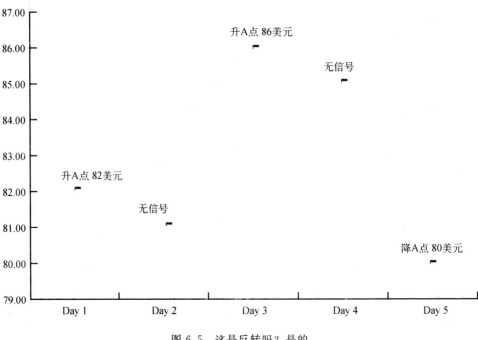

图 6.5　这是反转吗？是的

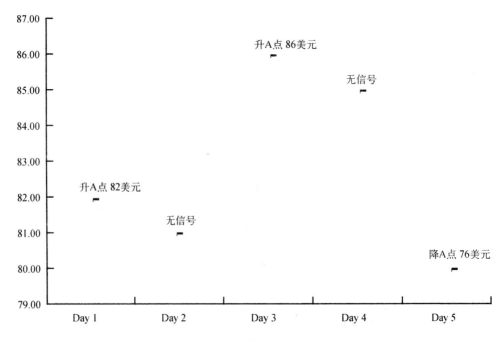

图 6.6　这是比图 6.7 更好的反转形态吗？不是

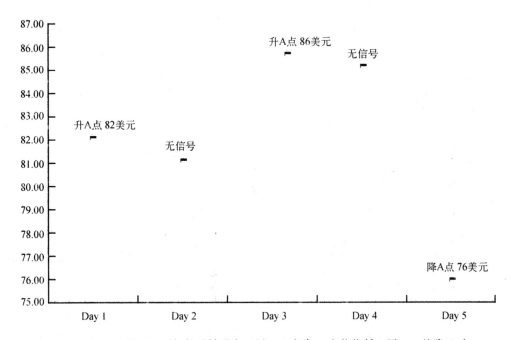

图 6.7　这是比图 6.6 更好的反转形态！图 6.7 中降 A 点价位低于图 6.6 的降 A 点

## 双向摇摆区域

下一个概念是双向摇摆区域。假设在一幅图表上，你看到原油期货在 24～25 的价幅区间波动。行情像个弹珠一样，在 24 的价位上得到支撑，在 25 的价位上遭到阻力。随后一些随机事件导致行情跳空下跌至 23——低于原来的最低点 24。现在，假设一段时间后，行情回撤继而考验 24 的价格区间。之前的最低点 24 现在成为了阻力位。并且，24 的价格区间成为了一个双向摇摆区域。行情回踩通过之前的最低点以后，你由做空转为做多，这一价格区域成为实际上的支撑位。

图 6.8 显示纳斯达克综合指数在 2001 年 4 月构成最低点，1620～1660 构成了支撑区域。在 2001 年 9 月 11 日的恐怖袭击后，

纳斯达克综合指数跳空急跌至 1620 以下。在随后的一个月，纳斯达克指数跌至更低的价位，这使得 1620～1660 的区间成为了阻力位。一旦行情能回撤通过这一区域，1620～1660 将再次成为支撑位。

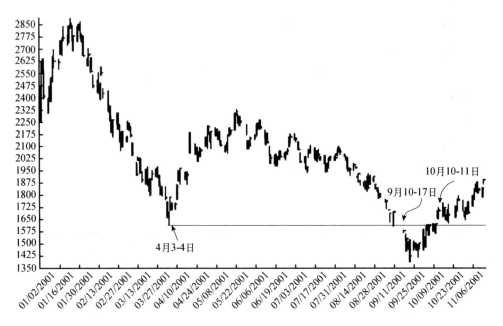

图 6.8　纳斯达克综合指数——1620～1660 摇摆区域

——2001 年 4 月 3 日至 2001 年 6 月 11 日

# 趋势反转交易

交易者都偏好选择顶部和底部。我真的不喜欢这种做法，因为这几乎是不可能做到的事。但是如果你打算找到市场的极值，最好的方式，我认为就是借助趋势反转交易（TRT）。根本上说，当趋势反转交易出现时，很可能是一个短线交易信号，甚至是长线交易方向的改变。

对于趋势反转交易，第一个条件是行情已经在上行或下行趋势里运行了一段时期。只运行几天是不够的，至少运行几周，一个月当然更好——6周时间显然更好。股票市场的牛市行情持续10～12年是比较极端的例子。时间周期越长，使用趋势反转交易就越好。

一旦确定市场处于某种趋势，你首先需要等待在趋势方向上的跳空高开，特别是在一个长周末或假期之后出现（随后我们将具体讨论）。因此，如果行情已经处于一种上升趋势，你最好关注跳空高开是否创造一个新的高点；或者，如果行情已经处于一个下降趋势，你最好关注跳空低开是否创造一个新的低点。

第一个上升趋势案例，跳空高开创造一个新高点，你所要关注的下一个信号是行情是否确立了一个有效的降A点。行情仅仅触及降A点就调头，这不是有效的。一个真正可靠的降A点，应当是行情低于其价位一段时间。

在我们继续之前，先来解析一下这种情况背后的根源。行情跳空高开是因为空头认输了。他们愿意付出任何代价，以便在开盘后的10～15分钟清算离场。这就是市场形成开盘时跳空的原因。至此，专业的交易者作为卖家介入，他们可能一直在驾驭主要趋势，现在要成为这些输家的反面，平掉多头仓位，其中的一部分交易者会趁势做空。通常情况下，尽管在行情跳空高开后，空头已经认输离场，市场在开盘后还是很快下跌，这是由于专业交易者开始获利回吐，趁势做空。

通常情况，在第一波抛售之后，行情会逐渐平息。随着行情开始反转，场内交易者和楼上的当日交易者开始新一轮做多，或者至少平掉空头仓位，他们已经习惯于这只股票或商品的持续上涨趋势。趋势已经在人们的头脑中根深蒂固，使其压根儿不想做空的事。

空头回补后的反弹，推动行情回到或者通过开盘价幅。但是行情没有确立一个有效的升C点，或者压根儿没走到这一价位。一旦行情折返至开盘价幅的中间，就是运用趋势反转交易做空的完美机会。

再次强调造成这种情况的原因：在行情第一次下行时做空的交易者，现在已经离场，在一个升C点无效后，他们不太可能继续做空。如果你在开盘价幅做空，你的风险就是C点价格。如果你判断正确，已经抓住了顶部，你的盈利空间将是巨大的，因为随后当日行情会出现崩盘，在当日最低点附近收盘。长线上看，这种行情不过是短期的困境，行情会反转至过去的主趋势上。

但是行情出现无效的升C点，回到开盘价幅区间，并停留于此，随后将发生什么情况？那就是所有搭顺风车的人们进入与你一样的价位。正如你应当牢记的，时间是比价位更重要的止损点。市场必须在一个合理的时间周期内沿着预期方向运行，任何条件下都不能超出开盘价幅2倍的时间。如果行情在这一段时间内没有移动，这个交易显然消耗太多时间，你应当马上离场。

我有时将其称之为"逛街散步的交易"。当我在交易池里做原油期货交易时，如果在出现失效的升C点或降C点之后，将出现在开盘价幅逆行情做多的机会。我通常会介入交易，止损点设置为C点，然后出去散步20分钟。当我回到股票大厅，如果行情没有跑出我的预期，我就会离场。如果行情脱离了我的预想，我会继续持仓，并且还会加仓。

如果我足够幸运能够抓住一次成功的趋势反转交易，不会仅仅使用短线ACD信号管理交易，还会使用长线指示信号——比如滚动的中枢价幅——将这笔交易从成功的当日交易变为长线交易。毫无疑问，趋势反转交易会锁定市场移动中的顶部或底部，抓住反转的信号。

如果你足够幸运能抓住趋势反转交易，你绝对不想因为一点儿价格增幅而平仓离场。相反，我会想至少等到行情在交易日当天创出新低点。举个例子，假设在周五，原油期货收盘价是32.00，在下周一开盘价创三个月内的新高32.50，随后确立了降A点32.25。在此之后，行情反弹回升至32.60，位于升C点的下方，随后折回到开盘价幅区间的32.50。现在，假设你在32.50做空，假设当日的最低点32.10是支撑位，从短线层面看，行情至少达到32.10，你才能坚持做空，因为十有八九会在已经出现的最低点以下收盘。并且，你可能需要延长一些合约的持仓时间，使用长线ACD概念（如滚动的中枢价幅）管理交易。

再次强调，趋势反转交易的一个关键概念是去理解这个时候的市场心理。在行情已经跳空高开创下新高以后，出现抛售，从而确立降 A 点，回撤出现一个无效的升 C 点，随后行情回到开盘价幅，将有很少的交易者愿意在这一价位做空。甚至早期获利的交易者，比如在跳空高开后做空，在降 A 点确立后加补，也不愿意再次做空。他们很高兴能赚钱得利，没有再次做空的动力。但是随着你理解了趋势反转交易，你就知道这是一个低风险、高回报的交易。在这个例子中，就应当在开盘价幅做空。请牢记，最难做的交易通常是最好的交易。

在市场跳空高开后，确立有效的降 A 点，行情反弹后出现无效的升 C 点，随后的抛售使行情回到开盘价幅，极少数交易者会做空／偏向空头交易。但是最难做的交易往往是最好的交易（显然，趋势反转交易是一个对称的形态，在持续下跌的趋势中，你要关注跳空低开，有效的升 A 点，无效的降 C 点，随后在行情回到开盘价幅时做多）。

让我们复习一下这种交易类型：

1. 在持续的上升（下降）趋势中，行情跳空开盘创下新高（新低）。至此，那些错误做空的交易者都会出逃。

2. 行情确立一个有效降 A 点（升 A 点）。这是聪明的交易者撤出资金的结果，从长期稳定的上升（下降）趋势中平仓获利。

3. 在市场休整一段后再次开始走高或走低。在接近降 A 点（升 A 点）做空（做多）的短线交易者止损离场。由于他们在空头仓位回补（多头仓位抛售），其中的一些建立新的多头（空头）仓位，行情开始走高（走低）——一直到达 C 点价位，但最终无效。

4. 这一失效的升 C 点（降 C 点）——位于当日的新高点（新低点）——引发抛售（买进），将市场拉回至开盘价幅。

5. 至此，如果你是交易者，就如同身处于狂野飙车中。你看到聪明的交易者很早就卖出（买进），随后直到行情反弹（跌破）创出新高（新低），大部分交易者被迫做空（做多）止损。随后你目睹了行情在 C 点再次无效，你很庆幸毫发无损的安全离场。

6. 一旦行情折回至开盘价幅，交易者会建立新的仓位吗？通常不会。但这正是行情给我们上的最大的一堂课（教训）。

**再一次强调，最难做的交易往往就是最好的交易。**

一个完美的趋势逆转交易案例出现在 2000 年 3 月 10 日。纳斯达克综合指数在 3 月 9 日星期二，以 5046 的价位收盘。随后，一些雄心壮志的网络公司和科技股票公布了利好的收益，引发 3 月 10 日周三的跳空高开行情，开盘价幅为 5080～5100。行情随后开始走低确立了降 A 点 5063，并创下当日最低点 5055。在此之后，纳斯达克综合指数一路反弹飙升，通过开盘价幅，接近升 C 点 5135，但最终失效，没有再高于 5132.52。在升 C 点无效后，行情返回开盘价幅，稳步下跌，并创下当日新低点 5039。纳斯达克综合指数最终收于 5048。

如果你意识到这是趋势反转交易，你不仅会在升 C 点失效后，在开盘价幅 5080～5100 做空，期望当天创出新低，还可能延长部分空头仓位的持仓时间。信不信由你，至今日仍然还能做空呢！（译者注：作者具体撰写书稿的日子不详）

# 我已经疯掉和再也受不了的交易

"我已经疯掉"的交易（MAH），是趋势反转交易概念与长周末或假期相结合的产物，比如阵亡将士纪念日，感恩节，或者劳动节。如同趋势反转交易，MAH 交易要求市场处于一种持续的趋势中。正如我们从趋势反转交易的心理分析中所知，当行情处于一种持续的趋势中，总有无数次尝试抓住顶部的交易者，被流逝的时间所清洗（反之在熊市行情亦然）。现在，长周末来了，交易者坐在家中度过阵亡将士纪念日或者国庆日，他们悲催地想自己在行情的错误方向上做了那么久，为此赔了那么多钱，也许他们的配偶还会给他们市场建议！他们已经到了再也承受不了的点位，念叨着"大爷啊"，毅然决然等到行情重启后平掉见鬼的仓位。如果他们在上升的行情中已经做空，就会在再次开盘后回补买进。如果他们已经在下跌的行情中做多，就会在开盘时斩仓。

至此，当人们在情感上已经投降，结果就导致行情在当时的方向趋势上出现跳空高开或低开的缺口。那些狂热的试图解脱的交易者制造了缺口，随后在这些人最终认输后，行情折回了之前交易日的交易价幅。他们试图抓住的顶部或底部终于出现，他们却不再有机会参与其中。

举例说明，2000 年，美国高通公司（QCOM）股票在一个长周末前的交易价幅是 640～660。长周末之后，一些分析师预测美国高通公司下一周会涨到 1000 美元。在长周末之后，高通的股票跳空高开，交易价幅为 680～685。但是，当日晚些时候，股票折回到周五的价幅区间 640～660，没有继续走高。

结合趋势反转交易概念与 MAH 交易，关注跳空创造的新高点，随后出现一个失效的升 C 点，最终行情折回到前一个交易日的价格区间。当行情折回前一交易日的价幅区间，如果你还没有持仓，就要在此时建立空头仓位。

MAH 交易与趋势反转交易如此有效的原因是市场的历史总是不断重复。人们总是恐慌，不断地犯同样的错误。识别这些情况何时出现，可以帮助你在市场方向出现预期走势时，从其他人的错误中获利。

# 趋势改变

除了趋势反转交易、MAH 和其他我们早期提到的研判形态，我们也设计了电脑程序来预测趋势变化。在我们的数据库中，我们收集了超过 15 年的各种商品和股票价格数据，可以分析它们去判断一段特别趋势的持续时间。我们试图判断这些趋势的持续时长——大趋势或小趋势——并进行最终的平均数据统计，随后基于这些模式上的识别，我们对下个月的行情进行预判。举个例子，在每个月末，我们会运行这套分析系统，对随后一个月的趋势改变进行预判。这种分析发现，一个月有两三个交易日容易出现反转。这是另一种专有指标，如果每个月电脑屏幕上出现趋势改变的信号，可以帮助你在合适的价位离场（详细的趋势改变系统，参见附录）。

# 寿司卷

虽然名叫寿司卷，这种指标却跟日本、生鱼片或其他寿司的东西没有任何关系。但是我们第一次讨论这一指标是在日本的饭店里，一些人点了寿司。一件事情导致另一件事，这种特别的早期警示行情方向改变的指标，得名为"寿司卷"。

现在，告诉大家这种早期警示指标是怎样的。首先，人人都知道教科书是怎么定义反转日的：行情确立了一个高于上一日最高点的新高点，随后取代前一日的最低点，收于前一日的低点以下；或者行情确立了一个新低点，取代前一日的最低点，收于前一日的高点以上。这种反转交易的问题在于它太明显了，任何交易者都能透过屏幕看出来。既然它是很明显被看穿，每个人都能轻易识别，就真的是没有任何价值可言。请牢记，如果每个人都在做同样的交易或者关注同样的信息，这笔交易能好到哪里去？

综上所述就是寿司卷形态的由来。与其只关注一个交易日，不如我们运用5个滚动的交易日研判；或者从短线的角度，你可以使用10分钟时间柱的盘面。不管你使用何种时间周期，必须保持连续性，目的是对于最近5个时间增量与过去5个时间增量进行比较。如果你开始做空，行情在最近的5个时间柱低于过去的5个时间柱的最低点，现在收于过去5个时间柱的高点以上，这就是寿司卷形态，提示你是时候离开空头仓位了。

这里是一个将寿司卷概念运用于原油期货10分钟盘面上的案例。假设原油期货飙升至20.70，现在行情位于21.20。你正在做多，而行情走在你预期的方向上。在下一个50分钟（5个10分钟柱表示）行情价幅为21.20～21.36，只有16个点的价格增幅。在随后

的 50 分钟，行情运行至最高点 21.36 以上，然后跌落至最低点
21.20，在最后的时间柱上收于 21.10（应牢记，市场创出新低还不
够，必须同时最后时间柱低于过去 5 根时间柱的最低点）。至此，你
还会做空吗？也许会，也许不会。但是你是否会在 20.70 平掉你的
多头仓位？当然会。

图 6.9 至图 6.11 描述了寿司卷形态的不同情形。

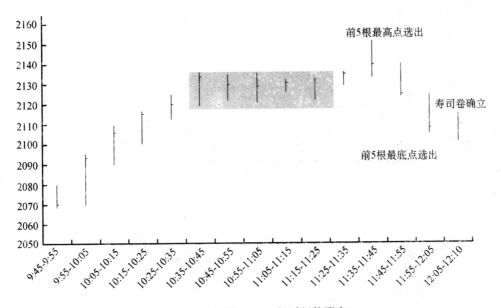

图 6.9　寿司卷——10 根时间柱形态

数据：12月标准普尔指数期，2001.11.6

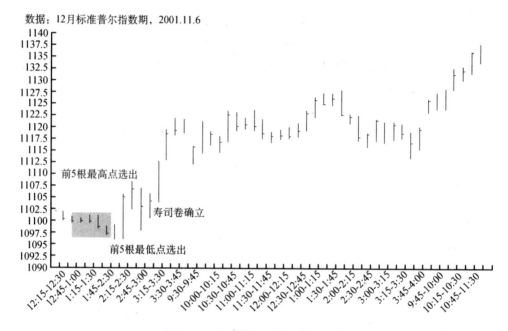

图 6.10　寿司卷——当日价格极值

数据：VRTS公司，2001.10.29

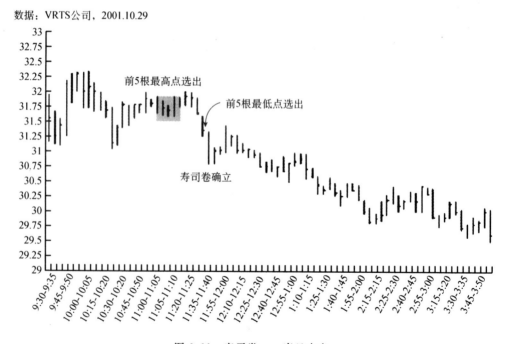

图 6.11　寿司卷——当日中盘

# 外部反转周

外部反转周，是将寿司卷的概念应用到周一至周五的时间周期里。这种周线反转形态效果是很好的，但是月线反转的效果更好。我没有见过年线反转，我猜如果它出现了，将是难以置信的。一个外部反转周，是运用上一周周一至周五的价幅作为第一个 5 天交易日。这一周从周一至周五的价幅是作为第二个 5 天交易日。外部反转周的出现，要求第二周的行情必须突破前一周的最低点，随后突破前一周的最高点，于周五收盘时高于这个最高点（或者，突破上一周的最高点，随后突破前一周的最低点，周五收盘时低于最低点以下）。

这里可能出现一个问题：为什么我要使用 5 天交易日作为外部反转形态的基础，而不是 4 天交易日，6 天交易日，或者 7 天交易日？简短回答就是，以 5 天交易日作为时间周期是最舒服的。我支持你使用 4 天或 6 天交易日，但是不管你使用何种时间周期，必须保持连续性。当一个外部反转周出现，就是一个高回报、低风险的交易，能识别出行情顶部和底部的信号。

以下是一个外部反转周的案例。在下面的表格中，开盘价、最高点、最低点和收盘价都代表美国安然公司（ENE）股票在 2001 年春季一至两周时期的数值。

| 日期 | 开盘价 | 最高点 | 最低点 | 收盘价 |
|---|---|---|---|---|
| 第一周 | | | | |
| 4.23 | 60.77 | 61.70 | **60.32**（4） | 61.65 |
| 4.24 | 61.95 | 62.95 | 61.60 | 61.87 |
| 4.25 | 61.62 | 62.99 | 61.18 | 62.88 |
| 4.26 | 63.01 | **63.99**（2） | 63.01 | 63.66 |
| 4.27 | 62.80 | 63.61 | 62.18 | 63.50 |

| 日期 | 开盘价 | 最高点 | 最低点 | 收盘价 |
|---|---|---|---|---|
| 第二周 | | | | |
| 4.30 | 63.20 | **64.75**（1） | 62.26 | 62.72 |
| 5.1 | 63.60 | 63.60 | 61.80 | 62.41 |
| 5.2 | 63.40 | 63.40 | **59.50**（3） | 60.50 |
| 5.3 | 59.60 | 60.20 | 57.05 | 58.35 |
| 5.4 | 58.54 | 59.70 | 58.46 | **59.48**（5） |

　　仔细看一下表格中的最高点、最低点、收盘价的数据。这两周有什么值得注意的地方？正如加黑的数字所显示的，第一件发生的事是行情在第二周确立了一个最高点 64.75（1），超过第一周的最高

数据：美国安然公司，2001

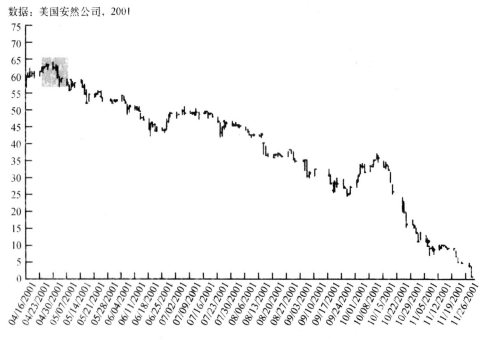

图 6.12　美国安然公司（ENE）——外部反转周

——2001 年 4 月 30 日至 2001 年 5 月 4 日

点 63.99（2）。随后，市场失去了上行的动能，继而反转。在 5 月 2
日，行情确立了一个最低点 59.50（3），低于上一周的最低点 60.32
（4）。随后，行情于 5 月 4 日收于 59.48（5），低于前一周的最低点
60.32，从而确认了外部反转周的形态。这是一个经典的外部反转周
的例子，在接下来的几个月，股票稳步下跌。在 2001 年 12 月，
ENE 的股票每股低于 50 美分，公司申请破产保护，参见图 6.12。

# 1929 年大崩盘——近乎完美的交易形态

让我们看一下如何将 ACD 概念应用到 1929 年的股票市场中。
1925—1929 年股票市场经历了长期的持续上升走势，在 1929 年 8 月
达到了绝对的最高点（当时股票交易为每周 6 天，只有周日和假期
不开盘，参见图 6.13）。

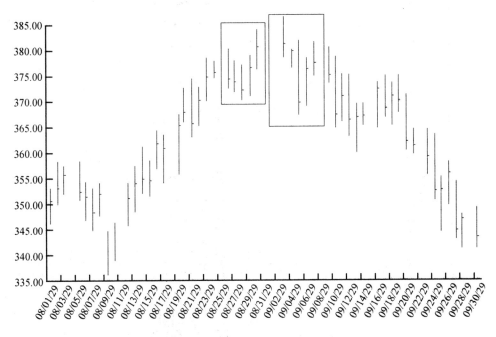

图 6.13　道琼斯工业指数（1929 年）

道琼斯工业平均指数

| 日期 | 最高点 | 最低点 | 收盘价 |
|------|--------|--------|--------|
| 1929－8－26 | 380.18 | 372.09 | 374.46 |
| 1929－8－27 | 378.16 | 371.76 | 373.79 |
| 1929－8－28 | 377.56 | **370.34**（2） | 372.06 |
| 1929－8－29 | 378.76 | 370.79 | 376.18 |
| 1929－8－30 | **383.96**（1） | 376.16 | **380.33**（3） |
| 1929－8－31 | 公共假日 | | |
| 1929－9－01 | 星期日 | | |
| 1929－9－02 | 公共假日 | | |
| 1929－9－03 | 386.10（4） | 378.23（5） | **381.17**（6） |
| 1929－9－04 | 380.12 | 376.33 | 379.61 |
| 1929－9－05 | 382.01 | 367.35（7） | 369.77 |
| 1929－9－06 | 378.71 | 369.46 | 376.20 |
| 1929－9－07 | 381.44 | 374.94 | **377.56**（8） |

　　正如你所看到的，1929 年 8 月的最高点是 383.96（1），最低点是 370.34（2），收盘价是 380.33（3），是历史上最高的周收盘价。随后劳动节的周末，做空的交易者在行情中伤亡惨重，最终决定投降（MAH 交易形态）。在随后的交易日，1929 年 9 月 3 日，行情跳空高开创下最新的高点 385.20，随后在 382.80 附近确立降 A 点，又反弹回到一个失效的升 C 点，创下历史新高 386.10（4）。行情随后一直下跌，创下当日新低 378.23（5），收于 381.17（6）——呈现一个完美的趋势反转交易（TRT）。

　　现在看一下这周的其他交易日都发生了什么？正如我们说过的，当周最高点 386.10（4）出现在 9 月 3—7 日，突破了前一周的最高点 383.96（1）；当周最低点是 9 月 5 日的 367.35（7），低于过去一周的最低点 370.34（2）；当周收于 377.56（8），低于上一周出现的历史最高周收盘价 380.83（3）。这种走势虽然不是一个完美的反转周，因为行情没有收于前一周的最低点 370.34（2）以下——但却无疑是相当漂亮的收盘！在这一周的 9 月 7 日之后，行情真的开始崩盘。周六，9 月 14 日，行情收于 367.01，9 月 21 日收于 361.16，9 月 28 日道琼斯收于 347.17。事实上，这种态势拉开了 1929 年行情终结的序幕，基本上预示了大崩盘的到来。

乐观地看，如果你和我在当时进行交易，以今日知道的 ACD 体系研判，我们会果断平掉多头仓位，逃离大崩盘的灾难；或者我们甚至可以幸运地开始做空后市！

我一直在讲 ACD 体系是对称的，这是值得关注也是重要的一点。应用于 1929 年股市顶部的 ACD 概念，同样适用于 1932 年 7 月的底部。外部反转形态没有在 1932 年 7 月出现（确切地说是 7 月的四周时间里），而是出现在一周之后。1932 年的情形依然是值得研究的，参见图 6.14。

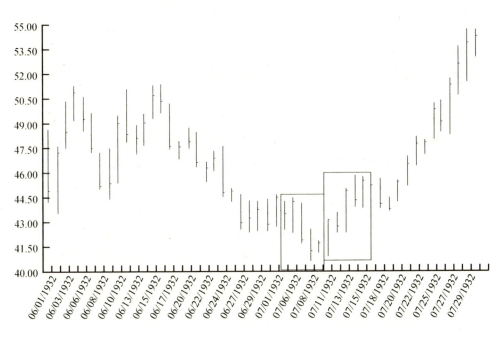

图 6.14　道琼斯工业指数（1932 年）

行情显然是处于持续的下行趋势中。在这一时期试图抓住底部的交易者，都会面临一场失败的战役。同样的情形，1929 年 8 月的

380点，失掉了90%的价值，跌回至40点。

**道琼斯工业平均指数**

| 日期 | 最高点 | 最低点 | 收盘价 |
|---|---|---|---|
| 1932－07－05 | 44.43 | 42.53 | 43.47 |
| 1932－07－06 | **44.50**（1） | 42.31 | 44.08 |
| 1932－07－07 | 44.26 | 41.63 | 41.81 |
| 1932－07－08 | 42.61 | **40.56**（2） | 41.22 |
| 1932－07－09 | 41.89 | 41.08 | **41.63**（3） |
| 1932－07－10 | 星期日 | | |
| 1932－07－11 | 43.03 | **40.92**（4） | 42.99 |
| 1932－07－12 | 43.65 | 42.36 | 42.68 |
| 1932－07－13 | 45.05 | 42.35 | 44.88 |
| 1932－07－14 | 45.85 | 43.91 | 44.34 |
| 1932－07－15 | **45.98**（5） | 45.02 | **45.29**（6） |

7月5—9日这一周，行情最高点是44.50（1），最低点是40.56（2），7月9日创出历史最低点41.63（3）。随后的一周，7月11日市场开盘时当真最低点为40.92（4），低于上一周的最低点40.56（2）。随后7月15日创出最高点45.98（5），高于前一周的最高点44.50（1），行情收于45.29（6），远远高于前一日的收盘价41.63（3）。

这是一个完美的寿司卷形态吗？或是一个完美的外部反转周？都不是。但它是否是一个市场可能出现转向的信号呢？当然是。事实上，行情再也没有回头。到1932年7月底，行情收于54.26，直到20世纪90年代中期，市场上就再也没有出现过这种反转周形态。所以如果你从1932年到20世纪90年代一直使用这套交易策略，结果将是……

先把一厢情愿的想法抛开吧。运用1929年8月和1932年7月的道琼斯工业平均指数的案例进行研判，告诉我们重要的一点就是，历史会不断地自我重复。我们的爷爷辈犯过的错误，我们今天依然会犯。这些历史性的市场瞬间，并不符合完美的 ACD 体系。但是，每个人的一生都是完美的吗？当然不是。可是你看到这两个案例，它们都是相当完美的结局。

## 选择正确的时间周期

如果你是一位短线交易者，长线交易指标就意味着近似于无用。如果你是一位长线交易者，绝不会根据某一日的升 A 点通过中枢进行研判。使用 ACD 研判应当注意当日交易与长线指标的区别。

如果你是一位短线交易者，你打算在升 A 点出现时做多，在降 A 点出现时做空，随后在 B 点高于和低于开盘价幅时保持中立；或者，你在降 C 点出现时看空后市，在 D 点出现时保持中立。但是，所有这些都应当是日线指标针对日线行情的指示。

从长线的角度看，当日交易发生什么都对你关系不大。相反，你应当关注一个交易日最后的分析结果，从数字线值角度对当日的估值，当日交易的情况对你的长线交易影响很小。举个例子，如果行情从 0 值变为 ＋/－9，你试图捕捉机会，持有仓位，直至行情数值回到 0 值，期间当日交易的走势就并不值得在意。所有你想要了解的只是这一日的 ACD 数值。如果行情确立了升 A 点，收于开盘价幅以上，当日数值为 ＋2。甚至当行情确立升 A 点，随后低于开盘价幅，降至 B 点，期间迫使当日交易者止损离场，你都不会太在意——只要行情收盘时折回至开盘价幅以上就好。随后当日数值为 ＋2，当日交易的所有起伏波动从这个角度来说都是毫无意义的（只要行情没有到达降 C 点）。

因此，你需要确定适合的时间周期和交易风格，以及对你选择的时间交易周期最有用的指标——然后坚持做下去。

# 第7章
## ACD版本的"雷普利信不信由你"

当我开始写这本书时，原本想有一章专门写风险管理，另一章写交易有关的故事。我希望能在这些章节写一下我所使用的其他辅助交易技巧。但是，随着写作的进行，我所记得的多数交易行为变得特别清晰，多少都包含风险管理的内容。因此，我把这两种想法都融入在这一章里。

我希望这些故事很有娱乐性，也能有一些教育意义。一些故事可能有些难以置信，但是我保证它们都是真实的。就像过去著名的电视真人秀，这一章有些故事的人名是需要化名的，来保护那些无辜的和有罪之人。我想你会发现将这一章标题成为ACD版本的"雷普利信不信由你"是恰如其分的。

## 一位名叫里兹的水管工

回到今日的市场中，你不需要必须是一个天才。事实上，我认为太多的信息会使你不能正确分辨出哪些是真正有用的。我有很多做交易的朋友，只使用一两种简单的概念交易，然后做得非常成功。

举一个例子，一位我称之为"里兹"的交易者，是与我很亲密的朋友。在从事交易之前，里兹曾经是一个专业的水管工，在东海岸一家主要的棒球场工作。不知何故，他最终来到纽约商品交易所的交易大厅，成为了出色的交易者。他的成功毋庸置疑，他交易风格很独特，公平地说，他没有MBA的学位，或者商业和法律的双学位，甚至不是一个大学生。他的成功源于一种天赋，能够快速掌握身边的信息，强烈的自我约束力，以及决断的异常自信。

一天，我请他帮忙买一份金枪鱼三明治，顺便询问他看似疯狂的交易方法。里兹是如何使交易生效的？他告诉我的方法很简单，却非常有启发：他绝不在开盘时交易，因为当天交易的第一个小时他觉得有太多的随机性，无法很好地把控市场。相反，他是在中午小憩之后才来到股票大厅。他扫视了一圈股票大厅，先打量那些微笑的交易者，随后打量那些眉头紧锁的交易者。他很简单地跟随那些微笑的交易者的行为，随之买进或卖出。

现在提醒你一下，我十分保守地介绍了里兹的交易能力，因为他的交易技巧非常了得。他应对市场的方法是行之有效的。相信我，许多其他的交易者，将全部精力都耗在交易大厅里，配置了图表、表格和科技小玩意儿（我都叫不出名字来），但只是在股市里勉强生计。在交易日的尾声，这些人通常是垂头丧气，而我的兄弟——里兹，总是脸上挂着微笑。

# 好消息/坏行动

"好消息/坏行动"的概念其实是很简单的，但是它需要一些与直觉相悖的思考。首先分享一下我无数次在特约讲座时提到的一段经历，那是我在曾经获得 MBA 的宾夕法尼亚大学的沃顿商学院讲给一群满腔抱负的新生的。这些美国未来的领袖们都是 S. A. T. 考试的高分获得者，通常自我评价极高。一句话，他们中的大多数都认为，在 18 岁的年纪里，他们已然洞悉一切。通常情况下，我在讲课伊始都会以一个假设的交易故事作为引子。我让他们先去想象，他们正在观看"丹·拉瑟的 CBS 晚间新闻"，丹·拉瑟正站在水没过膝盖的中西部的玉米地里，报道密西西比河的洪水泛滥，玉米遭灾。随后他采访了一组遭受严重财产损失的农民。

与此同时，我告诉学生们第二天在芝加哥期货市场的交易板上，玉米被认为将开盘涨停——意味着每莆式耳上涨 10 美分。但是，当交易开始时，开盘后并没有涨停，行情只上涨了 6 美分。当日的第一个小时并没有较大波动。我问学生们的问题是他们应该怎么做？他们会怎样利用这种情况？他们会买进还是卖出玉米期货？

相当多的一些人，都说他们将要做买家。这些天才们认为市场正给予他们一次绝佳的买进时机，以消化因洪水而对玉米的大量需求。他们只考虑到供给和需求，答案是大错特错的！显然，这个假设的故事是说明"好消息/坏行动"的理想案例。好消息是至少从市场价格的需求考虑——洪水出现了，特别将减少玉米的收成。坏行动是价格没有在开盘时达到预期，很快回撤到前一日的价位。在这个例子里，你应当想成为卖家才是。不管什么理由，行情已经失去能量，买家的子弹也已耗尽。

通常，那些在市场中做多的买家，因为这种新闻的支撑，在率先获悉市场疲软信号时第一时间止损出逃。行情通常会继续走低几天，这些交易者不明所以、不知错在哪里。他们正是错在预计洪水已经大面积损害农田，继而影响到市场价格；或者，也许被损害的玉米作物的合约是不能被芝加哥期货交易所（CBOT）交割的。谁知道呢，不管什么原因，这是一个无比清晰的"好消息/坏行动"的案例。

## 市场无法回应

敏锐的交易者经常盯着隔夜的市场行情，使用下班后的电子平台，诸如芝加哥商品交易所的全球电子期货交易系统，或者纽约商品交易所的通道系统。他们关注的行情是隔夜出现的走势信号，当常规的交易日开盘时，他们却不看同样的跟进变化。举例说明，假设天然气在通道系统中夜间上涨了 10 美分，创下了近 20 日新高。但是，当市场第二天早上在纽约商品交易所的交易大厅开盘时，压根儿没有回应，开盘仅仅涨了 6 美分。当行情没有预期的回应时，通常是出现麻烦的早期警报，市场很有可能进入反转程序中。

再假设使用全球电子期货交易系统进行交易，标准普尔 500 股指期货在东部时间 9:15 涨幅 10 点，这使得标准普尔 500 股指期货创下近 9 日的新高。但是在东部时间 9:30 常规开盘，仅有 5～6 点的涨幅，随即开始出现抛售。这是市场无法回应的另一种情况。需要注意的是，隔夜系统结束的时间（在这个案例中是东部时间 9:15）与交易日开始时间（东部时间 9:30）之间，一份经济报告或者一些爆炸性新闻的发布，显然会导致市场无法做出回应。

我回想起 1991 年 8 月，苏联政变期间当戈尔巴乔夫被软禁在家中，伦敦的布伦特原油回应这一新闻上涨了 4 美分。但是，当纽约原油在当天稍晚时间开盘，行情只上涨了 2 美分。纽约和伦敦在信号上明显的差异，是一种早期的警示信号，意味着有些地方不太对劲。在当日的尾声，原油期货一路狂跌，没有回头。

绝大多数时候，一名交易者只是在事实发生后发现为什么行情无法在开盘时回应。与其担忧具体详情，分析为何一件事可能或不可能冲击市场，更容易的做法是直接对商品或股票的价格行为做出回应。如果 XYZ 公司发布闪亮的盈利报告，但是开盘时没有按照预期上涨 2 美元，反倒是开始时只上涨 0.5 美元，果断卖掉它。之后，有一些分析师会告诉你股票 XYZ 的盈利不会像你看到的那么好；或者，如果国际石油输出组织（OPEC）达成一项削减产量的协议，原油价格普遍被认为开盘后飙升，而结果却是价格走低，同样果断卖掉它。一些石油大佬随后会告诉 CNBC 电视台，两三个石油输出国已经在新的定额上要了大家了。

# 我毫无头绪

假设行情已经在一个方向的趋势上运行了相当一段时间，你询问你所敬重的交易者这段行情的形成缘由。比如，天然气价格呈上行趋势，是因为寒冷的天气仍在持续；或者由于即将开始的 OPEC 峰会，原油价格开始攀升；抑或由于美联储主席艾伦·格林斯潘在午餐会上发表讲话，标准普尔 500 股指期货就一路下跌。如果行情确立了一次明显的走势，交易者就似乎都明白原因，那么这种行情的趋势便不会持续长久。但是，如果行情在某一方向的走势，没有人能说清楚为什么，随后这一趋势就会持续下去。当行情向上或向下没有明显理由时，它通常会比人们想象的走得更持久。

# 找到交易者的阿基里斯之踵

股市交易里，搞清楚行情只是战斗的一部分，更大的挑战是面对你自己、你的个性和情感中的魔鬼成分。绝大多数交易者在自负心理的自控方面是无比艰难的。天然气期货交易中最好的交易者（我们都称他为"MVP（最有价值球员）"）为 MBF 公司工作，他对我就像兄长一样，他是一个在赌场里玩 21 点时绝不会下注超过 50 或 100 美元的男人。我认为如果他曾经在亚特兰大城或者拉斯维加斯输掉 500 或 1000 美元，肯定是会自杀的。然而，同样是这个人同时交易数百份天然气合约完全不当回事，做输赢幅度每小时六位数的交易，眼都不会眨一下。

当涉及到风险时，他就是这样的双重人格！他在赌桌上绝不会下注超出 50 美元，但是当他出现在交易大厅，他会交易 500 份合约，并且完全不在意。你如何看待这种精神病人一样的行为？自从MVP 在我的交易机构工作，我必须想办法控制他的双面行为。首先，我尝试理智地跟他解释，在现实生活中挥霍大把钱是非常有趣的（也是更有意义的），在股票池里则应当好好控制。我不断地告诉他，当市场需要你的现金流时再进行交易，当市场出现波动时再交易，不能因为你需要满足每日的下注欲望才交易。我试图态度绅士地告诉他，他在股票池里的失控表演，正在严重损失他的精神健康和身体健康。

当我的这些法子似乎并不奏效时，我决定是时候采取迂回的游击队式作战策略了，我需要找到他的阿基里斯之踵。一天下午，我花了一些时间与 MVP 和他的父亲闲谈。面对他们俩，我能感觉到他的父亲是我朋友生命中最重要的人。这不是说他不爱妻子与儿子，但是我能清楚地看到他对父亲的爱、钦佩和尊敬。尽管他已经是一个 30 多岁的成年人，他的父亲仍然是他最在意的人。

随后，我计上心来。下一次，他在短短两个小时的交易时间里输掉 25 万美元，我把他召唤到我的办公室，同时打电话给他父亲——一位退休的住在芝加哥附近的经理。"约翰，"我说，"你儿子已经失控了。"

我朋友一下子面色苍白。我终于拿下了他，我找到了他的阿基里斯之踵。他现在每天还能保持自控吗？当然不能。他是不是还在交易中失控？是的。但是我已经找到一种方法拴住他，我所要做的只是说"我打算打电话给你的爸爸"。

下一个交易者我决定对他使用一些心理魔术，我们都称他为"NOT－I"，他是这一行里最受欢迎的交易员之一。他的脸上总是挂着微笑，但是他也有巨大的交易纪律问题。我试过在他的交易员背心后面放上他儿子的照片，我试过解释他因为纪律问题损失了多少钱，但他还是无法抑制继续造成巨大损失。一天，他走过来跟我念叨每个月要为前妻支付赡养费，"她为什么不能找个工作？美国的整个离婚体系是愚蠢的、不公平的。"

当他抱怨的时候，我的脑袋却是灵光一亮。就像所有与我共事的交易员一样，NOT－I 应当有他的损失底线。我告诉他，下次他再损失超过底线，我就从他的私人账户里扣除 500 美元寄给他的前妻，并附上纸条建议她用这笔钱自主消费，最好去购物。我警告他每次超出他的损失底线，我就从他的账户里拿出双倍的钱寄给他的前妻。

他绝对想不到我真会这么做。下一次他犯错时，我寄给他的前妻 500 美元。两天后，我寄给他前妻 1000 美元，随后是 2000 美元，都是从他的口袋里掏出来的。最终，在我寄给他前妻 4000 美元后，他终于屈服了。他偶尔还会超出他的损失底线吗？当然。但是，我们找到了一种对他进行风险管理的有效途径吗？毫无疑问。

对于每个交易者，当你到达你的损失底线时，出去休息一下是很好的建议。在世界贸易大厦的悲剧发生前，我们办公室附近有一家 16 块屏幕的电影院，我的风险经理们，如果有谁连续破坏他或她的交易限额，其他风险经理将每人得到一张电影票。你无法想象，那些 10 美元的电影票拯救了公司的利润底线！

管理交易员很多年，我能告诉你的是，交易员的私生活对于他们的交易盈亏有着相当程度的影响。在这种情况下，最好去找他们谈谈。换换空气，头脑轻松一下。这个与我共事的交易员，让我意识到了这一点，我一般叫他"好运"。这个外向、乐观的家伙，突然之间就变得内向，他的交易结果随之变得很差劲，我试图让他打开心窗，他告诉我他的妻子刚刚生下他们的第五个孩子，他的家庭生活已经超出他的掌控。"我最大的孩子在上高中，最小的孩子才 2 个月，""好运"对我坦言，"我只能在锅碗瓢盆和婴儿啼哭之间陷入苦闷，无法自拔。"

我不能让"好运"摆脱烦恼，但通过倾听，我帮助他找回了专注力，将他的交易状态拉回正轨。

# 一剂现实灵药

每个人都在为他或她的生活而奋斗，不管是在个人生活还是专业领域。作为交易员来说，我们在市场中只能自主承担风险，在交易执行中往往丧失了对生活的洞察力。我们已经不懂得感激有机会交易是多么幸运的事，不管是在交易大厅，还是电脑屏幕前，交易员都在享受他们自己的时间，为自己工作。那是一种难得的机会，坦率地讲，不是多数人能享受到的。

当你在交易中遇到一段不顺，你不能陷入自我懊恼的陷阱中。如果你真是如此，你将变得非常自责，多数时候饱受痛苦。有时，你需要现实生活中的一剂强心药将你带回到理性中。

自怨自艾已成为我身边一位交易员的一道难题，尤其当他接连在交易中失利好几个月。我需要找到一种方式将他的交易拖回正轨。他已经忘记了生活的全部，亟需被人唤醒，我意识到将这一信息传递给他是我的责任。一天，我安排我的司机去他的公寓，没有事先通知他。我的司机——320 磅的老兄，"劝说"这位交易员将他的钱包、信用卡和钥匙都留在公寓里。不管是称之为治疗，或者是绑架，总之这位交易员有了生活中眼界大开的一段经历。

他毫不知情，我已经在哈林区（纽约著名的黑人区）为他租了一个月的单间。他不仅远离了交易，同时需要每天花掉半天时间在无家可归者的临时安置所做义工，在儿科艾滋病房做志愿者。每天我的司机都带给他 25 美元生活费，这种严厉的爱是他的必修课。他需要看到那些更为不幸的、多半处于完全绝望中的人们。这位交易员完全适应了他的新环境，甚至享受其中。不幸的是，他头发上长满了虱子。在他剃光头以后，我想他差不多已经受够了，就允许他返回交易大厅和公寓。但是他回来后明显变了一个人。今天，他仍然是那个无家可归者临时安置所的定期志愿者。他扭转了他的个人生活和交易生涯。一句话，他获得了新生。

# 我的第一次成交

绝大多数人都会问我，交易成功的秘诀是什么？我其实没有秘诀——我是一本翻开的书。在恰当的时间，来到恰当的地点，做一个严守纪律的交易者，深知自己是谁，这一切都帮助我成为了今天的我。

生活中的每一件事，某种程度上，都要依靠运气和时机。我 12 岁时，第一次意识到邻居家开回家的汽车越来越拉风。作为一个好奇的、贪心的、游手好闲的小孩，我一直试图弄清楚邻居家那个人靠什么为生。当我最终鼓起勇气去问他，他告诉我他是纽约商品交易所的白银经纪人。我的邻居有三个儿子，其中的一个是我的朋友，但他在公立学校念书，而我去的是私立学校。尽管他的运动天赋很棒，但客观地说他不是学习成绩很好的孩子。

为了利用我的优势，我决定一天下午去进行生平的第一次谈判——非常偶然的——商业协议。我向我的邻居承诺，如果他允许我成为他的经纪公司的职员（实习生），尽管我只有 13 岁，他就可以将他的儿子转到我的学校，不管下多大功夫，我保证他的儿子可以从高中毕业。

当我们握手成交时，我对即将为世界上最大的白银商品经纪人工作一无所知，他是为亨特兄弟公司执行较大宗的商品业务（许多年以后，亨特兄弟公司企图垄断白银市场，结果声明狼藉）。我想，爱管闲事总有回报的。

我清楚地记得，一个大雪纷飞的日子，学校因为感恩节放假。我的邻居问我可否来帮他工作，他的公司暂时缺少人手。我毫不犹豫地抓住了这次机会。以前，我在交易所里通常为经纪人写写交易卡片，做做其他的杂事。但在这一天，我被要求做交易服务。由于下雪的缘故，我们的办公桌通常围绕着30多个人，现在仅有6个人影闪动。在白银接线台上有三种颜色的电话——蓝色、浅灰色和红色。"如果三种电话中的一台响，不要接！马上来找我。"我的邻居告诉我，随后他去了交易大厅。

交易日开始的前15分钟，有一部电话开始响。每个人都在各自的电话线上忙着——接受指令和用手比划报告。我跑到交易大厅的另一侧，对我的老板说："蓝色的电话响了！"他盯着我看了一会儿，然后说："好吧，拿起电话，回答对方的问题。如果他意识到你只有14岁，你就被炒了！"

当我回到接线台的时候，电话仍在响着。我接起电话，一个威严的声音问我老板在哪儿。"他正在交易大厅里忙着，"我告诉他。这看起来不是最好的应答——谁能忙到不接亨特兄弟的电话？

"你是哪位？"这位绅士问道。

"我是马克。"截至目前，我表现得还算可以。

"在这儿以前我怎么从没听过你的声音？"

我快速地思索："我是今天刚调来白银市场上帮忙的，因为下暴雪，人手不够，通常我在黄金接线台工作。"

这么说我感觉很满意，他似乎也很满意，然后问我："那么，你觉得白银市场今日的行情如何？"

我完全目瞪口呆！一个亨特兄弟公司的、控制全球白银市场的人，居然问一个14岁的孩子怎么看待白银行情。你简直都编不出来这样的情节！

## 纪律

在交易中确实帮了我不少忙的纪律观念，源于我成长在严格的犹太人环境里。在那种环境下，我不能吃太多食物，也不能把肉和奶制品混在一起。当我的朋友们去麦当劳用餐时，我只能吞下难吃的鱼饼三明治。我现在饮食上已有所改变，但是恪守 22 年的犹太教规，在我身上留下严格的纪律观念，我需要这种纪律观念去促使我恪守交易准则。

我是否也会经历糟糕的一天和丧失理性的时候呢？当然有，我是一个凡人，而不是机器人。但是，我能在交易中尽可能克制住自己的个人贪念。我使用 ACD 体系很久了，我知道只要我严格按照交易计划，继续做庄家（在随后的章节我将解释这一概念），我就能从中获利。

怎么强调纪律的概念都不为过。如果你在交易中没有纪律意识，我在本书中讲到的所有概念、理念和方法都可以扔出窗外。

最后一点，我知道自己是谁。每个人都想成为那个他或她认为是了不起的那个人。篮球是我真正的激情所在，我真的希望执教纽约尼克斯队，我一些最好的朋友是 NBA 球员和大学教练，但那并不是我所擅长的。同样的道理，我不是乔治·索罗斯，所以我情愿做一名交易者，知道我的极限，做我能做好的事——不做那些让我毫无头绪的事——促使我不断成功。太多人都想成为他们无法企及的那个人，从专业角度——不管是从事交易或者其他商业领域——往往是他们陷入麻烦的根源所在。

## 在 MBF 做暑期实习

现在我已经兜了一圈：由于我愿意辅导某人的儿子，从而开始进入交易领域。现在，我又在辅导在 MBF 工作的交易员和正在读这本书的人，正如一句老话讲："那些能做事的和那些不可教的人。"希望我是一位难得的这两种类型都能辅导的人。

多年来，我从教过的交易者的成功中获得极大的满足感。我觉得自己从他们每个人的身上获得了存在感。也许这是我为自己被给予机会的一种感恩回报（如果我不是一个好管闲事的 13 岁少年，谁知道我现在会生活在何处）。MBF 的暑期实习计划如果不能说是华尔街最好的，也算是最好的培训之一。我们将市场理论、实际上手交易以及案头经验在教学中结合起来（想要获得更多的交易信息系统，请登录我们的网站 www.mbfcc.com）。

在这项计划中，我试图吸引来自美国版图上各类高等大学和学院里不同教育和社会背景的学生。我们有来自常青藤联盟的，诸如普林斯顿大学、耶鲁大学、宾夕法尼亚大学的学生，也有住在城里寻找机会的孩子。事实上，多数社会底层的学生，很清楚他们一无所知，所以对于市场没有先入为主的观念，结果就是他们教起来更容易。与此同时，我有很多在高中和大学里当运动队教练的朋友，每个夏天我都会招收他们队中的一些学生纳入到我的计划中，催生出一些很有趣的课程——都是关于交易和生活的。

这是相当特殊的情况，当你要把沃顿商学院的金融专业学生与弗吉尼亚大学的橄榄球先发后卫放到一组，或者把一些约翰·霍普金斯大学的学生与圣母大学的橄榄球四分卫混成一组，你可能要把一个 5 英尺 7 英寸的金融专业学生与 6 英尺 8 英寸的篮球队选手放在一个组里，如果"迈克尔·乔丹"想要在课堂上找个搭档，选中的小个子家伙将会遇到麻烦。这就导致一些喜剧性场面的出现，比如我不得不将一个 6 英尺 8 英寸的运动员与被他掐住脖子的 5 英尺 7 英寸的交易搭档分开。当然，多数的暑期实习生都发展了很亲密的私人关系。

我很希望将所有这些资源投入到这项计划中，能够寻找到下一个 RN。RN 是大约 15 年前我所教的第一个暑期实习生。现在，他一天交易的原油期货比多数华尔街公司一周的交易额都多。他被广泛认为是世界上在股票池内最重要的原油期货交易员，他的成功证明了我的教学成果，给我带了巨大的骄傲和个人满足感。在每个暑期的结尾，我们都在交易所闭市后提供给这些实习生模拟交易的机会。不管当日的损益状况如何——良好或是糟糕——RN总会抽出时间特别指导这些孩子们。

# 做一名风险经理

正如我这些年教学和训练交易员的感悟，我逐渐意识到有些人无法在他或她的交易中约束自己，但这不意味着他们不能从事交易。我的风险经理主管，就称他为 TOE 吧，他管理着 65 家自营商和各种黑箱交易系统，但当他做私人账户交易时，还是无法控制自己的行为。TOE 总是多次违反自己的交易限额。尽管他不能控制自己的交易，但还是能够成功地控制他人的交易。他可以轻松识别其他交易者经常犯的相同的错误。TOE 能够捕捉早期预警信号，在其他交易者出问题之前防微杜渐。他是完美的风险经理。TOE 的例子足以证明，一些人在个人交易方面做不好，却可以在 MBF 方面做得非常出色。

# 情绪背离

有一些出版指数可以有效监控在特殊行情中的主导情绪。通常情况下，出版指标的读者越多，市场情绪越倾向于牛市。当情况没有发生，极端情况下，数值为 0，意味着所有人都看空后市。同样，数值为 100，意味着每个人都看好后市。

我记得，MBF 也订过一份服务，一本叫《每日情绪指数(DSI)》的刊物（想要更多关于 DSI 的咨询，请关注 www. trade-futures. com）。经过我多年来的观察，市场会在出现较高或较低的阅读量时延续一段时间，因此，仅仅依据出版指数的极端情况研判后市，通常情况下是无效的。但是，当每日情绪指数与行情发展背离时，就是研判后市的理想情况。如果行情在某个交易日表现积极，市场参与者看好后市的比例就会上升。同理，如果行情在某个交易日表现疲软，市场参与者看好后市的比例就会下降。不管你是做美国政府国债，原油期货，波音飞机股票，或者标准普尔500股指期货，人类自然本性的表现和反应都是相似的。

如果昨日原油期货收于23.50，今日收于24.00，市场情绪数值从过去的30增长为42，这将不会让人感到惊奇：这种情况理所应当。但是，如果原油期货反弹了同样50%的幅度，但是市场情绪指数从30变为20，这就应当引起你的注意了。在后一种情况下，行情已经反弹，但是因为一些原因——通过市场情绪的降低可以佐证——有太多市场参与者不相信行情会发生变化。他们认为今日行情的顶部已经出现，市场上升50美分真的是一种偏差。继续这一交易案例，明日早晨行情以24.40跳空高开，距离上一日24.00的收盘价，出现40美分的跳空缺口。那些认为昨日市场反弹是一种假象的交易者，现已被套牢，不得不尽快回补空头仓位。

如果市场在这一日以不变的24.00或者更低价位开盘（比如23.75），就没有交易可以做。你试图寻找的获利机会是市场在某一方向上出现显著变化，而此时市场上的多数参与者并不相信变化的出现。这种交易有效的前提是，行情需要跳空高开，昨日做空市场的交易者被套牢。在这种情况下，交易确立为在跳空高开的开盘价位买入，在这些交易者补仓之前乘势而上。很显然，如果反转已经出现，行情已经下落，多数交易者会认为底部出现。

开盘的信号越多，交易成功的可能性就越大。如果市场开盘时上涨1美元，而不是40美分，这就是更好的交易机会。而且，如果跳空高开使行情进入新的合约高位，而不是原来价幅的中间，这更能增强交易成功的概率。

# 黑色星期一

许多年前，有一个很不错的年轻姑娘为我工作，在交易大厅做职员。她做事有条理，有天赋，抗压能力强。不过，她也有一个突出的缺点：当她去购物时，不把信用卡完全刷爆，是绝不会离开商店或商场的。

在周五以前，期权到期导致市场崩溃，许多市场参与者回家，周末想着最差的行市已经结束，预期下一周的股票市场将会稳定下来。在黑色星期一——1987年市场崩溃的交易日——我正在白银期货的交易池内进行交易，经历了相当糟糕的一天。但是，在周一早上，标准普尔股指期货记录了有史以来最大的跳空低开，我很幸运地在周五回家时已经做空标准普尔。自打我在白银交易池里差点儿血本无归，几乎本能地将标准普尔的盈利取走，以弥补我在白银市场的损失。我没有任何合理的理由平掉标准普尔的仓位，我只是想通知记录员补偿我的白银交易的损失。很显然，我当时没有意识到DSI（情绪背离指数）发生变化的意义。

我对那位购物狂女职员说："帮我一个忙，平掉我标准普尔的仓位，没问题吧？"

她回头看了我一眼，有点儿困惑地说："马克，标准普尔的DSI指数在周四已经是30左右，周五指数继续走高，今日出现跳空低开的缺口，这不是一个DSI背离交易的完美案例吗？"

我知道她刚才说的话是对的。现在是学生告诉老师该怎么做了。我扪心自问，如果我没有继续听她的意见，那我教授的课程还有什么意义？我理应遵从自己的交易原则。

"是的，"我赞同地说，"先不平仓离市，卖掉另外5份标准普尔的合约，将所有25份合约的止损点都设置在升C点，让我们看看将会发生什么？"

紧接着发生的就是1987年的崩盘。3小时之后，我买回所有的标准普尔期货，获得很大一笔收益。巨大的收获——这是我对这笔交易的评价。我很高兴，我作为老师，听从了我的学生的建议。那位女职员意识到标准普尔出现DSI背离交易，阻止了我早先的平仓指令。

不用说，在交易日结束后，我把购物狂女职员叫到我的办公室。我对她说："给我你所有的信用卡账单。"然后当场一次性将她的账单结清。

# 交易头寸——以及大块头交易商

大约在 10 年前，我记得是在原糖期货交易池里出现了一件意外的事情。那时，纽约棉花交易所，还有纽约咖啡、原糖和可可交易所，纽约商品交易所和纽约商业交易所都共享世贸中心 4 层的交易场所。直到 1997 年末，纽约商品交易所和纽约商业交易所才在世界金融中心拥有自己的交易场所（2001 年 9 月 11 日恐怖事件发生后，原世贸中心 4 层的咖啡、原糖和可可交易所被迫搬迁到备选的位于长岛的大楼里）。

尽管我拥有一枚金色勋章，可以凭此在纽约任意的一处交易池里进行交易，但是我大多数时间都会待在原油交易池。如果捕捉到另一个期货市场中的机会，而原油市场却风平浪静，我并不介意趁机溜过去参与一下。一天下午，原油期货进展缓慢，我注意到原糖期货开始反转，形成尾盘的 C 点中枢交易。当我来到原糖交易池，公平地说我是不怎么受欢迎的。如果不是因为这个 ACD 研判出来的机会，原糖将是你最后才会发现我出现的一处交易池。

回到当时，原糖行情在东部时间大约下午 1:45 收盘。在原糖市场里有一个非常巨大的交易商——他的交易规模和体型块头都非常巨大，他被认为能够威慑到这个市场，不仅是因为他巨大的交易额，也因为他无比硕大的身影。大约在 12:30，原糖行情在当日较早确立了有效的升 A 点后，进入反转的过程中，大致确立了有效的通过当日中枢降 C 点和 3 日滚动的中枢价幅。我知道自己的交易风险仅仅是 15～20 价格增幅（达到 D 点价位）。

摆在我面前的是一个巨大的风险/回报机会。我开始像遭遇世界末日一样进行交易——200400，最终大约 700 份合约。通常，依据 ACD 指标研判，再一次给予我自信，使我建立巨大规模的仓位。我前面提到的原糖交易者恰巧在市场相反的一边。我卖得越多，他就买得越多，行情一路越来越低。他开始在交易池的对面冲我叫嚷，用众所周知的脏话问候我。我心想,我应该回应他吗?不,我决定先不去理会。我只是他的交易池里的一个客人,另外,他的块头是我的16倍。我是在赚钱,他是在自掘坟墓。如果他就是想惊声尖叫,关我什么事?

在下午1:45收市的前几分钟,我平掉了空头仓位。自打我开始做空,行情下跌了40~50美分。在行情另一边的大块头原糖交易商一定损失超过六位数,他的耳朵里一定气冒烟了。

这个怪兽在过去一个小时始终对我骂骂咧咧,随后气势汹汹地走向我说了一句F字头的脏话,并指向我的种族背景(注:笔者为犹太人)。我决定是时候对他进行还击了,我开始回骂他是曼哈顿下城的小瘪三。

我所知道的是,这头愤怒的犀牛扑向我,接下来发生的事影响到收盘的进程。市场不得不延时半小时收盘,大概有10个不同的交易指令台(上面堆满客户订单的交易卡)被犀牛打翻。

我们两个都因为受到行为失当的指控而被带到交易所行为委员会。坦率地说,我对这件事如何收场是心里没底的。终究,我是原糖交易池的陌生来客,而原糖交易池则是犀牛的老窝。但令我惊讶的是,商业行为委员会仅仅对我进行罚款处理,原因是使用粗俗语言,而没有吊销我的交易执照。我的对手"狂野霸王"则要付出2倍以上的罚金,外加吊销3天交易执照——还不包括交易中损失的那些钱。最后,说到底,只有一个原因驱使我进入交易池去面对那个大怪物,就是有效的C点中枢实在是不可错过的良机啊!

## 承受损失

如何运用ACD体系进行交易,最好的学习方式是承受一点儿损失。当你新来到一个城市,不管是纽约、芝加哥,或者洛杉矶,如果你只是开车从A点驶往B点,你是绝不会学到路是怎么走的。但是如果驾车随便转转,偶尔迷路,随后找到回家的路,你将对城市了解得更多。交易也是同样的道理。不管你是在交易池,或者电脑屏幕前，都要从小数额交易开始做起，让你在市场中稍微有点儿损失，看自己能否从亏损的交易中扭转。通过这些早期的交易失败经历，就能判断出你是否有足够的耐心和动力，这是成功的交易生涯的必经之路。

有一个例子：几年前，有一对父子因为某事来找我。那个父亲建议他和我在纽约商品交易所做他儿子的后盾。在我花了几分钟同他的儿子聊天后，我发现了这个小伙子显而易见的交易天赋。在办公室已经跟我握手达成一致的父亲，突然改变了主意。他有些神经质，然后告诉他儿子，他不会与像我这种狂人成为交易伙伴，他称我为"疯狂的艾迪"（还记得电视广告里那个精神错乱的推销员吗）。

第二天，我将他的儿子叫到我的办公室。我决定自己做他的后援，因为我觉得他确有交易天赋。我对他说："别管你老爸！我会教你一些基础的 ACD 概念，然后你自己去交易池，摸索你自己的套路。"

摸索他自己的道路比我预想的要多交一笔昂贵的学费。他进入原油期货市场前 3 天的交易成绩，在不走运的行情下，一下午就亏了 5 万美元。更糟糕的是，他被几个与他交易方向的自营商诱骗而平掉了自己的仓位。他的父亲再次找到我说："很好，我知道你不会想做他的后盾了。"

"这笔交易跟你无关。"我对他父亲说。

他确实损失不小，我知道这个孩子确实有很出色的股票池交易技巧与天生的交易能力，只不过他承担的损失比多数人贵了一些。我给他父亲一个新的建议：给他儿子 6 个月时间，我们之后再来评估他儿子的交易情况。如果他的儿子交易中损失 10 万美元，我将给他一张 10 万美元的支票。但是，如果他的儿子赚了 10 万美元，他将给我一张 10 万美元的支票。

这个父亲很走运，没有与我握手成交。他的儿子最终成为一名成功的原油期货股票池交易商。现在他正在筹备建立一只数百万美元的对冲基金，到处都有人给他融资。

## 加特曼的交易法则

我在这本书里提到的故事，都包含着一些与交易有关的深刻道理，不管是控制你的情感，保持交易时的自主性，或者从过去的错误中学习，希望你可以识别其中的一条或者更多的交易弱点。尽管ACD可以帮助你改善交易方法，但除非你有适当的心理调节方法，否则交易成功将很难照搬现实。

丹尼斯·加特曼，《每日市场评论》"加特曼来信"的作者（参见 www.thegartmanletter.com），同时一年出版 1～2 次《加特曼 20 个荒谬的简单交易法则》，这些法则都可以在附录中找到。我想如果你复习这些法则，你就会发现有一些可以应用到你自己的交易中。其中我最喜欢的几条是：我们必须像基本面信徒一样思考，但必须像技术面信徒一样交易。我们必须明白行情会持续地非理性波动，比任何人保持偿还能力的时间还要长。我们必须明白，追加保证金就是市场告诉我们分析方法有误的一种方式。最后，要保持你的交易系统足够简单。

## 恐惧与贪婪

许多年前，我创办了一家商品交易咨询商务公司（CTA），名为"F&G公司"。我问了许多人他们认为"F"和"G"代表什么含义。有些人猜测 F 代表我的姓费舍尔（Fish），G 代表其他人的姓氏；另外一些人认为我只是随意从字母表中挑出了两个字母。"F"与"G"实际上是代表每个交易者都需要遵循的两个关键的要素——那就是"恐惧（Fear）"与"贪婪（Greed）"。

不管你是交易股票、期货、外汇或者其他东西，你要有足够的敬畏之心，这意味着你对所参与的市场足够尊重。特别是当行情清晰指出你已经完全错了，你仍然盲目地自以为是，这就注定要走上交易的不归路了。你需要像老电视剧《霍根英雄》里的舒尔茨中士一样，总是在各种场合说"我什么都不懂！"然而，只拥有敬畏之心还不够，一名交易者必须还要在合理范畴内保持贪念。你必须愿意且足够有能力促成交易盈利，渴望在百年不遇的交易机会中大赚一笔，有时还需要钢铁般的意志与高度的耐心，十分有能力地利用这些交易机会。

在 1990 年海湾战争期间，原油期货的交易行情变化莫测。如果你发现自己站在行情的错误一边，但是却固守你的错误想法，行情会让你付出惨重代价。在第一道难题的信号出现后，你需要认识到自己什么也不懂，尽可能快速地平仓出逃。在这一时期，有两个重要的期货经纪人站在原油期货交易最高的台阶上，恰好就在我的背后。他们为一家大型期货经纪公司工作，总是业务繁忙。多数时候，我总是站在他们指令的相反一边——有时交易额很小，有时交易额很大。

海湾危机中的一天，原油期货开盘时迅猛飙升，但是随即出现抛售。在 35 左右开盘后，行情迅速跌破日线中枢价幅的底部，随着行情继续走低，这些经纪人试图执行大宗的卖出指令（交易池的每个人也都一样）。每次我喊出原油期货价格，他们都试图给出大笔交易额，但是我不会全部吃进。如果他们卖给我 100 份合约，我会买 10 份或 20 份，随后跟着他们一起卖出。我可不打算挡住这辆呼啸而过的列车。

这两个经纪人工作中通常不会失去冷静。但在一波又一波的抛售行情下，他们变得烦躁不安。在混乱之中，他们经纪公司的一个快递员来到他们身后，递给他们一大摞交易指令卡。即便不是天才也能猜到这些指令都是即将抛售的止损点，预期行情还会继续走低。当我看到这两个经纪人的脸上出现惊恐与烦躁神情，我的贪婪的本能就出现了。随着行情继续一路下探，我也一直抛售。他们不断喊我出价，但是我仍然只买 10 份或 20 份合约，远远低于我通常从他们手中买入的 100 份、200 份或 300 份合约。这两个经纪人开始疯狂接受他们能找到的所有买单。他们只想尽快执行完这些指令，结束这场噩梦。

就在此时，我看到交易板上的最后一个数字比前一个数字低30美分。多数时候，经纪人只需喊出他们愿意执行价格的最后一个数字。如果原油期货在32.85交易，经纪人会喊"5"，或者在这个例子中，如果行情在32.80交易，他会喊"0"。这个例子里令我犹豫不决的是，上一笔交易达成的价格是另一个"0"（33.10），而实际显示的行情是32.80。两个经纪人中的一个喊了"0"，我拿不准他喊的"0"是指什么价位。至此，我持有350份空头合约，感到行情已到达支撑区间——前一交易日的中枢区间，很可能，这是一个理想的回补点位了。

但是，我需要确认经纪人喊出的是什么价位？我抓住那位经纪人身上的制服夹克，冲他吼道："你要在哪个0上卖出？"

他拉着长脸看着我，汗水湿透了他的衬衫，带着满脸的诚恳，他回复我："随便他妈的哪个0都行！"

我接着回补空头仓位，开始在32.80的价位做多。行情随后又下跌了一些，但是这个故事的要点不是告诉你我赚了或损失多少钱。我只是想表达即便如此出色的两个经纪人也会被恐慌情绪所困扰，而此时心有贪念的我抓住了机会，一脚油门，大赚一笔。

# 做庄家

人们对于赌场的投机方式其实存在不可思议的误解。绝大多数人认为赌场高于赌客的统计优势只有1％～1.5％，在21点游戏和掷骰子中都是如此，但尽管如此赌客仍能从中获得巨大的盈利。此外，这些赌博机构必须花费上百万美元，建造奢华的餐饮娱乐设施和酒店。只有在拉斯维加斯你才能找到火山、喷泉、纽约摩天大楼、埃菲尔铁塔和威尼斯运河的高仿版。

另一方面，如果你能够充分理解ACD，将其结合到自己的交易哲学中，在市场交易时你就处于"庄家"的位置上。希望你能以此享受1.5％的优势（再算上财务偏差机会和佣金），你的优势就很接近5％。

如果你曾经在赌场打发过时间，你一定会对术语 Comp（赌场提供给赌客的免费赠品）很熟悉。赌场提供给参与者的回报，首先是根据其在赌桌上消费的时间，而不是根据赌桌上赌注的金额大小。庄家知道赌客们待在赌桌上的时间越长，赌场统计数据的盈利概率就越大。理论上，你在赌桌上消费的时间越多，你投注的金额就越大，很大可能你将输得精光地走出赌场（一个声名狼藉的公交赌客）。

赌场不喜欢某些赌客一掷 10 万美元，不管输赢，迅速闪人。尽管庄家在 21 点或掷骰子项目里有一点儿统计学优势，任何一手牌或骰子转一圈都是随机发生的，因此庄家希望你一直玩下去。消耗在赌场的时间是赌场最好的朋友，也是赌客最坏的敌人。

将这一概念应用到市场中，如果你能开发出 5％的交易优势，你就能像在赌场一样执行。庄家玩 21 点能一局输掉 10 手吗？当然可能。你能一局输掉 10 笔交易吗？当然有可能。但是，你将交易投注分散到许多独立的交易机会里，每次投注较小的金额，坏运气将不会让你离开交易的。你要做得很简单，就是试图尽可能找出更多的 ACD 交易形态，然后分别下注。只要你能够识别出低风险、高回报的交易机会，你便总能存活到下一天。最终，你会成为一名幸存者。在这个投机领域里，幸存下来的交易者注定会走向成功。

如果通过你最喜欢的交易体系确认了收益不错，需要保持你的交易的连续性，减少失误和损失，持之以恒，你就会成功。

## 测量与监控风险

在 MBF 工作的自营商可分为两类人：主动决策型交易者，或是应用暗箱系统的交易者。系统组合是相当容易管理的，每一笔交易都有特殊的背景和具体的风险/回报标准。此外，每一个系统组合都有不同的仓位止损点，以及资金风险限额。管理那些主动决策型交易者的挑战是相当大的，我们现在更多地是与私人交易者打交道，而不是交易仓位。

交易大厅内从事能源和金属交易的人，和场外的、短线的以及心血来潮的交易者，确立了这种主动决策型交易组。对他们来说，长线交易绝不是多了一些交易小时，短线交易可能只是 5 秒钟的事。我们的工作是帮助这些交易者找到适合的舒适价位。一个交易者可能有足够的心理素质和纪律去一次交易 50 份或 100 份合约，比如说天然气交易。另外一些交易者可能对价差交易感到舒服。

我们基于三种不同的交易者，给每个交易者制定不同的仓位限额。

1. 是几秒钟内开仓和清算的交易，"刷单交易"，或是长线交易？

2. 是价差交易，还是买断交易？

3. 是闭市前必须平仓的交易，或是持仓过夜的交易？

显然，一次交易 100 手的刷单交易，可能与仓位只有 1/3 而持仓 10～15 分钟的交易风险是一样的。并且，一次做 50 手的交易者，假设是天然气期货，与原油市场上一次做 50 手的交易者风险是不一样的。这就像一次交易 3000 股 IBM 股票和交易 3000 股雅虎股票，风险水平也是不一样的。

在附录中有股票和商品日线中枢的表格。标记"＄风险"的一栏是对所有期货合约和股票的内在风险进行评估。10 份标准普尔的合约要比 10 份天然气合约风险高得多，而 10 份天然气合约的风险，要比 10 份黄金期货合约的风险大得多。举例说明，这种"＄风险"评估告诉我们多少份天然气合约可以等同于一份标准普尔期货合约，如果标准普尔当日的风险是 6000，而天然气当日风险只是 1000，那么同样的风险水平下，当你交易一份标准普尔的合约，就相当于交易 6 份天然气期货合约。

不管交易者的规模是大是小，MBF 遵循同样的风险准则。多数交易者都是 A 型人格，目标明确，有竞争性，我们将鼓励他们，只要他们符合每月的盈利标准，就允许他们做更大规模的交易。这就是我们让状态火热的交易者踩下油门的方式。我们试图让状态正佳的交易者继续上二垒、三垒，而不只是停留在一垒。相反，如果交易者成绩糟糕，我们会斩断其仓位。有时是 1/3，或者一半，甚至 2/3，以防止糟糕的状态演变为交易黑洞，无法恢复。请牢记，那些从连续倒霉行为中幸存下来的交易者，最终是会成功的。

在每个月末，不管交易者这个月的仓位是增加或是减少，我们都会擦掉黑板，开始制定下个月的原始仓位限额。逻辑上讲，连续滚动盈利的交易者注定会状态变凉，在他把大笔盈利退还给市场之前，我们需要把他带回正常仓位。另一方面，那些连走背运的交易者，如果我们相信他的交易水平没有根本变化，保持在最小仓位太久，很大可能将使他失去弥补损失的机会。

最后，我们鼓励交易者在市场更活跃和波动更大时扩大交易规模，这是大厅交易者或短线交易者都能利用交易优势的最好时机。但是，绝大多数交易者做得恰恰相反，出于恐惧，当行情波动性较大时，他们缩小规模；当行情死水一潭时，却增加规模。

# 这绝不会发生……

我的家人都喜爱滑雪，我则喜欢坐在太阳底下。当我们去科罗拉多旅行时，我的目标用《周末夜狂热》的主题曲"活着"就可以概括。当我的家人都去滑雪，我很高兴地坐在小木屋里，或者来回乘坐缆车。一天，当我出去随便转转，与一位绅士聊了起来，他是波士顿一家大型能源交易公司的头牌交易员。如你所想，我们的讨论很快扯到交易上。

他解释说，他们公司的战略是涉及到裂解交易的。裂解交易是指交易燃油或汽油与原油（在炼油厂，燃油和汽油都是从原油中分离提炼而来的）。他们的交易方法很简单，那就是当觉得裂解差价被高估，就做空；当觉得裂解差价被低估，就做多。

我询问他："但是当裂解差价毫无理由地下跌，出现这种 1/20 的概率，应该怎么办呢？如果发生百年不遇的事件，裂解价差没有明显因素就涨到天上，应该怎么办呢？"

"这绝不会发生到我们身上，"他答复我，"我们有东北部两家银行的金融支持，在等待市场回归常态的过程中，他们会提供足够资金帮助我们渡过交易不正常的阶段。"

我想这并不适合表达不同意见或提供建议。毕竟，我只是刚刚遇到这个男人。但是我可以告诉你，当我返回纽约后做的第一件事，就是找到为这家公司工作的经纪人，告诉他最好另谋高就。我告诉他滑雪小屋的故事，警告他这家公司一定会破产，只是时间问题，这个经纪人对此只是笑笑。

随后的冬天，裂解价差从 3.00 涨到 10.00，我的预言演变为现实，那家资产充裕的交易公司被迫在可能是最糟糕的时机平掉所有仓位。事实上，一些对交易一窍不通的银行经理，建议这个场内经纪人在 3 小时内平掉 6000 多份裂解价差！当然，身在交易池内的我，是不会错过这种机会的！

这个故事的寓意在于，你拥有多少钱都无关紧要，或者你自以为有多聪明，市场总是长寿的——无比聪明的——相对于你而言。

另一个案例是德国金属公司，众所周知名为 MG，过去曾经是能源市场中的最大玩家。MG 的难题在于交易规模过大，市场很难消化。你一定想要成为市场的参与者，而不想成为"市场"。

MG 已经变成华尔街每家能源交易公司的标靶。每家公司都知道 MG 的仓位必须一个月接着一个月地滚动。在这本书里，我一次又一次地强调，为了交易成功，你需要市场有足够的波动性和流动性。MG 的交易仓位是市场允许承受的 3 倍以上。我给纽约商品交易所的法规部门写了一封信，表达了我对 MG 交易规模及管理仓位的担忧。不用说，我的警告石沉大海。在我写信不到一年后，MG 宣告破产。

# 下一个！

不用怀疑你一定听过"没有付出，就没有回报"的老话。我猜那意味着为了在交易中成功，你必须能够忍受市场带给你的情感折磨和经济损失。当你能够等到损失结束，就能迎来成功。对我来说，那完全是废话。如果说你在本书中学到了什么，那无疑是成功、是马上盈利。如果行情没有在你进入交易后按照预期的方向移动，应当立即离场。

假设有一个单身小伙打算去酒吧，看是否能碰到好运气，离酒吧关门还有四个小时，如果走到一个女孩跟前，发现彼此没有化学反应，他还会在女孩身上浪费时间吗？当然不会。他会在心中对自己说"看下一个吧！"，然后接着行动。交易也是同样的道理，不要浪费你的时间。你没有任何理由应当承受市场带来的痛苦或折磨。将时间作为一个止损点，迫使你平掉遭受损失的仓位。请牢记，如果每个人都与你在同一价位入场，那么这笔交易真能好到哪里？

我问过众多经纪人和电话接线员这个问题：多少次客户建仓后，如果行情没有任何动向（比如半个小时），会要求你为其平仓？答案是"没有人"。绝大多数人只会用价格止损，而不会用时间止损。他们认为应当承受一些最初的痛苦，其实，你压根儿无需如此。

一条重要的交易规则是，时间比价格重要得多。

当行情变化莫测、机会无处不在时，ACD将帮助你识别出交易良机。你真的需要保持智慧，交易时尽可能明确目标。本书中曾解读过的ACD指标和概念，可以让最随意的交易者也能拥有系统的交易思路。

从心理学上说，使用ACD作为交易基础，使交易者将个人创造转化为成功，与此同时，将不走运归结于愚蠢的系统。

# 迷失在金钱的价值中

许多商业领域工作很多年的成功人士所赚取的财富要比做交易多得多。但是，我不知道从事哪个商业领域，能够让一个人在短时间内赚到或赔掉那么多钱。一个人面对交易的最大危险，在于他迷失个人的金钱体系。

在夏季的实习计划中，我警告所有父母注意潜在风险。在交易环境下工作是一个极好的学习机会，但是这些实习生很容易失去他们对于金钱的判断力。他们做实习生，被分派给特殊的交易者做助理。他们目睹这些交易者几分钟赚到或赔掉 5000～10000 美元是司空见惯的事。如果在交易日的尾声，实习生去商场发现一件 29.99 美元和另一件 39.99 美元的衬衫，潜意识里，不管他如何踏实、规矩，在他内心深处会告诉自己"10 美元算什么？"我刚看到一些疯子在 5 秒钟内输掉 5000 美元。

在我看来，这就是介入交易生涯的最大缺陷。不管你有多踏实、规矩，你的价值体系都会承受考验。如果你在交易中很成功，这就不算坏事。但是，如果你在交易中不成功，你不仅要处理财务损失，同时不得不带着对金钱的蔑视回到现实世界。并且，失败的交易者容易视自己为生活中的失败者。无论我试图多少次说服他们，交易成功仅仅是人生成功的一小部分，这对他们仍然是难以下咽的苦药丸。

## 马蹄哈利

举一个成功投机者的例子，我通常称他为"马蹄哈利"。这个交易者生活中有三件热衷的事：他的家庭、交易和赛马。回到 1999 年，当股票市场震荡起伏时，持有百万美元的股票仓位对他是稀松平常的。一天下午，在最糟糕的一天后，实现年度成功的愿望落空，他闭市后前来看我。我以为他只是在我的交易躺椅上躺一会儿，感慨一下他七位数的日交易损失。但是，在那个下午，他刚刚损失掉的 100 万美元并不是他最关注的。马蹄哈利最生气的是无法在办公室里看到纽约水道赛马频道，这比他在交易中的溃败之痛更为揪心。金钱的价值对他来说已变得微小，他只关心四条腿的动物在赛道上驰骋。幸运的是，他的价值观和血压在下一日又恢复正常。

衷心地希望，我在这一章与你们分享的这些故事，对你是宝贵的一课。你无须理解爱因斯坦公式就能在行情中赚钱，你确实需要纪律性和完全遵从自己。不管你自认为是多好的交易者，市场总是会继续让你头疼，测试你的坚韧程度。请牢记，幸存者也喜欢编造股市里的成功故事。

# 第8章
# 交易者访谈录

在前 7 章，我解读了 ACD 体系和如何将这些概念应用到任何交易方法中——从超短线当日交易，到持续几周甚至几个月的长线交易。不管是在交易大厅或者电脑屏幕前，这套体系均可被使用。你的心里可能会有疑问："其他人会使用这个吗？"在这一章，你将看到其他专业的交易者是如何将 ACD 应用到他们的交易策略中的。接受采访的交易者有一部分是我的员工，其他的是我清算公司的客户。他们都是成功者，不论是从他们的年交易盈利，还是从他们的行业资历来看。

## 凯西——当你出错时必须离场

凯西在纽约商品交易所做大厅内的原油期货交易商之前，他曾是美国股票交易所的期权交易商，也是最年轻的期权交易者，习惯在活跃的市场里进行交易，比如摩托罗拉（MOT）和迪吉多（DEC）的期权。在 1987 年大崩盘时期，凯西正在交易大厅里做股票期权。摩托罗拉在黑色星期一收于 52 美元，下一日以 60 美元开盘，半小时后，摩托罗拉暴跌至 30 美元，一时间没有人敢对这只股票出价了！

尽管有着丰富的一线市场经验，当凯西来到原油期货市场尝试时，他还是有点儿准备不足。与期权市场里井然有序的操作体系相比，期货市场是环境嘈杂，变化莫测的。凯西有着很强的市场直觉，他来到一个完全迥异的环境里，必须在这个环境里学习新的技巧（包括 ACD），以谋划、执行和管理他的交易。下面是凯西描述他是如何转型，以及 ACD 体系是如何帮助他的：

交易商品，与交易期权有着天壤之别。当你是期权市场的专家时，你总会知道你的客户是谁。执行交易指令的经纪人基本上都为摩根、美林或其他大庄家工作。当他们询问你某一期权报价时，你知道他们以前做过什么，所以你知道他们可能将要做什么——他们是否会加仓，是否会单边买断，或者卖出回补，或者看跌期权。

在商品交易中，你要站在开放的交易池里喊价。同一个经纪人前 10 分钟为一位客户买进，随后 15 分钟就要为另一位客户卖出，这确实是杂乱的环境。当我开始做原油期货交易时，做的是期差交易，做后几个月的市场——错开前两个活跃的交易月。我记得有一天正在做期差，我为随后的一个月买了 20 份合约，然后必须平掉前两个月的合约来实现期差。我专注于得到那份期差，对前面几个月报出了一份低于最佳买入点的价格。一位股票池里的交易商给了我轻蔑的一瞥，让我真的想去洗手间大哭一场。

马克（笔者）仍然很信任我。他知道我是一个很好的交易商，他力挺我——甚至当我一天输掉 7.5 万美元，我以为他肯定会炒掉我。在遇到马克之前，我一直以为我可以掌握行情的走势，但那不是交易的难题所在。当你做错时应该怎么做，如何设置止损点，才是最难的部分。正因如此，ACD 对于我来说就是世界上最完美的体系。

我认为你不能完全凭借一套系统进行交易并获得成功。交易很大程度上与你的情绪和直觉息息相关。马克相对其他人的与众不同之处，在于他的纪律性，他的资金管理技巧，以及当他出错时的情绪把控——所有这些他都融入到 ACD 体系中。他并不在意输钱，我也不在意这一点。太多的人只是关注自己是否判断正确，但对我而言，赚钱才是我最关心的。

如果我找来 5 位交易者，每个人手上都有 2 笔交易要做，我可以告诉你，5 个人中有 4 个都会过早平掉赚钱的交易，然后等待亏损的交易盈利。就我而言，如果我手上有两个仓位，其中一个是亏损的，我马上会摆脱它，我是否在那笔交易中输掉 7.5 万美元是无所谓的，我只是想结束那笔交易，开始下一笔交易。如果坚持耗在亏损的交易中，交易者会浪费掉重新获得盈利的机会。

底线是，谁在意你是做对了还是做错了？最终所有你做的只是以最小的风险赚取最大的利润。如果前面的 5 个交易者都是输家，你还是要知道下一笔交易出错时自己在哪里离场，这是 ACD 对我的影响。

ACD 也教会我没有价格这回事。在 1990 年海湾战争期间，我看到马克走进原油期货的交易池，每天都在做多。我自问道："行情还没涨到头吗？"但是看着马克，我学到了当行情趋势一直向上，那就是会向上；当行情要下行，它就会下行。这跟处于什么价格是没有关系的。

我可以给你讲 2000 年早期发生在纳斯达克的一个故事。我感觉市场即将崩溃，但是你必须选对时机——不是仅凭自己的想法行事。我当时正在纳斯达克市场上做空期货，纳斯达克股指接近 5000 点，随后标准普尔在开盘之前发出损益报告——标准普尔因此盘前上涨了 5 点，我对此无法理解！纳斯达克上涨了 60 点，我由于做空纳斯达克，因此损失了 12 万美元。我又卖出了 50 份标准普尔继续做空。当股票市场开盘时，道琼斯股指跌了将近 400 点，标准普尔跌了 30 点。我迅速平掉了标准普尔的仓位，随后我愚蠢地决定卖出另外 20 份纳斯达克期货。至此，纳斯达克股指下跌了 60 点，我赚了 50 万或 60 万美元。随后行情反转，开始暴涨！纳斯达克在那一天最终上涨了 100 点！我输掉了所有盈利，甚至更多。这个故事的经验教训是，确实没有价格这一说。当行情预示飙升时——它就会飙升。正如马克所讲，如果你发现行情即将上涨而你不知为何，那就坚持做多，直到你找出原因所在。

如果有人认为交易不会比赌博复杂多少，他们一定是在自欺欺人。在交易中，你是能够控制损失和扩大收益的。如果当你做错时损失 5 美分或 8 美分，但是做对时能够赚得 1.5 倍或 2.5 倍的损失额，你的转换胜率就很大，你甚至不必要求做对的次数比做错的次数多！

交易的另一件事是必须保持一致性，这也是 ACD 的另一条规则。如果每天都改变交易风格，那么你压根儿就不想赚大钱。

今天我使用 ACD 去证明我的想法，或者至少给我参考点，当我做错时可以告诉我在哪里离场。如果今天我喜欢原油，行情收盘时高于中枢，随后我会买 100 份合约，将风险设置于降 A 点，或者随便什么点位。如果我进场，看好原油未来牛市，行情确立有效的升 A 点或升 C 点，随后我使用 ACD 作为备用止损点。在波动幅度较大的市场里，ACD 是非常有效的。

ACD 不止是升 A 点和降 A 点，我认为它是一种交易哲学。有大量的交易者买入，而行情却是相反，他们坚持认为行情会回到他们预期的方向上。绝大多数交易者采用逢低买入摊低成本，然后等待行情回到他们的预期上。我的交易方式，总是先明确我可以接受的损失限额，然后让行情决定我能赚到多少钱。


# RN——从头开始学体系


RN 从第一天就学会了 ACD 体系。那时他还是一个学院里的学生，是 MBF 雇佣的第一位实习生。当时，ACD 正处于研发过程中。他的工作就是记录白银期货池里每分钟的运行图表。"我知道这套体系是有效的，因为我就是第一个画出完整图表的人。"他回忆说。今天，RN 是纽约商品交易所里最重要的原油交易商。RN 已经将 ACD 与中枢概念结合起来，帮助他每日交易数千份原油期货合约（下面是他的自述）：

我是非常活跃的交易者/刷单员，我从开盘铃声响起就开始进场。在市场意见形成之前，我无法等待 20 分钟不去操作。我使用 1 分钟的开盘价幅，但是我根据原油期货的第二个有效月，而不是前一个有效月。我发现使用第二个月作为参考，可以消除很多市场中的"嘈杂之声"，让我能更清楚地看清行情真正走势。我不使用 8 个价格增幅的 A 点数值和 13 个价格增幅的 C 点数值，而是使用 15 个价格增幅的 A 点数值和 20 个价格增幅的 C 点数值。

以我的交易风格，使用 8～9 个价格增幅的 A 点数值，我发现经常被套牢和止损离场，我必须找到一种对我更加有效的时间架构，使用 15 个价格增幅的 A 值和 1 分钟的开盘价幅，对我来说是相当有效的。

我不会等待一个孤立的 ACD 信号。相反，我使用 ACD 帮助我判断自己是对还是错。有时我使用体系帮助我决定是否建立一笔规模巨大的刷单仓位，而其他时候我使用 ACD 是研判某日的行动偏好。

举例来说，如果来到交易时段，我知道是熊市行情，就会在开盘时做空。随后如果行情出现抛售，确立了降 A 点，我很可能加仓，前提是 ACD 确认了我的观点。但是，如果在看盘时做空，行情确立了升 A 点，我就不会固执，我会承担损失，继续向前看。

保持信念，我可能每日建仓和平仓 1000 次，并且都非常快速。假设开盘价幅是 25.90～26.00，行情确立了降 A 点 25.74，如果我已经做空，行情跌至 25.60，我将很可能平掉空头仓位，小幅做多。如果我的判断正确，行情反弹至降 A 点区域 25.74，我很可能平掉多头仓位，再次做空。如果行情没有从 25.60 反弹回来，我就会卖出多头仓位，接受一点儿损失。

正如你所见，我使用 ACD 体系中的 A 点作为快速进场或离场的工具，我不是经常使用 C 点。通常，C 点总是在交易日的尾盘出现，此时我很可能持有某种仓位。但是，如果我已经平掉头寸，行情在当日晚些时候确立了有效的升 C 点或降 C 点，我就会进场。

我也会使用中枢价幅确定交易的参考点。假设行情确立了降 A 点 25.74，中枢是 20 个价格幅度，低于 25.54。如果行情跌至接近中枢，位于 25.58 附近，我会先平仓，再等等看行情在这一区域如何运行。在这一案例里，我会关注中枢是否会构成支撑位。

我经常发现中枢是当日的最高点或最低点。假设原油期货的开盘价幅是 25.15～25.20，当日中枢价幅是 25.22～25.28，如果当日行情有任何抛售的迹象，我都会毫不迟疑地做空，因为我只有 10 个价格增幅的风险。开盘价幅低于中枢是一个低风险的交易，我做空卖出，预期中枢会是当日的最高点。

我在场外交易时，也会使用中枢的概念。在 2001 年感恩节假期的前几天，我在纳斯达克做空，我需要决定是否平仓离场或者继续持仓。那天纳斯达克期货的中枢在 1622 点附近，纳斯达克开盘时在 1615 点附近，结合这种情形，我决定继续持有空头，中枢可能是当日的最高点。这演变为一个英明的决策——中枢是当日的最高点，纳斯达克收于 73.50 个点位以下。总之，我使用 ACD 和中枢价幅增强了我的信心，或者当我彻底出错时它能及时告之。

# 斯皮迪，刷单者

对斯皮迪来说，当交易出现时，几分钟可能跟永远差不多。他原来是一名场内经纪人，现在是天然气期货的自营商，他全部的职业生涯都在纽约商品交易所的大厅里度过。作为自营商，他试图利用市场行情的瞬间变化捕捉良机，在几秒内进场和离场。对他来说，ACD 是进场的参考点，也是离场的参考点。伴随他超短线的交易风格，斯皮迪主要使用微观 ACD——A 点，B 点，C 点和 D 点——谋划交易（以下是他的自述）：

我一般是在微观基础上使用 ACD 体系，因为我的交易是超短线。我也了解许多长线研判指标，但我真的没把它们应用到我的交易里。也许每年一次或两次我会持有长线仓位，基本上是应用于期权交易上。但是绝大多数时候，作为短线交易者，长线指标对我是没有用的。等到长线指标信号出现时，我已经在市场里进进出出几百次了。

不管你是在大厅里交易或者在电脑屏幕前交易，你必须知道自己是何种交易者。我不喜欢坐着分析行情。当我做交易时，我的能力是理解交易池里发生的事，对行情几秒钟内进行反应。我试图找到感觉，不管行情是因为贪婪被高估，或因恐惧而被低估。

这些是我的技巧，是我在大厅里生存的本事。其他人可能关注一个市场及其关联的另外一个市场，判断两者的关系是否出现异常。还有一些人可能去看更大周期的图形，策划一周的交易。那可不是我的风格，我试图判断每个人对于行情每一秒的反应，尝试比他们快 1/4 秒的节奏。

我喜欢使用 ACD 作为验证工具。如果我有一个想法与 ACD 偏向不谋而合，就会感到非常舒服。如果 ACD 验证了你对于行情的预期，它就会很好用。当我的想法与 ACD 指示相反时，我就很难使用 ACD 控制风险。一周内总有几次我的市场观点与 ACD 观点背道而驰，结果我总是要被行情狠踢屁股。我脑袋里的想法是行情即将上行，市场却确立了有效的降 A 点。与离场相比，我更喜欢拿着筹码。交易中最难的部分是承认自己错了，我希望使用 ACD 为我亏损的交易止损，就像使用它确认我的盈利交易一样。

ACD 并不是你只能单独使用的黑箱系统，这也是 ACD 的美妙之处。它可以与其他你所用的短线指标一起使用。我看了很多其他的非 ACD 指标：几周前的高点和低点，一分钟的移动平均线，等等。ACD 完全可以与这些其他指标一起使用。

我现在是 MBF 的一名交易商，就在 ACD 的大本营里工作。如果我们都在做同样的事，如果我们都在做同样的交易，随后我们 20 个交易商在天然气的损益表上都会数据一样吧！问题的真相是，并非如此。我们都有各自的观点，有时候我们还在交易池里针锋相对。最终的结果是，我们都以各自的独特方式使用 ACD。对我而言，最好就是使用它管理我的交易风险。

# 雷比——远离交易禁区

雷比，纽约商品交易所里最大的天然气期货交易商，主要做期差交易——根据两个月之间的价格差买卖合约。他不使用 ACD 研判他的期差进场和离场。相反，当他平掉交易时就会使用 ACD 体系，特别是作为受损仓位上的生命线（下面是他的口述）：

真相是我希望能更多地使用 ACD 体系，我认为这是一套不可思议的资金管理体系。当我在交易中遇到麻烦时，我会看 ACD 数值——特别的点位，如有效的升 C 点或降 C 点——来计算自己在何处出逃。

我做的交易 90% 都是期差交易，每天我做期差交易无数次。有鉴于此，我不会像其他交易者那样频繁使用 ACD 体系，我使用它，一般是在持仓时——特别是行情与我的预期相悖时，我会运用 ACD 发现行情会糟糕到什么程度，看看是否会有 A 点或 C 点——市场是否会坑死我。

举例说明，假设行情正在下跌，我已经站在多头一边很久。如果行情即将确立降 C 点，我会改变做多头价差的想法——或者至少应该这么做，如果我没有丧失我的纪律性。当行情确立降 C 点，我真的感到了压力。如果站在市场的错误一边，你就会感到非常不爽。

ACD 让我看到市场会发生什么，好比是我船上的风暴预警器。使用风暴预警器，我能判断行情是否真的很糟糕，是否要划船上岸，或者等待风暴平息。同理，当我被套牢——特别是由于丧失纪律所致——ACD 能让我看到行情会糟糕到何种程度。

我可以告诉你，如果遵守纪律，将 ACD 应用到你的交易中，你就会确凿地——没有任何疑问地——赚到钱。如果你不遵守纪律，系统就会失效，这是 90% 的问题源头。或者，如果对管理仓位毫无主意，这套系统也会显示如何去做。整个谜题的关键是纪律，你越遵守纪律，你的交易就做得越好。

最好的交易者在建立仓位后都会严格遵守纪律。他们会果断切断损失离场，这对于很多其他的交易者是世界上最难的事。也许你在市场上偏向多头，但是你的指标指示你离场，在你按照指标操作后，行情却开始上行，随后你开始质疑你的系统。但是，如果你坚持按照系统指示做，效果无疑会好很多。

对我而言这是个挑战。我遭受很大损失，随后不得不离开休整一段时间，重塑纪律。当我处于交易禁区时，我认识到必须要控制自己，或者花更多时间远离交易。使用类似ACD这种体系，保持纪律性——这就是当你做交易时真正有效的方式。

# 弗农——发现当日的偏好

对弗农来说，不管是在大厅内或大厅外交易商品、股票和外汇，ACD都是极有价值的工具，可以确定当日市场偏好，无论是做当日交易或是长线持仓。像其他交易者一样，弗农将ACD与其他交易体系一起使用，从而得到更加丰富的市场观点（以下是他的自述）：

我喜欢使用ACD体系确定当日的偏好。如果升A点得以确立，当日就偏向多头。随着降A点确立，当日就偏向空头。当你确立了C点——不是经常会出现——将是强有力的指标。当C点出现时，你就该做好应战准备。

当我做当日交易时，ACD体系提供给我总体的偏向。所以，如果行情确立了升A点，我会准备在行情向下调整时做多。或者，如果行情确立了降A点，我会在行情反弹时做空。我会坚持偏好，直到行情突破另一边的开盘价幅。

对于长线交易，我使用不同的图表和指标，但是ACD体系能提供给我当日形态作为入场交易的参考。如果行情已经确立了降A点，当日我就不能进场建立多头仓位。每日形态都是固定的，不管你是否喜欢。直到当日形态符合要求，你才能进场交易。

如果你偏向多头，你可能不得不再等两天，直到行情确立降A点，随后又出现另一个降A点。在第三天，当行情确立升A点，就是你建立多头仓位的时机。

当交易尾盘出现信号时，我尤其喜欢使用ACD。在我交易的行情中，那些尾盘信号往往会伴随着显著的市场变化。开盘价幅（用以确定A点、B点、C点、D点）差别很大，最长的时间周期，我曾经用过半小时周期的开盘价幅，现在我会使用 20 分钟。这并没有什么关系，只要你始终坚持一种，找到对自己最有效的时间周期，然后坚持使用它。

# 多弗——改进 ACD

多弗，一名原油期货交易商，从场内交易商转型为场内交易与电脑交易兼顾的交易者。多年以来，他的交易方法已经发展成为他称之为"改进版 ACD"，使用开盘价幅和中枢价幅做当日交易与长线交易的研判（下面是他的自述）：

我已经跟随 ACD 体系许多年了。最开始，使用它做 T。但是次数多了，将其改进为适合我交易的体系。举例来说，开盘价幅的时间周期，我使用半小时，其他人可能使用 5 分钟，或者 15 分钟，或者 20 分钟。但是我发现——至少直到"9·11"事件扰乱原油市场之前——开盘后的半小时对于我是最理想的。

基于这一点，你能看到谁会在当日的游戏中出场。如果基金准备做点儿什么，他们会在开盘后前半个小时登场。若是这样，多数时间我发现前半个小时会出现当日的最高点或最低点。一旦行情突破前半个小时的价幅，我会紧跟这一趋势。

举例来说，假设开盘价幅的最高点是 30，最低点是 15，如果行情穿过 30，我就会做多，开盘价幅就确立了当日的最低点。但是行情穿过 15，我就会做空。

我使用的另一个概念是 ACD 的中枢价幅，这个价幅基本上可以视为前一交易日大部分交易的发生区域。假设价幅是 60～25，如果行情停留在 60 以下，随后行情将会预期跌破整个价幅，我不会在 60 做空，然后在 55 买回来，我会关注行情在价幅内是否有大规模的走势，我会做一个比刷单员周期更大的长线交易。

下面是我使用中枢价幅和开盘价幅的另外一种方式。假设行情跳空低开，低于前一交易日的最低点，从开盘价幅开始反弹，随后我便开始做多。如果行情可以回到前一交易日的价幅，我会预期市场继续反弹至中枢价幅，因为前一交易日的多数交易都是在这一价幅发生的。

但是我必须说，我学到一件很重要的事（尤其是当我在 MBF 工作时），那就是纪律，我认识到交易是 30％的技术加上 70％的纪律。有许多次你的体系不可能做到连续 3 天都有效，你试图说"就这样吧，它不再管用了"。但是你必须坚持，保持一致性。如果有一件事是 ACD 体系所强调的，那就是纪律。

# 格拉尼特——离场交易

格拉尼特在交易所楼上做所有的能源期货交易，他从不受到交易池里的情绪、噪音和混乱气氛的影响。之前他是华尔街一家大公司的能源期货柜台交易员，格拉尼特看到交易大厅是理想的短线刷单交易场所，但是对于应用系统的交易员或者持仓数日的交易者来说，远离交易池的楼上办公室是更适合的地方。格拉尼特使用开盘价幅和中枢价幅作为进场和管理交易的参考点（以下是他的自述）：

开盘价幅提供给我一个参考点，用来测量市场的走势水平。举个例子，如果多数交易者是偏向空头，行情开盘时迅速走低，那么市场开始向开盘价幅折回时，你会看到大量的空头回补。至此，如果行情没有通过开盘价幅，我会开始卖出，直到行情到达这一价幅的顶部。但是，如果行情确实反弹至开盘价幅以上，随后你可能遇到"坏消息/好行动"的情况。在这种情况下，我会转而做多。

我使用中枢价幅的方式与使用开盘价幅的方式相似，基本上两个价幅都提供给我交易的参考点。

当你进行离场交易时，ACD 体系是比较好用的。在交易池里，你总是处于周围人的情绪干扰中，很难按照 ACD 体系交易。当我来到大厅里，我会使用 ACD 到处刷单。在大厅里，我能很轻易地感受到指令方向，判断即将发生什么。但是，在大厅内使用 ACD 体系几乎是不可能的，它会与你的人性直觉相悖，交易池里的各种情绪，都会促使你尽快平仓离场。

我几乎都是做离场交易，不管是当日交易还是长线交易。开盘价幅的参考点和中枢帮助我管理我的仓位。有时你必须在长线仓位附近操作当日交易或者保护你的仓位，这些参考点将帮助我做到这一点。

假设你持有一个长线的空头仓位，但是在特殊的某一天行情很强势，确立了有效的升 A 点，短线的行情走势可能不会改变你的长期偏好，但你还是必须短线做多，来保护自己的长线空头仓位。

正如你看到的，本章中的所有交易者都具有以下两个相同点：

1. 他们都使用开盘价幅和中枢价幅作为参考点。无论他们使用其他的什么体系，这些交易者都将 ACD 作为确认工具，或者作为观察市场活动和情绪的晴雨表。

2. 重视纪律（这一点是更重要的）。在 MBF 曾经有两个与我一起共事过的交易者，他们现在应该带上银行账户上的数百万美元退休了。其中的一位对 ACD 比其他人都了解透彻，另一位可能是我曾经见过的股票池里反应最迅速、技术最熟练的交易者，但是这两位现在不再做交易，他们由于无法遵守纪律，无法控制情绪，不得不结束交易工作。不管是短线刷单者，或是长线交易者，不管你是不是在大厅里做交易，成功的交易者都知道当胜算对你有利时，纪律能确保你进场交易。更重要的，当你出错时，纪律可以帮助你离场。正如凯西所讲，做对交易不是问题，当你出错时应该如何应对才是问题的关键。

附录

# 附　录

表 A.1　ACD 体系——商品当日第一个交易日数据

2001 年 12 月 3 日　　　　　　　　　　　　　　　　　　　　星期一

| 商　品 | 月 | 高 | 低 | 收盘 | 中枢 | +/- | 中枢价幅 | |
|---|---|---|---|---|---|---|---|---|
| 原油 | 1 | 2050 | 1938 | 2009 | 1999 | 5 | 1994 | 2004 |
| 原油 | 2 | 2073 | 1965 | 2039 | 2026 | 7 | 2019 | 2033 |
| 天然气 | 1 | 2690 | 2555 | 2634 | 2626 | 4 | 2622 | 2630 |
| 天然气 | 2 | 2785 | 2670 | 2746 | 2734 | 6 | 2728 | 2740 |
| 无沿汽油 | 1 | 5670 | 5390 | 5602 | 5554 | 24 | 5530 | 5578 |
| 无沿汽油 | 2 | 5755 | 5505 | 5695 | 5652 | 22 | 5630 | 5674 |
| 取暖油 | 1 | 5690 | 5430 | 5577 | 5566 | 6 | 5560 | 5572 |
| 取暖油 | 2 | 5750 | 5510 | 5659 | 5640 | 10 | 5630 | 5650 |
| 标准普尔 | 12 | 113600 | 112500 | 112950 | 113017 | 33 | 112984 | 113050 |
| 纳斯达克 | 12 | 159200 | 156300 | 156700 | 157400 | 350 | 157050 | 157750 |
| 黄金 | 2 | 2787 | 2755 | 2779 | 2774 | 3 | 2771 | 2777 |
| 白银 | 3 | 4250 | 4145 | 4227 | 4207 | 10 | 4197 | 4217 |
| 美国国债 | 3 | 10408 | 10319 | 10403 | 10331 | 1 | 10330 | 10400 |
| 糖 | 3 | 768 | 751 | 764 | 761 | 2 | 759 | 763 |
| 咖啡 | 3 | 4700 | 4560 | 4610 | 4623 | 7 | 4616 | 4630 |

187

表 A.2　商品——2001 年 1 月前两周数据

| 品　种 | 高 | 日期 | 低 | 日期 | 收盘 | 日期 | 中枢底 | 中枢顶 |
|---|---|---|---|---|---|---|---|---|
| 三月澳大利亚国债 | 94695 | 1010103 | 94485 | 1010104 | 94610 | 1010112 | 94590 | 94603.3 |
| 三月玉米 | 232 | 1010102 | 218.25 | 1010112 | 219.25 | 1010112 | 221.208 | 225.125 |
| 三月可可 | 870 | 1010112 | 752 | 1010103 | 860 | 1010112 | 811 | 843.667 |
| CRB 指数 | 23091 | 1010111 | 22411 | 1010103 | 22954 | 1010112 | 22751 | 22886.3 |
| 三月棉花 | 6180 | 1010102 | 5910 | 1010105 | 6112 | 1010112 | 6045 | 6089.67 |
| DAX 指数 | 655694 | 1010104 | 617244 | 1010103 | 649405 | 1010112 | 636469 | 645093 |
| 三月德国国债 | 10978 | 1010105 | 10837 | 1010112 | 10850 | 1010112 | 10869.2 | 10907.5 |
| 三月马克 | 4925 | 1010103 | 4760 | 1010103 | 4867 | 1010112 | 4842.5 | 4858.83 |
| 三月美元 | 11040 | 1010103 | 10804 | 1010103 | 10932 | 1010112 | 10922 | 10928.7 |
| 三月欧元货币 | 96150 | 1010105 | 92870 | 1010104 | 95190 | 1010112 | 94510 | 94963.3 |
| 三月欧元 | 94810 | 1010108 | 94135 | 1010102 | 94545 | 1010112 | 94472.5 | 94520.8 |
| 三月咖啡 | 6800 | 1010108 | 6200 | 1010109 | 6500 | 1010112 | 6500 | 6500 |
| 三月布伦特原油 | 2572 | 1010105 | 2390 | 1010109 | 2556 | 1010112 | 2481 | 2531 |
| 三月木材 | 22620 | 1010103 | 20960 | 1010110 | 21280 | 1010112 | 21450 | 21790 |
| 三月活牛 | 8025 | 1010112 | 7605 | 1010109 | 7957 | 1010112 | 7815 | 7909.67 |
| 三月富时指数 | 63035 | 1010102 | 60380 | 1010103 | 61860 | 1010112 | 61707.5 | 61809.2 |
| 三月英国国债 | 11666 | 1010103 | 11465 | 1010112 | 11481 | 1010112 | 11509.2 | 11565.5 |
| 二月活猪 | 5775 | 1010105 | 5545 | 1010111 | 5670 | 1010112 | 5660 | 5666.67 |
| 三月纳斯达克 | 265000 | 1010103 | 210800 | 1010103 | 254000 | 1010112 | 237900 | 248633 |
| 三月橙汁 | 8250 | 1010105 | 7490 | 1010104 | 7660 | 1010112 | 7730 | 7870 |
| 三月猪腩 | 6830 | 1010102 | 6377 | 1010111 | 6612 | 1010112 | 6603.5 | 6609.17 |
| 三月英镑 | 15100 | 1010103 | 14752 | 1010112 | 14786 | 1010112 | 14832.7 | 14926 |
| 二月原油 | 3015 | 1010112 | 2665 | 1010102 | 3005 | 1010112 | 2840 | 2950 |
| 二月黄金 | 2738 | 1010102 | 2639 | 1010111 | 2646 | 1010112 | 2660.17 | 2688.5 |
| 三月铜 | 8440 | 1010112 | 8020 | 1010103 | 8415 | 1010112 | 8230 | 8353.33 |
| 二月取暖油 | 8900 | 1010102 | 8020 | 1010109 | 8421 | 1010112 | 8434 | 8460 |
| 二月无铅汽油 | 9050 | 1010112 | 7800 | 1010102 | 9008 | 1010112 | 8425 | 8813.67 |

续表

| 品　种 | 高 | 日期 | 低 | 日期 | 收盘 | 日期 | 中枢低 | 中枢顶 |
|---|---|---|---|---|---|---|---|---|
| 三月日元 | 8907 | 1010103 | 8525 | 1010112 | 8533 | 1010112 | 8594 | 8716 |
| 二月天然气 | 9870 | 1010109 | 8140 | 1010103 | 8472 | 1010112 | 8649.67 | 9005 |
| 四月铂金 | 6400 | 1010111 | 6045 | 1010102 | 6331 | 1010112 | 6222.5 | 6294.83 |
| 三月瑞士法郎 | 6304 | 1010103 | 6160 | 1010103 | 6204 | 1010112 | 6213.33 | 6232 |
| 三月白银 | 4675 | 1010112 | 4535 | 1010103 | 4655 | 1010112 | 4605 | 4638.33 |
| 三月标准普尔 | 137000 | 1010103 | 128750 | 1010108 | 133030 | 1010112 | 132875 | 132978 |
| 三月糖 | 1049 | 1010109 | 996 | 1010112 | 1000 | 1010112 | 1007.5 | 1022.5 |
| 三月大豆 | 510 | 1010102 | 477.25 | 1010112 | 482.5 | 1010112 | 486.208 | 493.625 |
| 三月美国国债 | 10620 | 1010103 | 10408 | 1010112 | 10414 | 1010112 | 10423 | 10514 |
| 三月小麦 | 294.5 | 1010111 | 275 | 1010102 | 289 | 1010112 | 284.75 | 287.583 |

表 A.3 商品数字线表——2001 年 12 月 12 日数据

| 标准普尔 9:30-4:15 | 10/30 | 10/31 | 11/26 | 11/27 | 11/28 | 11/29 | 11/30 | 12/3 | 12/4 | 12/5 | 12/6 | 12/7 | 12/10 | 12/11 | 30 | 29 |
|---|---|---|---|---|---|---|---|---|---|---|---|---|---|---|---|---|
| 标准普尔 | 118050 | 106070 | 115520 | 115050 | 112930 | 114450 | 114000 | 112970 | 114750 | 116850 | 116850 | 116050 | 113950 | 113650 | Z | Z |
| | Z | Z | Z | Z | Z | Z | Z | Z | Z | Z | Z | Z | Z | Z | | |
| 净值 | 118050 | -11980 | 220 | -470 | -2120 | 1520 | -450 | -1030 | 1780 | 2100 | 0 | -800 | -2100 | -300 | | |
| 乖离率 | N | s | b | b | b | b | b | N | n | n | n | n | Z | S | | |
| 情绪指数 | 57 | 22 | 80 | 73 | 35 | 61 | 60 | 52 | 69 | 87 | 83 | 73 | 33 | 28 | | |
| 加减 | 0 | -1 | 0 | 0 | 0 | 1 | 0 | 0 | 0 | 0 | 0 | 0 | 0 | 0 | 1 | — |
| ABCD | -2 | 0 | 0 | 0 | -3 | 0 | -2 | 0 | 3 | 2 | 0 | 0 | -4 | -4 | | |
| 12天的+/-总和 | 0 | -1 | 0 | 0 | 1 | 2 | 2 | 2 | 1 | 2 | 2 | 2 | 2 | 1 | | |
| 12天的ABCD总和 | 4 | 0 | 6 | 6 | 3 | 0 | -6 | -4 | -1 | 1 | -2 | 0 | -2 | -8 | | |
| 30天的ABCD总和 | 0 | -1 | 0 | 0 | 0 | 1 | 1 | 1 | 1 | 1 | 1 | 1 | 1 | 1 | | |
| 30天的ABCD总和 | 2 | 4 | 23 | 19 | 16 | 18 | 16 | 16 | 17 | 23 | 21 | 17 | 11 | 9 | | |
| 到+/-9的数字 | | 3 | | | | | | | | | | | | 11/1 | | |

| CRB指数 10:00-4:00 | 10/29 | 10/30 | 11/26 | 11/27 | 11/28 | 11/29 | 11/30 | 12/3 | 12/4 | 12/5 | 12/6 | 12/7 | 12/10 | 12/11 | 30 | 29 |
|---|---|---|---|---|---|---|---|---|---|---|---|---|---|---|---|---|
| CRB指数 | 0 | 118050 | 18953 | 19023 | 18896 | 18930 | 19266 | 19251 | 19048 | 18986 | 18912 | 18957 | 18858 | 18891 | | |
| 净值 | 0 | 118050 | -59 | 70 | -127 | 34 | 336 | -15 | -203 | -62 | -74 | 45 | -99 | 33 | | |
| 乖离率 | N | N | b | b | b | b | N | n | n | n | n | n | S | s | | |
| 情绪指数 | 57 | 57 | 44 | 45 | 33 | 45 | 77 | 75 | 63 | 61 | 55 | 58 | 55 | 57 | | |
| 加减 | 0 | 0 | -1 | 4 | -1 | -2 | 2 | 0 | 0 | 0 | 0 | 0 | 0 | 0 | | |
| ABCD | 0 | 2 | -2 | 4 | -4 | -2 | 2 | 1 | 1 | 1 | -3 | 4 | 0 | 2 | 2 | 3 |
| 12天的+/-总和 | 0 | 0 | 2 | 3 | 2 | 2 | 2 | 0 | 1 | 1 | 0 | -1 | -1 | -1 | | |
| 12天的ABCD总和 | -4 | 0 | 8 | 10 | 4 | 0 | 2 | 0 | -2 | -2 | -7 | -5 | -5 | -3 | | |
| 30天的ABCD总和 | 0 | 0 | 2 | 3 | 2 | 2 | 2 | 2 | 2 | 2 | 2 | 2 | 1 | 2 | | |
| 30天的ABCD总和 | -20 | -18 | 0 | 6 | 4 | 0 | 2 | 4 | 0 | 0 | -3 | 1 | 1 | 3 | | |
| 到+/-9的数字 | | | | | | | | | | | | | 0 | 0 | 0 | 0 |

续表

**纳斯达克**

| | 10/30 | 10/31 | 11/26 | 11/27 | 11/28 | 11/29 | 11/30 | 12/3 | 12/4 | 12/5 | 12/6 | 12/7 | 12/10 | 12/11 | 30 | 29 |
|---|---|---|---|---|---|---|---|---|---|---|---|---|---|---|---|---|
| 9:30—4:15 | 118050 | 136900 | 161800 | 161500 | 155900 | 160500 | 159800 | 156800 | 164000 | 172000 | 172400 | 167700 | 164750 | 165555 | | |
| 净值 | 118050 | 18850 | 3850 | -300 | -5600 | 4600 | -700 | -3000 | 7200 | 8000 | 400 | -4700 | -2950 | 805 | | |
| 乖离率 | N | n | b | b | s | N | n | n | n | n | B | b | b | b | | |
| 情绪指数 | 57 | 24 | 75 | 70 | 31 | 63 | 60 | 47 | 71 | 90 | 80 | 75 | 41 | 40 | | |
| 加减 | 0 | 0 | 0 | 0 | 0 | 1 | 0 | 0 | 0 | 0 | 0 | 0 | 0 | 0 | | |
| ABCD | -2 | -3 | 2 | 0 | -3 | 2 | 0 | 0 | 2 | 2 | -2 | -2 | -1 | 0 | | |
| 12天的+/-总和 | 0 | 0 | 0 | 1 | 1 | 1 | 1 | 1 | 1 | 1 | 1 | 2 | 2 | 1 | | |
| 12天的ABCD总和 | 10 | 3 | -4 | 0 | -3 | -3 | -3 | -1 | 1 | 3 | 1 | -1 | 2 | 0 | | |
| 30天的+/-总和 | 0 | 0 | 2 | 2 | 2 | 3 | 3 | 3 | 3 | 3 | 3 | 3 | 3 | 3 | | |
| 30天的ABCD总和 | 10 | 9 | 11 | 7 | 4 | 8 | 6 | 2 | 3 | 4 | 0 | -4 | -5 | -3 | | |
| 到+/-9的数字 | | | | | | | | | | | | | 3 | -3 | 0 | 0 |

**美国国债**

| | 10/29 | 10/30 | 11/26 | 11/27 | 11/28 | 11/29 | 11/30 | 12/3 | 12/4 | 12/5 | 12/7 | 12/10 | 12/11 | 30 | 29 |
|---|---|---|---|---|---|---|---|---|---|---|---|---|---|---|---|
| 8:20—3:00 | Z | Z | 10312 | 10321 | 10220 | 10330 | 10322 | 10404 | 10500 | 10221 | 10116 | 9915 | 9931 | 1012 | |
| 净值 | 0 | 0 | -3/32 | 9/32 | -11/32 | 15/16 | -1/4 | 7/16 | 7/8 | -211/32 | -15/32 | -21/32 | 1/2 | 13/32 | |
| 乖离率 | Z | Z | s | s | H2 | s | H2 | H2 | s | H2 | H2 | H2 | H2 | H2 | |
| 情绪指数 | 0 | 0 | 11 | 14 | 17 | 61 | 56 | 63 | 72 | 12 | 9 | 4 | 15 | 18 | |
| 加减 | 0 | 2 | 0 | 0 | 0 | 0 | 0 | 0 | 2 | 0 | 0 | 0 | 0 | 0 | |
| ABCD | 0 | 0 | -1 | -1 | 0 | 2 | 0 | 0 | 2 | -2 | -2 | -2 | 0 | 0 | 0 |
| 12天的+/-总和 | 0 | 0 | -1 | -1 | -1 | -1 | -1 | -1 | -1 | -1 | 0 | 0 | -10 | 0 | 0 |
| 12天的ABCD总和 | 14 | 16 | -15 | -14 | -11 | -7 | -7 | -5 | 1 | 1 | -5 | -3 | 0 | 0 | 0 |
| 30天的+/-总和 | 0 | 0 | 0 | 0 | 0 | 0 | 2 | 0 | 0 | 2 | 0 | 0 | 0 | -10 | 0 |
| 30天的ABCD总和 | 16 | 18 | 3 | 6 | 4 | 4 | 2 | 2 | 6 | 2 | -4 | -6 | -10 | 12/11 | |
| 到+/-9的数字 | | | | | | | | | | | | -3 | 1 | | |

续表

**欧元**

| 项目 | 10/29 | 10/30 | 11/26 | 11/27 | 11/28 | 11/29 | 11/30 | 12/3 | 12/4 | 12/5 | 12/6 | 12/7 | 12/10 | 12/11 | 30 | 29 |
|---|---|---|---|---|---|---|---|---|---|---|---|---|---|---|---|---|
| 8:20—3:00 | Z | Z | Z | Z | Z | H2 | H2 | H2 | H2 | H2 | H2 | H2 | H2 | H2 | | |
| (价格) | | | 97890 | 97978 | 98015 | 97940 | 97950 | 97965 | 97965 | 97800 | 97780 | 97890 | 97985 | 98055 | | |
| 净值 | 0 | 0 | 5 | 88 | 37 | 150 | 10 | 15 | 0 | -165 | -20 | 110 | 95 | 70 | | |
| 乖离率 | | | s | s | s | N | N | n | n | n | n | n | B | b | | |
| 情绪指数 | | | 35 | 41 | 43 | 49 | 59 | 60 | 61 | 44 | 41 | 69 | 73 | 74 | | |
| 加减 | 0 | 0 | 1 | 1 | 0 | 0 | 0 | 0 | 0 | 0 | 0 | 0 | 0 | 0 | 0 | 0 |
| ABCD | 0 | 0 | 2 | 2 | 2 | 2 | 2 | 2 | 0 | -2 | 2 | 2 | 2 | 0 | 2 | |
| 12天的+/-总和 | 0 | 0 | 1 | 2 | 2 | 3 | 2 | 2 | 0 | 2 | 2 | 2 | 2 | 2 | | |
| 12天的ABCD总和 | 12 | 12 | -13 | -13 | -13 | -11 | -11 | -13 | -13 | -15 | -13 | -11 | -11 | -9 | -9 | |
| 30天的+/-总和 | 12 | 12 | -13 | -13 | -13 | -11 | -11 | -13 | -13 | -15 | -13 | -11 | -11 | -9 | -9 | |
| 30天的ABCD总和 | | | | | | | | | | | | | | 11/16 | 11/16 | |
| 到+/-9的数字 | | | | | | | | | | | | | | 11/16 | 11/16 | |

**可可**

| 项目 | 10/29 | 10/30 | 11/26 | 11/27 | 11/28 | 11/29 | 11/30 | 12/3 | 12/4 | 12/5 | 12/6 | 12/7 | 12/10 | 12/11 | 30 | 29 |
|---|---|---|---|---|---|---|---|---|---|---|---|---|---|---|---|---|
| 7:30am—9:00am | Z | Z | H2 | H2 | H2 | H2 | H2 | H2 | H2 | H2 | H2 | H2 | H2 | H2 | | |
| (价格) | | | 1303 | 1286 | 1292 | 1347 | 1339 | 1307 | 1271 | 1277 | 1274 | 1246 | 1221 | 1285 | | |
| 净值 | 0 | 0 | 43 | -17 | 6 | 55 | -8 | -32 | -36 | 6 | -3 | -28 | -25 | 64 | | |
| 乖离率 | | | b | b | b | b | b | b | b | b | b | b | N | n | | |
| 情绪指数 | | | 87 | 78 | 75 | 91 | 86 | 78 | 61 | 65 | 63 | 58 | 36 | 77 | | |
| 加减 | 0 | 0 | 0 | -1 | 0 | 0 | 0 | -1 | -2 | 3 | 0 | 0 | -3 | 2 | 0 | 0 |
| ABCD | 0 | 0 | 2 | -2 | 2 | 2 | 2 | 2 | -2 | 3 | 2 | 2 | 2 | 2 | 2 | 14 |
| 12天的+/-总和 | 2 | 2 | 15 | 11 | 9 | 8 | 6 | 5 | 3 | 4 | 2 | 2 | -1 | -1 | | |
| 12天的ABCD总和 | 0 | 0 | 3 | 2 | 2 | 2 | 2 | 2 | 2 | 2 | 2 | 2 | 2 | 2 | | |
| 30天的+/-总和 | -4 | -4 | 19 | 17 | 19 | 19 | 15 | 14 | 14 | 17 | 15 | 17 | 14 | 14 | | |
| 30天的ABCD总和 | | | | | | | | | | | | | | 11/9 | | |
| 到+/-9的数字 | | | | | | | | | | | | | | 11/9 | | |

续表

| | 10/26 | 10/29 | 11/26 | 11/27 | 11/28 | 11/29 | 11/30 | 12/3 | 12/4 | 12/5 | 12/6 | 12/7 | 12/10 | 12/11 | 30 | 29 |
|---|---|---|---|---|---|---|---|---|---|---|---|---|---|---|---|---|
| 咖啡 | | | 4970 | 4650 | 4615 | 4550 | 4620 | 4610 | 4530 | 4590 | 4560 | 4650 | 4685 | 4770 | | |
| 9:30am—11:00am | Z | Z | H2 | H2 | H2 | H2 | H2 | H2 | H2 | H2 | H2 | H2 | H2 | H2 | | |
| 净值 | 0 | 0 | −40 | −320 | −35 | −65 | 70 | −10 | −80 | 60 | −30 | 90 | 35 | 85 | | |
| 乖离率 | | | n | n | S | s | s | s | s | s | s | s | s | s | | |
| 情绪指数 | | | 33 | 14 | 13 | 7 | 11 | 13 | 10 | 18 | 19 | 25 | 25 | 28 | | |
| 加减 | | | −1 | 0 | 0 | −1 | 1 | 0 | 0 | 1 | −1 | 1 | 0 | 0 | 2 | 0 |
| ABCD | −2 | −2 | −2 | 0 | 0 | 0 | 0 | 0 | 0 | 0 | 0 | 0 | 0 | 1 | −3 | 0 |
| 12 天的 +/− 总和 | 0 | 0 | −1 | −1 | 0 | 0 | 0 | 0 | −1 | 0 | 0 | 0 | 0 | 0 | | |
| 12 天的 ABCD 总和 | −4 | −4 | −4 | −4 | 0 | −2 | 0 | 0 | −2 | 0 | −2 | 0 | −2 | −1 | | |
| 30 天的 +/− 总和 | 0 | 0 | 1 | 1 | 1 | 0 | 1 | 1 | 1 | 2 | 1 | 2 | 2 | 2 | | |
| 30 天的 ABCD 总和 | −8 | −12 | −6 | −4 | −4 | −4 | −4 | −6 | −6 | −4 | −4 | −4 | −4 | −3 | | |
| 到 +/− 9 的数字 | | | | | | | | | | | | | | 9/28 | | |

| | 10/26 | 10/29 | 11/26 | 11/27 | 11/28 | 11/29 | 11/30 | 12/3 | 12/4 | 12/5 | 12/6 | 12/7 | 12/10 | 12/11 | 30 | 29 |
|---|---|---|---|---|---|---|---|---|---|---|---|---|---|---|---|---|
| 棉花 | | | 3630 | 3712 | 3778 | 3900 | 3920 | 3774 | 3706 | 3678 | 3793 | 3734 | 3634 | 3711 | | |
| 1:30pm—3:00pm | Z | Z | H2 | H2 | H2 | H2 | H2 | H2 | H2 | H2 | H2 | H2 | H2 | H2 | | |
| 净值 | 0 | 0 | 17 | 82 | 66 | 122 | 20 | −146 | −68 | −28 | 115 | −59 | −100 | 77 | | |
| 乖离率 | | | b | b | b | b | b | b | b | b | b | b | N | n | | |
| 情绪指数 | | | 63 | 66 | 81 | 87 | 84 | 63 | 61 | 55 | 64 | 60 | 58 | 62 | | |
| 加减 | 0 | 0 | 0 | 1 | 0 | 2 | −2 | −3 | 0 | −1 | 2 | −1 | −2 | 0 | 0 | 0 |
| ABCD | 0 | 0 | 0 | 4 | 0 | 2 | −2 | 1 | 1 | 1 | 2 | −2 | −2 | 0 | 10 | 0 |
| 12 天的 +/− 总和 | 0 | 0 | 1 | 1 | 1 | 1 | 1 | 1 | 1 | 1 | 2 | 1 | 1 | −2 | | |
| 12 天的 ABCD 总和 | −8 | −6 | 6 | 10 | 8 | 14 | 8 | 3 | 3 | 4 | 4 | 4 | 0 | 0 | | |
| 30 天的 +/− 总和 | 0 | 0 | 0 | 1 | 0 | 0 | 0 | 0 | 0 | 0 | 1 | 0 | 0 | 0 | | |
| 30 天的 ABCD 总和 | −20 | −22 | 4 | 10 | 8 | 14 | 12 | 9 | 13 | 12 | 14 | 12 | 10 | 10 | | |
| 到 +/− 9 的数字 | | | 3 | | | | | | | | | | | 11/27 | | |

续表

| 橙汁 | 10/26 | 10/29 | 11/26 | 11/27 | 11/28 | 11/29 | 11/30 | 12/3 | 12/4 | 12/5 | 12/6 | 12/7 | 12/10 | 12/10 | 30 | 29 |
|---|---|---|---|---|---|---|---|---|---|---|---|---|---|---|---|---|
| | | | 9550 | 9600 | 9530 | 9470 | 9500 | 9490 | 9480 | 9415 | 9115 | 9010 | 9145 | 8990 | | |
| 3:30pm－5:00pm | Z | Z | F2 | F2 | F2 | F2 | F2 | F2 | F2 | F2 | F2 | F2 | F2 | F2 | | |
| 净值 | 0 | 0 | 130 | 50 | -70 | -60 | 30 | -10 | -10 | -65 | -300 | -105 | 135 | -155 | | |
| 乖离率 | | | n | n | n | B | b | b | b | N | n | S | s | s | | |
| 情绪指数 | 0 | 0 | 64 | 65 | 54 | 49 | 53 | 55 | 55 | 47 | 15 | 14 | 31 | 25 | | |
| 加减 | 0 | 0 | 0 | 0 | 0 | 0 | 1 | 0 | 0 | 0 | 0 | 0 | 1 | 0 | | |
| ABCD | 0 | 0 | 0 | 0 | 0 | 0 | 0 | 0 | 0 | 0 | -2 | 0 | 0 | 0 | | |
| 12天的＋/－总和 | 0 | 0 | -4 | -4 | -4 | -4 | -2 | -1 | 0 | 0 | 0 | 1 | 2 | 2 | | |
| 12天的ABCD总和 | 4 | 4 | 2 | 2 | 2 | 2 | 2 | 2 | 2 | 2 | -2 | -2 | -2 | -2 | | |
| 30天的＋/－总和 | 0 | 0 | -4 | -4 | -4 | -4 | -3 | -3 | -3 | -3 | -3 | -3 | -2 | -2 | | |
| 30天的ABCD总和 | -8 | -10 | 4 | 4 | 4 | 4 | 4 | 4 | 4 | 2 | -2 | -2 | -2 | -2 | 0 | 0 |
| 到＋/－9的数字 | | | | | | | | | | | | | -2 | -2 | 0 | 0 |

| 糖 | 10/29 | 10/30 | 11/26 | 11/27 | 11/28 | 11/29 | 11/30 | 12/3 | 12/4 | 12/5 | 12/6 | 12/7 | 12/10 | 12/11 | 30 | 29 |
|---|---|---|---|---|---|---|---|---|---|---|---|---|---|---|---|---|
| | | | 755 | 757 | 754 | 768 | 765 | 764 | 769 | 779 | 784 | 775 | 750 | 734 | | |
| 11:30am－1:00pm | Z | Z | H2 | H2 | H2 | H2 | H2 | H2 | H2 | H2 | H2 | H2 | H2 | H2 | | |
| 净值 | 0 | 0 | 3 | 2 | -3 | 14 | -3 | -1 | 5 | 10 | 5 | -9 | -25 | -16 | | |
| 乖离率 | | | b | b | b | b | b | b | b | b | b | b | b | N | | |
| 情绪指数 | 0 | 0 | 76 | 75 | 73 | 79 | 76 | 73 | 75 | 71 | 73 | 75 | 63 | 54 | | |
| 加减 | 0 | 2 | 0 | 0 | 0 | 0 | 0 | 0 | 0 | 0 | 0 | 0 | 0 | -1 | | 9 |
| ABCD | 0 | 0 | 3 | 0 | 0 | 2 | 0 | 0 | 0 | 2 | 2 | 0 | 0 | 9 | | |
| 12天的＋/－总和 | -6 | -4 | 2 | 2 | 2 | 2 | 2 | 2 | 2 | 2 | 2 | 2 | -2 | -2 | | |
| 12天的ABCD总和 | 0 | 0 | 5 | 3 | 3 | 7 | 7 | 7 | 5 | 7 | 9 | 9 | 9 | 2 | | |
| 30天的＋/－总和 | 0 | 0 | -1 | -1 | -1 | -1 | -1 | -1 | -1 | -1 | -1 | -1 | -1 | 5 | | |
| 30天的ABCD总和 | -16 | -14 | 1 | 1 | 1 | 3 | 5 | 5 | 5 | 9 | 11 | 9 | 9 | -1 | 0 | 0 |
| 到＋/－9的数字 | | | | | 1 | 3 | 5 | 5 | 5 | 9 | 11 | 9 | 9 | 9 | 12/5 | |

续表

| DXY 指数 | 10/13 | 10/31 | 11/26 | 11/27 | 11/28 | 11/29 | 11/30 | 12/3 | 12/4 | 12/5 | 12/6 | 12/7 | 12/10 | 12/11 | 30 | 29 |
|---|---|---|---|---|---|---|---|---|---|---|---|---|---|---|---|---|
| | | 11490 | 11717 | 11682 | 11617 | 11627 | 11546 | 11600 | 11605 | 11625 | 11566 | 11618 | 11650 | 11587 | | |
| 9:30am—4:15pm | | | | | | | | | | | | | | | | |
| 净值 | 0 | 11490 | −30 | −35 | −65 | 10 | −81 | 54 | 5 | 20 | −59 | 52 | 32 | −63 | | |
| 乖离率 | | N | b | b | b | b | N | n | S | N | n | n | n | S | | |
| 情绪指数 | | 63 | 90 | 83 | 71 | 69 | 54 | 67 | 65 | 70 | 63 | 77 | 79 | 73 | | |
| 加减 | | 0 | 0 | −1 | 0 | 0 | 0 | 0 | 0 | 1 | 0 | 0 | 0 | 0 | | |
| ABCD | 3 | 2 | 2 | −2 | −3 | 2 | −2 | 2 | 0 | 2 | −2 | 0 | −2 | −4 | 0 | 0 |
| 12 天的 +/− 总和 | 0 | 0 | 5 | 3 | 3 | 3 | 3 | 3 | 3 | 3 | 1 | 1 | 1 | 0 | | |
| 12 天的 ABCD 总和 | 7 | 7 | 6 | 2 | −1 | −1 | −3 | 1 | 1 | 3 | 1 | 1 | −1 | −7 | | |
| 30 天的 +/− 总和 | 0 | 0 | 6 | 5 | 5 | 5 | 5 | 5 | 5 | 6 | 6 | 6 | 6 | 6 | | |
| 30 天的 ABCD 总和 | 7 | 11 | 20 | 16 | 13 | 15 | 13 | 13 | 13 | 15 | 13 | 13 | 11 | 7 | | |
| 到 +/− 9 的数字 | 0 | | | | | | | | | | | | | 10/31 | | |

| 欧元 | 10/31 | 11/1 | 11/26 | 11/27 | 11/28 | 11/29 | 11/30 | 12/3 | 12/4 | 12/5 | 12/6 | 12/7 | 12/10 | 12/11 | 30 | 29 |
|---|---|---|---|---|---|---|---|---|---|---|---|---|---|---|---|---|
| | 9001 | 9027 | 8807 | 8823 | 8881 | 8885 | 8961 | 8918 | 8901 | 8883 | 8948 | 8896 | 8909 | 8915 | | |
| 2:30am—3:00pm | | | | | | | | | | | | | | | | |
| 净值 | 9001 | 26 | 29 | 16 | 58 | 4 | 76 | −43 | −17 | −18 | 65 | −52 | 13 | 6 | | |
| 乖离率 | n | | s | s | s | N | B | b | b | N | B | b | b | N | | |
| 情绪指数 | 83 | 0 | 21 | 25 | 46 | 49 | 68 | 35 | 33 | 17 | 59 | 21 | 23 | 25 | | |
| 加减 | −1 | 0 | 0 | 0 | 0 | 0 | 1 | −1 | 0 | −1 | 1 | −1 | −1 | 0 | | |
| ABCD | −2 | 0 | 2 | 2 | 2 | 2 | 3 | −3 | 0 | −2 | 2 | −2 | 0 | 0 | 0 | |
| 12 天的 +/− 总和 | −1 | −1 | 2 | 2 | 2 | 2 | 3 | 2 | 1 | −2 | 2 | 0 | −1 | −1 | | |
| 12 天的 ABCD 总和 | −4 | −4 | 10 | 8 | 8 | 12 | 11 | 8 | 8 | 8 | 10 | 8 | 6 | 6 | | |
| 30 天的 +/− 总和 | −1 | −1 | 3 | 3 | 3 | 3 | 4 | 3 | 3 | 2 | 3 | 2 | 2 | 2 | 2 | |
| 30 天的 ABCD 总和 | −12 | −10 | 8 | 8 | 12 | 14 | 19 | 18 | 20 | 18 | 20 | 18 | 16 | 14 | 14 | |
| 到 +/− 9 的数字 | 0 | 1 | 1 | 1 | | | | | | | | | | 11/28 | | |

续表

**欧元现钞**

| | 10/29 | 10/30 | 11/26 | 11/27 | 11/28 | 11/29 | 11/30 | 12/3 | 12/4 | 12/5 | 12/6 | 12/7 | 12/10 | 12/11 | 30 | 29 |
|---|---|---|---|---|---|---|---|---|---|---|---|---|---|---|---|---|
| 欧元现钞 | | | 87970 | 88160 | 88710 | 88830 | 89540 | 89410 | 88970 | 88350 | 89180 | 88630 | 88620 | 88810 | | |
| 8:20am—3:00pm | Z | Z | Z | Z | Z | Z | Z | Z | Z | H2 | H2 | H2 | H2 | H2 | | |
| 净值 | 0 | 0 | 200 | 190 | 550 | 120 | 710 | −130 | −440 | −620 | 830 | −550 | −10 | 190 | | |
| 乖离率 | | | | | | | | | | | | | | | | |
| 情绪指数 | | | | | | | | | | | | | | | | |
| 加减 | 0 | 0 | 0 | 1 | 0 | 0 | 0 | 0 | 0 | −1 | 0 | 0 | 0 | 0 | 0 | 0 |
| ABCD | 0 | 0 | −2 | 2 | 2 | 0 | 2 | −2 | 0 | −2 | 2 | −2 | 2 | 2 | 0 | −1 |
| 12天的+/—总和 | | | 2 | 2 | 2 | 2 | 2 | 2 | 2 | 2 | 2 | 2 | 2 | 2 | | |
| 12天的ABCD总和 | | | −5 | −3 | −1 | −1 | 1 | −2 | −2 | −4 | −2 | −4 | 0 | 2 | | |
| 30天的+/—总和 | 0 | 0 | 0 | 1 | 1 | 1 | 1 | 1 | 1 | 0 | 0 | 0 | 0 | 0 | 0 | 0 |
| 30天的ABCD总和 | −12 | −12 | −5 | −3 | −1 | −1 | 1 | −1 | −1 | −3 | −1 | −3 | −1 | −1 | 0 | 0 |
| 到+/—9的数字 | | | −4 | | | | | | | | | | | | | |

**瑞士法郎**

| | 10/29 | 10/30 | 11/26 | 11/27 | 11/28 | 11/29 | 11/30 | 12/3 | 12/4 | 12/5 | 12/6 | 12/7 | 12/10 | 12/11 | 30 | 29 |
|---|---|---|---|---|---|---|---|---|---|---|---|---|---|---|---|---|
| 瑞士法郎 | | | 6011 | 6029 | 6072 | 6049 | 6090 | 6044 | 6047 | 6016 | 6071 | 6028 | 6011 | 6044 | | |
| 8:20am—3:00pm | Z | Z | Z | Z | Z | Z | Z | Z | Z | H2 | H2 | H2 | H2 | H2 | | |
| 净值 | 0 | 0 | −28 | 18 | 43 | −23 | 41 | −46 | 3 | −31 | 55 | −43 | −17 | 33 | | |
| 乖离率 | s | N | s | s | s | N | n | n | n | n | n | n | n | n | | |
| 情绪指数 | 61 | 57 | 19 | 22 | 41 | 25 | 55 | 22 | 25 | 14 | 45 | 18 | 21 | 25 | | |
| 加减 | 0 | 0 | 0 | 1 | 0 | −1 | 1 | 0 | 0 | −1 | 0 | 0 | 0 | 0 | 0 | 0 |
| ABCD | 0 | −1 | 0 | 2 | 0 | −2 | 2 | −2 | 1 | −2 | 2 | 0 | 2 | 3 | 0 | 1 |
| 12天的+/—总和 | 0 | 0 | 0 | 1 | 2 | 2 | 3 | 2 | 1 | 0 | 0 | 0 | 0 | 0 | | |
| 12天的ABCD总和 | 4 | −1 | 2 | 6 | 8 | 10 | 12 | 8 | 6 | 0 | 2 | 0 | 0 | 5 | | |
| 30天的+/—总和 | 0 | 0 | 0 | 1 | 1 | 0 | 1 | 1 | 0 | 0 | 0 | 0 | 0 | 0 | 0 | 0 |
| 30天的ABCD总和 | −10 | −11 | 0 | −2 | −2 | −6 | −4 | −6 | −6 | −8 | −6 | −4 | −2 | 0 | 0 | 0 |
| 到+/—9的数字 | | | −4 | −2 | −3 | −3 | −1 | −1 | | | | | | | | |

续表

**英国国债 2:30am—3:00pm**

| | 10/30 | 10/31 | 11/26 | 11/27 | 11/28 | 11/29 | 11/30 | 12/3 | 12/4 | 12/5 | 12/6 | 12/7 | 12/10 | 12/11 | 30 | 29 |
|---|---|---|---|---|---|---|---|---|---|---|---|---|---|---|---|---|
| 净值 | 0 | 14554 | 14114 | 14144 | 14253 | 14270 | 14257 | 14253 | 14217 | 14165 | 14286 | 14332 | 14356 | 14383 | | |
| 乖离率 | N | b | 10 | 30 | 109 | 17 | −13 | −4 | −36 | −52 | 121 | 46 | 24 | 27 | | |
| 情绪指数 | 57 | 70 | s | s | s | N | n | n | n | n | n | B | b | b | | |
| 加减 | 0 | 1 | 10 | 13 | 29 | 41 | 25 | 25 | 21 | 19 | 58 | 62 | 63 | 66 | 0 | + |
| ABCD | 0 | 2 | 0 | 0 | 0 | 0 | 0 | 0 | 0 | −1 | 1 | 0 | 0 | 0 | 0 | |
| 12天的+/−总和 | 0 | 1 | −2 | 2 | 2 | 0 | 0 | 0 | 0 | −2 | 2 | 3 | 0 | 3 | 0 | 1 |
| 12天的ABCD总和 | −2 | 2 | −1 | 0 | −1 | −1 | −1 | −1 | 0 | −1 | 0 | 0 | 0 | 0 | | |
| 30天的+/−总和 | 0 | 1 | −12 | −8 | −6 | −4 | −4 | −2 | 0 | 0 | 0 | 3 | 5 | 8 | | |
| 30天的ABCD总和 | 0 | 12 | 0 | 0 | 0 | 0 | 0 | 0 | 0 | −1 | 0 | 0 | 0 | 0 | | |
| 到+/−9的数字 | −1 | 8 | −11 | −7 | −5 | −5 | −3 | −1 | 1 | −1 | 1 | 2 | 0 | 1 | | |

**日元 9:00pm—3:00pm**

| | 10/30 | 10/31 | 11/26 | 11/27 | 11/28 | 11/29 | 11/30 | 12/3 | 12/4 | 12/5 | 12/6 | 12/7 | 12/10 | 12/11 | 30 | 29 |
|---|---|---|---|---|---|---|---|---|---|---|---|---|---|---|---|---|
| 净值 | 0 | 8167 | 8058 | 8064 | 8121 | 8078 | 8098 | 8059 | 8054 | 8052 | 8016 | 7970 | 7936 | 7927 | | |
| 乖离率 | N | s | 16 | 6 | 57 | −43 | 20 | −39 | −5 | −2 | −36 | −46 | −34 | −9 | | |
| 情绪指数 | 57 | 39 | s | s | s | s | s | s | s | 17 | s | s | s | 14 | | |
| 加减 | 0 | 0 | 9 | 13 | 34 | 18 | 22 | 16 | 15 | 17 | 12 | 10 | 9 | 14 | 0 | 0 |
| ABCD | −4 | −4 | 0 | 3 | 2 | −4 | 4 | −4 | 0 | 0 | −1 | 0 | −2 | 3 | | |
| 12天的+/−总和 | 0 | 0 | 0 | −1 | −1 | −2 | −1 | −1 | −1 | −1 | −2 | −2 | −2 | −1 | | |
| 12天的ABCD总和 | −12 | −18 | −11 | −10 | −8 | −10 | −6 | −8 | −4 | −2 | −7 | −7 | −7 | −2 | | |
| 30天的+/−总和 | 0 | 0 | 1 | 1 | 1 | 0 | 1 | 1 | 1 | 1 | 0 | 0 | 0 | 0 | | |
| 30天的ABCD总和 | −34 | −36 | −19 | −18 | −16 | −20 | −16 | −16 | −14 | −12 | −10 | −14 | −16 | −13 | 0 | 0 |
| 到+/−9的数字 | | | | | | | | | | | | | | 11/15 | | |

续表

### 加拿大元

| | 10/29 | 10/30 | 11/26 | 11/27 | 11/28 | 11/29 | 11/30 | 12/3 | 12/4 | 12/5 | 12/6 | 12/7 | 12/10 | 12/11 | 30 | 29 |
|---|---|---|---|---|---|---|---|---|---|---|---|---|---|---|---|---|
| 8:00am—3:00pm | Z | Z | Z | Z | Z | Z | Z | Z | Z | H2 | H2 | H2 | H2 | H2 | | |
| 净值 | 0 | 0 | -6 | 21 | 41 | 13 | 32 | -7 | 14 | -5 | -2 | -6 | -19 | 11 | | |
| 乖离率 | s | N | n | n | n | n | n | n | B | b | b | b | b | N | | |
| 情绪指数 | 61 | 57 | 15 | 23 | 44 | 47 | 60 | 62 | 66 | 62 | 43 | 37 | 23 | 24 | | |
| 加减 | 0 | 0 | 0 | 0 | 0 | 0 | 0 | 0 | 0 | 0 | -1 | 0 | 0 | 1 | 0 | 0 |
| ABCD | 2 | -2 | 0 | -2 | 2 | 0 | 2 | 0 | 0 | 0 | 0 | 0 | -2 | 2 | | |
| 12 天的 +/- 总和 | 0 | 0 | 0 | 1 | 1 | 2 | 1 | 1 | 0 | 0 | -1 | -1 | -1 | 0 | | |
| 12 天的 ABCD 总和 | -2 | -2 | -9 | -7 | -2 | 0 | -2 | 0 | -2 | -5 | -2 | 0 | 0 | 2 | | |
| 30 天的 +/- 总和 | 0 | 0 | 1 | 1 | 1 | 1 | 1 | 1 | 1 | 1 | 0 | 0 | 0 | 1 | | |
| 30 天的 ABCD 总和 | -14 | -16 | -11 | -11 | -11 | -11 | -9 | -7 | -9 | -7 | -9 | -7 | -9 | -5 | | |
| 到 +/- 9 的数字 | | | | | | | | | | | | | | 11/9 | | |

### 黄金

| | 11/29 | 10/30 | 11/26 | 11/27 | 11/28 | 11/29 | 11/30 | 12/3 | 12/4 | 12/5 | 12/6 | 12/7 | 12/10 | 12/11 | 30 | 29 |
|---|---|---|---|---|---|---|---|---|---|---|---|---|---|---|---|---|
| 8:20—2:30 | Z | Z | G2 | G2 | G2 | G2 | G2 | G2 | G2 | G2 | G2 | G2 | G2 | G2 | | |
| 净值 | 0 | 0 | -8 | 9 | 8 | -5 | 4 | 29 | -15 | -17 | 4 | -3 | -17 | -1 | | |
| 乖离率 | s | N | s | s | s | s | s | N | n | n | n | n | n | n | | |
| 情绪指数 | 61 | 57 | 15 | 20 | 23 | 25 | 27 | 53 | 49 | 45 | 44 | 43 | 35 | 33 | | |
| 加减 | 0 | 0 | 0 | 0 | 0 | 0 | 0 | 0 | 0 | 0 | 0 | 0 | 0 | 0 | 0 | 0 |
| ABCD | 0 | 0 | 0 | 0 | 0 | -1 | 0 | 2 | 0 | -2 | 0 | 0 | -2 | 0 | | |
| 12 天的 +/- 总和 | 0 | 0 | 0 | 0 | 0 | 0 | -1 | -1 | -1 | -1 | -1 | -1 | -1 | -1 | | |
| 12 天的 ABCD 总和 | 4 | 2 | -4 | -4 | -2 | -2 | -4 | -2 | 0 | 0 | -1 | 0 | -2 | -2 | | |
| 30 天的 +/- 总和 | 0 | 0 | -1 | -1 | -1 | -2 | -2 | -2 | -2 | -2 | -2 | -2 | -2 | -2 | | |
| 30 天的 ABCD 总和 | 2 | 2 | -2 | -4 | -4 | -4 | -6 | -2 | -4 | -4 | -4 | -4 | -8 | -8 | | |
| 到 +/- 9 的数字 | | | | | | -3 | | | | | | | -1 | | | |

续表

## 白银 8:25—2:25

| | 10/29 | 10/30 | 11/26 | 11/27 | 11/28 | 11/29 | 11/30 | 12/3 | 12/4 | 12/5 | 12/6 | 12/7 | 12/10 | 12/11 | 30 | 29 |
|---|---|---|---|---|---|---|---|---|---|---|---|---|---|---|---|---|
| 净值 | | | 4050 | 4065 | 4140 | 4090 | 4157 | 4215 | 4153 | 4200 | 4238 | 4268 | 4243 | 4275 | | |
| | Z | N | H2 | H2 | H2 | H2 | H2 | H2 | H2 | H2 | H2 | H2 | H2 | H2 | | |
| 乖离率 | 0 | 0 | -20 | 15 | 75 | -50 | 67 | 58 | -62 | 47 | 38 | 30 | -25 | 32 | | |
| 情绪指数 | s | N | s | s | s | N | n | n | n | B | b | b | b | b | | |
| | 61 | 57 | 15 | 19 | 35 | 31 | 39 | 61 | 57 | 60 | 63 | 65 | 60 | 63 | | |
| 加减 | 0 | 0 | -1 | 0 | 0 | -1 | 0 | 1 | 0 | 1 | 0 | 0 | 0 | 0 | 0 | 0 |
| ABCD | 0 | -2 | 0 | 0 | 2 | -2 | 0 | 2 | 0 | 2 | 2 | 0 | 0 | 2 | | |
| 12天的+/-总和 | 0 | 0 | -1 | -2 | -1 | -2 | -2 | -1 | -1 | 0 | 0 | 0 | 0 | 0 | | |
| 12天的 ABCD 总和 | 2 | -2 | -2 | -2 | 2 | 0 | 0 | 0 | 0 | 2 | 4 | 6 | 6 | 8 | | |
| 30天的+/-总和 | 0 | 0 | -2 | -2 | -2 | -3 | -3 | -2 | -2 | -1 | -1 | -1 | -1 | -1 | -1 | |
| 30天的 ABCD 总和 | -2 | -2 | -8 | -10 | -8 | -10 | -10 | -6 | -8 | -6 | -4 | -4 | -4 | -2 | -2 | |
| 到+/-9 的数字 | -3 | | | | | | | | | | | | | 11/8 | | |

## 铂金 8:20—2:30

| | 10/29 | 10/30 | 11/26 | 11/27 | 11/28 | 11/29 | 11/30 | 12/3 | 12/4 | 12/5 | 12/6 | 12/7 | 12/10 | 12/11 | 30 | 29 |
|---|---|---|---|---|---|---|---|---|---|---|---|---|---|---|---|---|
| 净值 | | | 4397 | 4384 | 4360 | 4430 | 4491 | 4570 | 4542 | 4536 | 4633 | 4700 | 4744 | 4607 | | |
| | s | N | F2 | F2 | F2 | F2 | F2 | F2 | F2 | F2 | F2 | F2 | F2 | F2 | | |
| 乖离率 | 0 | 0 | -23 | -13 | -24 | 70 | 61 | 79 | -28 | -6 | 97 | 67 | 44 | -137 | | |
| 情绪指数 | s | N | b | b | b | b | b | b | b | b | b | s | b | b | | |
| | 61 | 57 | 45 | 44 | 42 | 56 | 63 | 75 | 70 | 66 | 73 | 77 | 78 | 55 | | |
| 加减 | 0 | 0 | 0 | 0 | 0 | 0 | 0 | 0 | -1 | 0 | 0 | 0 | 1 | 0 | 4 | 0 |
| ABCD | 0 | 0 | 1 | 1 | 0 | 2 | 2 | 2 | -2 | 0 | 2 | 2 | 2 | 0 | 14 | |
| 12天的+/-总和 | -4 | -6 | 4 | 4 | 2 | 2 | 2 | 6 | 4 | 4 | 6 | 6 | 8 | 8 | 0 | 0 |
| 12天的 ABCD 总和 | 0 | 0 | 4 | 4 | 4 | 4 | 4 | 4 | 3 | 3 | 3 | 3 | 4 | 4 | | |
| 30天的+/-总和 | -6 | -6 | 2 | -2 | -2 | 2 | 4 | 8 | 6 | 8 | 10 | 12 | 14 | 14 | 14 | |
| 30天的 ABCD 总和 | -6 | -6 | | | | 1 | | | | 1 | | | | | | |
| 到+/-9 的数字 | -3 | | | | | 3 | 1 | 1 | 1 | | | | | 12/6 | | |

续表

**铜**

| | 10/29 | 10/30 | 11/26 | 11/27 | 11/28 | 11/29 | 11/30 | 12/3 | 12/4 | 12/5 | 12/6 | 12/7 | 12/10 | 12/11 | 30 | 29 |
|---|---|---|---|---|---|---|---|---|---|---|---|---|---|---|---|---|
| 铜 | | | 6910 | 7130 | 7145 | 7235 | 7320 | 7135 | 7090 | 7030 | 6965 | 6855 | 6850 | 6890 | | |
| 8:10am-2:00pm | Z | Z | H2 | H2 | H2 | H2 | b | H2 | H2 | b | H2 | H2 | H2 | H2 | | |
| 净值 | 0 | 0 | 55 | 220 | 15 | 90 | 85 | -185 | -45 | -63 | -65 | -110 | -5 | 40 | | |
| 乖离率 | s | N | b | b | b | b | b | b | b | b | b | N | n | S | | |
| 情绪指数 | 61 | 57 | 77 | 89 | 85 | 85 | 88 | 45 | 44 | 42 | 38 | 32 | 35 | 39 | | |
| 加减 | 0 | 0 | 0 | 0 | 1 | 0 | 0 | 0 | 0 | 0 | -1 | 0 | 0 | 0 | | |
| ABCD | 0 | 2 | -3 | 0 | 2 | 2 | 2 | -3 | 0 | 0 | -2 | -2 | 1 | 2 | 0 | 0 |
| 12天的+/-总和 | 0 | 0 | 0 | 0 | 1 | 1 | 2 | 1 | 1 | 1 | 0 | 0 | 0 | 0 | | |
| 12天的ABCD总和 | -14 | -8 | 0 | 2 | 2 | 2 | 2 | -3 | -3 | -3 | -5 | -5 | -3 | -1 | | |
| 30天的+/-总和 | 0 | 0 | 0 | 0 | 1 | 1 | 1 | 1 | 1 | 1 | 0 | 0 | 0 | 0 | 0 | 0 |
| 30天的ABCD总和 | -28 | -26 | -20 | -16 | -14 | -10 | -6 | -7 | -5 | -5 | -3 | -5 | -6 | -4 | -4 | |
| 到+/-9的数字 | | | | | | | | | | | | | | 9/27 | | |

续表

**原油**

| | 10/29 | 10/30 | 11/26 | 11/27 | 11/28 | 11/29 | 11/30 | 12/3 | 12/4 | 12/5 | 12/6 | 12/7 | 12/10 | 12/11 | 30 | 29 |
|---|---|---|---|---|---|---|---|---|---|---|---|---|---|---|---|---|
| 原油 | | | 1869 | 1948 | 1915 | 1860 | 1944 | 2009 | 1965 | 1949 | 1854 | 1904 | 1837 | 1808 | | |
| 10:00-2:30 | Z | Z | F2 | F2 | F2 | F2 | F2 | F2 | F2 | F2 | F2 | F2 | F2 | F2 | | |
| 净值 | 0 | 0 | -27 | 79 | -33 | -55 | 84 | 65 | -44 | -16 | -95 | 50 | -67 | -29 | | |
| 乖离率 | s | N | n | n | n | n | n | n | n | n | n | n | n | n | | |
| 情绪指数 | 61 | 57 | 22 | 66 | 62 | 57 | 64 | 71 | 63 | 58 | 22 | 45 | 24 | 21 | | |
| 加减 | 0 | 0 | 0 | 0 | 0 | 0 | 1 | 0 | -1 | -1 | 0 | 1 | 0 | 0 | | |
| ABCD | -2 | -2 | 0 | 2 | 0 | -2 | 4 | 2 | -3 | -2 | -2 | 4 | -3 | 2 | 0 | 0 |
| 12天的+/-总和 | 0 | 0 | 1 | 1 | 1 | 1 | 2 | 2 | 1 | 0 | -1 | -1 | -1 | 0 | | |
| 12天的ABCD总和 | -17 | -15 | -2 | 0 | -3 | -5 | 3 | 3 | 4 | 4 | -1 | -1 | -2 | 2 | | |
| 30天的+/-总和 | 0 | 0 | 0 | 0 | 0 | 0 | 1 | 1 | 0 | -1 | -1 | 0 | 0 | 0 | -8 | |
| 30天的ABCD总和 | -12 | -14 | -25 | -19 | -17 | -19 | -13 | -11 | -14 | -20 | -18 | -11 | -10 | -8 | | |
| 到+/-9的数字 | | | | | | | | | | | | | | 10/29 | | |

**天然气**

| | 10/29 | 10/30 | 11/26 | 11/27 | 11/28 | 11/29 | 11/30 | 12/3 | 12/4 | 12/5 | 12/6 | 12/7 | 12/10 | 12/11 | 30 | 29 |
|---|---|---|---|---|---|---|---|---|---|---|---|---|---|---|---|---|
| 10:00—2:30 | Z | Z | Z | Z | F2 | F2 | F2 | F2 | n | F2 | F2 | F2 | F2 | F2 | | |
| 净值 | 0 | 0 | -117 | -90 | 114 | -170 | 151 | -71 | -67 | -72 | 74 | 3 | 179 | 56 | | |
| 乖离率 | s | N | n | Z | n | n | n | n | n | n | n | S | s | s | | |
| 情绪指数 | 61 | 57 | 46 | 49 | 21 | 60 | 23 | 20 | 17 | 14 | 23 | 25 | 44 | 47 | | |
| 加减 | 0 | 0 | 0 | 0 | 0 | 0 | 1 | 0 | 0 | 0 | 0 | 0 | 1 | 0 | | |
| ABCD | 2 | -2 | 4 | 0 | -4 | -3 | 2 | 0 | 0 | -2 | 2 | -2 | 2 | 0 | 0 | 0 |
| 12 天的 +/— 总和 | 0 | 0 | 3 | 3 | 2 | 2 | 3 | 3 | 3 | 3 | 2 | 1 | 2 | 2 | | |
| 12 天的 ABCD 总和 | 12 | 12 | 7 | 7 | 0 | -1 | 3 | 3 | 3 | 1 | 1 | -3 | -1 | 0 | | |
| 30 天的 +/— 总和 | 0 | 0 | 3 | 3 | 3 | 3 | 4 | 4 | 4 | 4 | 4 | 4 | 5 | 5 | 0 | 0 |
| 30 天的 ABCD 总和 | 16 | 14 | 21 | 23 | 19 | 14 | 18 | 14 | 12 | 6 | 10 | 4 | 8 | 6 | | |
| 到 +/— 9 的数字 | | | | | | | | | | | | | 10/22 | | | |

**取暖油**

| | 10/29 | 10/30 | 11/26 | 11/27 | 11/28 | 11/29 | 11/30 | 12/3 | 12/4 | 12/5 | 12/6 | 12/7 | 12/10 | 12/11 | 30 | 29 |
|---|---|---|---|---|---|---|---|---|---|---|---|---|---|---|---|---|
| 10:00—2:30 | Z | Z | Z | s | s | s | s | F2 | s | F2 | F2 | F2 | F2 | F2 | | |
| 净值 | 0 | 0 | -125 | 177 | -94 | -120 | 279 | 106 | -147 | -104 | -248 | 102 | -102 | -67 | | |
| 乖离率 | s | N | s | s | s | s | s | s | s | s | s | s | s | s | | |
| 情绪指数 | 61 | 57 | 21 | 62 | 60 | 55 | 66 | 75 | 70 | 62 | 25 | 36 | 27 | 23 | | |
| 加减 | -2 | 0 | 0 | 0 | 0 | 0 | 1 | 0 | -1 | 0 | -2 | 0 | 0 | 0 | | |
| ABCD | -2 | 0 | 0 | 2 | 2 | -3 | 2 | 2 | -2 | -2 | -2 | -2 | 0 | 2 | 0 | 0 |
| 12 天的 +/— 总和 | -7 | -3 | -2 | 0 | 0 | -1 | 1 | 1 | 0 | 0 | 0 | -1 | -1 | 0 | | |
| 12 天的 ABCD 总和 | 0 | 0 | -2 | -2 | 0 | -1 | 3 | 5 | 5 | 5 | 1 | -5 | -5 | -1 | | |
| 30 天的 +/— 总和 | -3 | -3 | -2 | -2 | -2 | -2 | -1 | -1 | -2 | -2 | -2 | -2 | -2 | -2 | -2 | -11 |
| 30 天的 ABCD 总和 | -3 | -3 | -15 | -9 | -5 | -10 | -8 | -7 | -11 | -11 | -10 | -12 | -12 | -11 | | |
| 到 +/— 9 的数字 | | | | | | | | | | | | | 11/14 | | | |

续表

**无铅汽油**

| 指标 | 10/29 | 10/30 | 11/26 | 11/27 | 11/28 | 11/29 | 11/30 | 12/3 | 12/4 | 12/5 | 12/6 | 12/7 | 12/10 | 12/11 | 30 | 29 |
|---|---|---|---|---|---|---|---|---|---|---|---|---|---|---|---|---|
| 10:00~2:30 | Z | Z | Z | Z | Z | Z | F2 | F2 | F2 | F2 | F2 | F2 | F2 | F2 | | |
| 净值 | 0 | 0 | 5217 | 5381 | 5260 | 5190 | 5387 | 5580 | 5530 | 5420 | 5175 | 5250 | 5109 | 5061 | | |
| 乖离率 | 0 | 0 | -56 | 164 | -121 | -70 | 197 | 193 | -77 | -83 | -245 | 75 | -141 | -48 | | |
| | s | N | n | n | n | n | s | N | B | N | n | n | n | n | | |
| 情绪指数 | 61 | 57 | 25 | 64 | 57 | 57 | 68 | 77 | 65 | 61 | 22 | 53 | 21 | 20 | | |
| 加减 | 0 | 0 | 0 | 0 | 0 | 0 | 1 | 0 | 0 | 0 | 0 | 1 | 0 | 0 | | |
| ABCD | -2 | -4 | 0 | 2 | 0 | -2 | 3 | 2 | -4 | -2 | -4 | 4 | -2 | 2 | 3 | |
| 12天的+/-总和 | 0 | 0 | 2 | 1 | 1 | 1 | 2 | 2 | 2 | 2 | 1 | 1 | 1 | 2 | | |
| 12天的ABCD总和 | -16 | -16 | 5 | 7 | 5 | 3 | 8 | 10 | 6 | 6 | -1 | -1 | -3 | -1 | | |
| 30天的+/-总和 | 0 | 0 | 1 | 1 | 1 | 1 | 2 | 2 | 2 | 2 | 2 | 3 | 3 | 3 | 0 | 0 |
| 30天的ABCD总和 | -15 | -19 | -20 | -14 | -12 | -14 | -9 | -8 | -14 | -16 | -18 | -11 | -9 | -7 | | -7 |
| 到+/-9的数字 | | | | | | | | | | | | | | 10/15 | | |

**布伦特原油**

| 指标 | 10/31 | 11/1 | 11/26 | 11/27 | 11/28 | 11/29 | 11/30 | 12/3 | 12/4 | 12/5 | 12/6 | 12/7 | 12/10 | 12/11 | 30 | 29 |
|---|---|---|---|---|---|---|---|---|---|---|---|---|---|---|---|---|
| 5:02~3:12 | Z | Z | F2 | F2 | F2 | F2 | F2 | F2 | F2 | F2 | F2 | F2 | F2 | F2 | | |
| 净值 | 2037 | 1963 | 1836 | 1902 | 1869 | 1841 | 1914 | 1971 | 1921 | 1922 | 1839 | 1903 | 1817 | 1791 | | |
| 乖离率 | 2037 | -74 | -92 | 66 | -33 | -28 | 73 | 57 | -50 | 1 | -83 | 64 | -86 | -26 | | |
| 情绪指数 | | | | | | | | | | | | | | | | |
| 加减 | -2 | -3 | -2 | 0 | 0 | -2 | 1 | 0 | -1 | -4 | 0 | 1 | 0 | 0 | 0 | -4 |
| ABCD | -2 | -3 | -2 | 2 | 0 | -2 | 2 | 2 | -3 | -4 | 2 | 4 | -2 | 0 | | |
| 12天的+/-总和 | 0 | 0 | 1 | 1 | 2 | 1 | 2 | 2 | 1 | -1 | -1 | 0 | -1 | -1 | | |
| 12天的ABCD总和 | -20 | -23 | -23 | -21 | -19 | -19 | -17 | -13 | -12 | -16 | -12 | -8 | -6 | -4 | | |
| 30天的+/-总和 | 0 | 0 | 1 | 1 | 1 | 1 | 2 | 2 | 3 | -5 | -5 | 3 | -1 | -1 | | |
| 30天的ABCD总和 | -30 | -31 | -23 | -21 | -19 | -19 | -17 | -13 | -12 | -16 | -12 | -8 | -6 | -4 | | |
| 到+/-9的数字 | | | | | | | | | | | | | | 9/27 | | |

续表

## 取暖油裂解价差

| | 10/29 | 10/30 | 11/26 | 11/27 | 11/28 | 11/29 | 11/30 | 12/3 | 12/4 | 12/5 | 12/6 | 12/7 | 12/10 | 12/11 | 30 | 29 |
|---|---|---|---|---|---|---|---|---|---|---|---|---|---|---|---|---|
| 10:05-2:30 | Z | Z | 364 | 359 | 348 | 365 | 348 | 333 | 310 | 282 | 273 | 266 | 291 | 291 | 30 | 30 |
| | | | F2 | F2 | F2 | F2 | F2 | F2 | F2 | F2 | F2 | F2 | F2 | F2 | | |
| 净值 | 0 | 0 | -36 | -5 | -11 | 17 | -17 | -15 | -23 | -28 | -9 | -7 | 25 | 0 | | |
| 乖离率 | | | | | | | | | | | | | | | | |
| 情绪指数 | | | | | | | | | | | | | | | | |
| 加减 | 0 | 0 | 0 | 0 | 0 | 0 | 0 | 0 | 0 | 0 | 0 | 0 | 0 | 0 | 2 | 0 |
| ABCD | 0 | 0 | -2 | 0 | 0 | -2 | 0 | -2 | -2 | -2 | -2 | 0 | 0 | 0 | -13 | |
| 12 天的 +/- 总和 | 0 | 0 | 1 | 0 | 0 | 0 | 0 | 0 | 0 | 0 | 0 | 0 | 0 | 0 | | |
| 12 天的 ABCD 总和 | 4 | 4 | -5 | -7 | -9 | -9 | -7 | -7 | -9 | -8 | -10 | -10 | -10 | -10 | | |
| 30 天的 +/- 总和 | 0 | 0 | 2 | 2 | 2 | 2 | 2 | 2 | 2 | 2 | 2 | 2 | 2 | 2 | | |
| 30 天的 ABCD 总和 | -6 | -6 | -1 | -1 | -1 | -3 | -5 | -5 | -7 | -11 | -15 | -15 | -15 | -13 | | |
| 到 +/- 9 的数字 | | | | | | -4 | -4 | -4 | 0 | | | | | | 12/5 | |

## 无铅汽油裂解价差

| | 10/29 | 10/30 | 11/26 | 11/27 | 11/28 | 11/29 | 11/30 | 12/3 | 12/4 | 12/5 | 12/6 | 12/7 | 12/10 | 12/11 | 30 | 29 |
|---|---|---|---|---|---|---|---|---|---|---|---|---|---|---|---|---|
| 10:05-2:30 | Z | Z | 344 | 339 | 329 | 347 | 318 | 343 | 346 | 327 | 319 | 301 | 309 | 317 | 30 | 30 |
| | | | F2 | F2 | F2 | F2 | F2 | F2 | F2 | F2 | F2 | F2 | F2 | F2 | | |
| 净值 | 0 | 0 | -17 | -5 | -10 | 18 | -29 | 25 | 3 | -19 | -8 | -18 | 8 | 8 | | |
| 乖离率 | | | | | | | | | | | | | | | | |
| 情绪指数 | | | | | | | | | | | | | | | | |
| 加减 | -3 | 0 | 0 | 0 | 0 | 0 | 0 | 2 | 2 | 0 | 0 | 0 | 0 | 0 | 1 | 0 |
| ABCD | -9 | -9 | 0 | -1 | -1 | -1 | 0 | 0 | 0 | 0 | 0 | 0 | 0 | 0 | 14 | |
| 12 天的 +/- 总和 | 0 | 0 | 0 | 0 | 0 | 0 | 0 | 0 | 0 | 0 | 0 | 0 | 0 | 0 | | |
| 12 天的 ABCD 总和 | 4 | 4 | 7 | 5 | 3 | 3 | 2 | 4 | 6 | 6 | 4 | 4 | 4 | 4 | | |
| 30 天的 +/- 总和 | 0 | 0 | 1 | 1 | 1 | 1 | 1 | 1 | 1 | 1 | 1 | 1 | 1 | 1 | | |
| 30 天的 ABCD 总和 | -13 | -13 | 4 | 4 | 4 | 4 | 4 | 6 | 8 | 6 | 8 | 10 | 12 | 14 | | |
| 到 +/- 9 的数字 | | | | | | | | 3 | 3 | 1 | -1 | 10 | | | 12/7 | |

续表

**活牛**

| | 10/30 | 10/31 | 11/26 | 11/27 | 11/28 | 11/29 | 11/30 | 12/3 | 12/4 | 12/5 | 12/6 | 12/7 | 12/10 | 12/11 | 30 | 29 |
|---|---|---|---|---|---|---|---|---|---|---|---|---|---|---|---|---|
| 10:05—2:00 | Z | Z | G2 | G2 | G2 | G2 | G2 | G2 | G2 | G2 | G2 | G2 | G2 | G2 | | |
| 净值 | 0 | 6807 | 6963 | 7020 | 7040 | 7058 | 7018 | 7000 | 6985 | 6988 | 6930 | 6860 | 6820 | 6850 | | |
| 乖离率 | | | -47 | 57 | 20 | 18 | -40 | -18 | -15 | 3 | -58 | -70 | -40 | 30 | | |
| | N | N | n | B | b | b | b | b | b | b | b | N | n | S | | |
| 情绪指数 | 57 | 59 | 83 | 85 | 77 | 75 | 71 | 68 | 66 | 62 | 61 | 55 | 55 | 59 | | |
| 加减 | 0 | 1 | 0 | 1 | 0 | 0 | 0 | 0 | 0 | 0 | 0 | 0 | 0 | 0 | 0 | + |
| ABCD | -2 | 2 | -2 | 2 | 0 | 0 | 0 | -3 | 0 | 1 | -2 | -2 | 0 | 1 | | |
| 12 天的 +/- 总和 | 0 | 1 | 1 | 3 | 3 | 3 | 3 | 3 | 3 | 3 | 3 | 2 | 1 | 0 | | |
| 12 天的 ABCD 总和 | 6 | 10 | 11 | 15 | 17 | 17 | 17 | 10 | 8 | 7 | 3 | -1 | -4 | -6 | | |
| 30 天的 +/- 总和 | 0 | 1 | 2 | 3 | 3 | 3 | 3 | 3 | 3 | 3 | 3 | 3 | 3 | 4 | | |
| 30 天的 ABCD 总和 | -15 | -11 | 13 | 17 | 15 | 17 | 17 | 14 | 14 | 13 | 11 | 5 | 5 | 1 | | |
| 到 +/- 9 的数字 | | | 3 | | | | | | | | | | | 11/21 | | |

**活猪**

| | 10/30 | 10/31 | 11/26 | 11/27 | 11/28 | 11/29 | 11/30 | 12/3 | 12/4 | 12/5 | 12/6 | 12/7 | 12/10 | 12/11 | 30 | 29 |
|---|---|---|---|---|---|---|---|---|---|---|---|---|---|---|---|---|
| 10:05—2:00 | Z | Z | G2 | G2 | G2 | G2 | G2 | G2 | G2 | G2 | G2 | G2 | G2 | G2 | | |
| 净值 | 0 | 5165 | 5415 | 5433 | 5485 | 5443 | 5525 | 5403 | 5320 | 5265 | 5305 | 5290 | 5160 | 5205 | | |
| 乖离率 | | | -7 | 18 | 52 | -42 | 82 | -122 | -83 | -55 | 40 | -15 | -130 | 45 | | |
| | N | N | n | n | n | n | n | n | n | S | s | s | s | s | | |
| 情绪指数 | 57 | 85 | 69 | 70 | 73 | 66 | 73 | 22 | 18 | 15 | 23 | 22 | 18 | 25 | | |
| 加减 | 0 | 0 | 0 | 1 | 0 | 0 | 0 | 0 | 0 | 0 | 0 | 0 | 0 | 0 | 0 | 0 |
| ABCD | 0 | 2 | -2 | 4 | 0 | 0 | 2 | -2 | -2 | -4 | 2 | 0 | -2 | 6 | | |
| 12 天的 +/- 总和 | 0 | 0 | -1 | 0 | 0 | 0 | 2 | 0 | 0 | 1 | 1 | 1 | 1 | 2 | | |
| 12 天的 ABCD 总和 | -2 | 2 | 6 | 10 | 12 | 12 | 14 | 8 | 4 | 2 | 2 | 2 | -2 | -2 | | |
| 30 天的 +/- 总和 | 0 | 0 | -1 | 0 | 0 | 0 | 0 | 0 | 0 | 0 | 0 | 0 | 0 | 1 | | |
| 30 天的 ABCD 总和 | -16 | -12 | 4 | 10 | 8 | 6 | 8 | 10 | 8 | 8 | 12 | 8 | 6 | 6 | | |
| 到 +/- 9 的数字 | | | | 11/27 | | | | | | | | | | | | |

续表

## 猪腩

| | 10/30 | 10/31 | 11/26 | 11/27 | 11/28 | 11/29 | 11/30 | 12/3 | 12/4 | 12/5 | 12/6 | 12/7 | 12/10 | 12/11 | 30 | 29 |
|---|---|---|---|---|---|---|---|---|---|---|---|---|---|---|---|---|
| 10:05—2:00 | | 7010 | G2 | G2 | G2 | G2 | G2 | G2 | G2 | G2 | G2 | G2 | G2 | G2 | | |
| 净值 | 0 | 7010 | 105 | 107 | 265 | −12 | 45 | −225 | −210 | −67 | 110 | −33 | −177 | 92 | | |
| 乖离率 | N | s | n | n | n | B | b | b | b | b | N | n | n | S | | |
| 情绪指数 | 57 | 83 | 74 | 77 | 82 | 75 | 76 | 25 | 14 | 15 | 44 | 37 | 25 | 28 | | |
| 加减 | 0 | 0 | 0 | 0 | 0 | 0 | 2 | 0 | 0 | 0 | 1 | 0 | 0 | 1 | | |
| ABCD | −2 | 2 | 0 | 2 | 2 | 0 | 2 | −2 | −2 | −2 | 4 | −1 | −2 | 2 | 0 | 0 |
| 12天的+/-总和 | 0 | 0 | −2 | −2 | −1 | −1 | 0 | −1 | −1 | 0 | 1 | 1 | 1 | 2 | | |
| 12天的ABCD总和 | −8 | −4 | 5 | 5 | 9 | 7 | 13 | 7 | 3 | 4 | 8 | 3 | 1 | 3 | | |
| 30天的+/-总和 | 0 | 0 | 0 | 0 | 0 | 0 | 0 | 0 | 0 | 0 | 1 | 1 | 1 | 2 | 0 | 0 |
| 30天的ABCD总和 | −26 | −22 | 3 | 7 | 7 | 9 | 11 | 11 | 11 | 9 | 13 | 12 | 10 | 12 | | |
| 到+/-9的数字 | | 4 | 4 | 4 | 0 | | | | | 0 | | | | 12 | 11/29 | |

## 大豆

| | 10/30 | 10/31 | 11/26 | 11/27 | 11/28 | 11/29 | 11/30 | 12/3 | 12/4 | 12/5 | 12/6 | 12/7 | 12/10 | 12/11 | 30 | 29 |
|---|---|---|---|---|---|---|---|---|---|---|---|---|---|---|---|---|
| 10:30—2:15 | | 4284 | 4430 | 4446 | 4362 | 4380 | 4482 | 4512 | 4472 | 4450 | 4442 | 4482 | 4462 | 4410 | | |
| 净值 | 0 | F2 | H2 | H2 | H2 | H2 | 10 1/4 | H2 | H2 | H2 | H2 | H2 | H2 | H2 | | |
| 乖离率 | N | 428 1/2 | −11 3/4 | 1 3/4 | −8 1/2 | 1 3/4 | s | 3 | −4 | −2 1/4 | −3/4 | 4 | −2 | −5 1/4 | | |
| 情绪指数 | 57 | n | N | n | S | S | 30 | N | n | S | S | s | N | n | | |
| 加减 | 0 | 37 | 17 | 18 | 13 | 13 | 2 | 34 | 33 | 30 | 29 | 35 | 33 | 18 | | |
| ABCD | 2 | 0 | 0 | 4 | 0 | 0 | 1 | 0 | −1 | 0 | −1 | 1 | 0 | 0 | 3 | 0 |
| 12天的+/-总和 | 0 | −4 | −2 | 2 | −4 | 0 | −2 | 0 | −2 | 0 | −2 | 2 | −2 | −2 | −7 | |
| 12天的ABCD总和 | 1 | 0 | −3 | 3 | −5 | 1 | 4 | 1 | 0 | −1 | −2 | −1 | −1 | −1 | | |
| 30天的+/-总和 | 0 | 0 | −3 | 3 | −5 | −7 | −2 | −2 | −4 | −6 | −8 | −4 | −6 | −6 | | |
| 30天的ABCD总和 | −11 | −13 | −4 | 4 | 4 | 4 | −3 | 4 | 3 | 3 | 2 | 3 | 3 | 3 | | |
| 到+/-9的数字 | | 0 | | | | | | | | −3 | −5 | −5 | −5 | −7 | | |

205

| 玉米 | 10/30 | 10/31 | 11/26 | 11/27 | 11/28 | 11/29 | 11/30 | 12/3 | 12/4 | 12/5 | 12/6 | 12/7 | 12/10 | 12/11 | 30 | 29 |
|---|---|---|---|---|---|---|---|---|---|---|---|---|---|---|---|---|
| | | 2054 | 2152 | 2160 | 2102 | 2114 | 2210 | 2210 | 2216 | 2190 | 2162 | 2190 | 2194 | 2200 | | |
| 10:30—2:15 | Z | Z | H2 | H2 | H2 | H2 | H2 | H2 | H2 | H2 | H2 | H2 | H2 | H2 | | |
| 净值 | N | 205 1/2 | -4 3/4 | 3/4 | -5 3/4 | 1 1/4 | 9 1/2 | 0 | 3/4 | -2 3/4 | -2 3/4 | 2 3/4 | 1/2 | 1/2 | | |
| 乖离率 | N | n | N | n | S | s | N | n | n | n | n | n | n | n | | |
| 情绪指数 | 57 | 【19】 | 13 | 15 | 8 | 13 | 55 | 59 | 63 | 60 | 36 | 44 | 【43】 | 45 | | |
| 加减 | 0 | 1 | 0 | 0 | 0 | 0 | 0 | 0 | 0 | 0 | 0 | 1 | 0 | 0 | 0 | + |
| ABCD | 2 | 0 | -2 | 0 | -2 | 0 | 2 | 1 | 0 | 0 | -2 | 2 | 0 | 0 | | |
| 12天的+/-总和 | 0 | 1 | 0 | 1 | 0 | 0 | 0 | 0 | 0 | -1 | -1 | 0 | 0 | 1 | | |
| 12天的ABCD总和 | 5 | 7 | 1 | 1 | -3 | -3 | -1 | -2 | 0 | -2 | -4 | 1 | -1 | -1 | | |
| 30天的+/-总和 | 0 | 1 | 0 | 0 | 0 | 0 | 0 | 0 | 0 | 0 | 0 | 1 | 1 | 1 | | |
| 30天的ABCD总和 | -1 | 1 | 4 | 6 | 4 | 1 | 5 | 4 | 4 | 4 | 0 | 0 | 2 | 2 | | |
| 到+/-9的数字 | | | | | | | | | | | | | | | | |

| 小麦 | 10/30 | 10/31 | 11/26 | 11/27 | 11/28 | 11/29 | 11/30 | 12/3 | 12/4 | 12/5 | 12/6 | 12/7 | 12/10 | 12/11 | 30 | 29 |
|---|---|---|---|---|---|---|---|---|---|---|---|---|---|---|---|---|
| | | 2932 | 2850 | 2854 | 2822 | 2820 | 2800 | 2872 | 2840 | 2852 | 2814 | 2840 | 2834 | 2864 | | |
| 10:30—2:15 | Z | Z | H2 | H2 | H2 | H2 | H2 | H2 | H2 | H2 | H2 | H2 | H2 | H2 | | |
| 净值 | N | 293 1/4 | -11 3/4 | 1/2 | -3 1/4 | -1/4 | -2 | 7 1/4 | -3 1/4 | -1 1/4 | -3 3/4 | 2 1/2 | -1/2 | 3 | | |
| 乖离率 | N | b | n | n | n | n | N | n | n | n | S | n | s | s | | |
| 情绪指数 | 57 | 73 | 14 | 22 | 14 | 13 | 【47】 | 【44】 | 39 | 45 | 29 | 32 | 31 | 31 | | |
| 加减 | 0 | -1 | 0 | 0 | 0 | 0 | 0 | -1 | 0 | 1 | -1 | 1 | 0 | 1 | 0 | — |
| ABCD | 2 | 0 | -2 | 1 | -2 | 0 | 0 | -2 | -2 | 0 | -2 | 2 | 0 | 2 | -3 | |
| 12天的+/-总和 | 0 | -1 | 0 | 0 | 0 | -1 | -1 | -2 | -2 | -1 | -2 | 0 | 0 | 1 | | |
| 12天的ABCD总和 | 2 | 4 | -2 | -1 | -3 | -1 | -1 | -5 | -5 | -7 | -9 | -5 | -5 | -3 | | |
| 30天的+/-总和 | 0 | -1 | -1 | 1 | -1 | -1 | -1 | -2 | -2 | -1 | -2 | -1 | -1 | 0 | | |
| 30天的ABCD总和 | -4 | -2 | -2 | -2 | -3 | -2 | -4 | -9 | -9 | -9 | -9 | -9 | -7 | -3 | | |
| 到+/-9的数字 | | | | | | | | | | | | | | | 12/3 | |

续表

### 英国国债

| | 10/31 | 11/1 | 11/26 | 11/27 | 11/28 | 11/29 | 11/30 | 12/3 | 12/4 | 12/5 | 12/6 | 12/7 | 12/10 | 12/11 | 30 | 29 |
|---|---|---|---|---|---|---|---|---|---|---|---|---|---|---|---|---|
| 英国国债 | 11801 | 11864 | 11650 | 11557 | 11601 | 11602 | 11625 | 11649 | 11658 | 11543 | 11465 | 11371 | 11400 | 11428 | | |
| 3:00am—12:30pm | Z | Z | Z | Z | Z | H2 | H2 | H2 | H2 | H2 | H2 | H2 | H2 | H2 | | |
| 净值 | 11801 | 63 | 18 | -93 | 44 | 1 | 23 | 24 | 9 | -115 | -78 | -94 | 29 | 28 | | |
| 乖离率 | | | | | | | | | | | | | | | | |
| 情绪指数 | | | | | | | | | | | | | | | 0 | 0 |
| 加减 | 0 | 0 | 0 | 0 | 0 | 1 | 0 | 0 | 0 | 0 | 0 | 0 | 0 | 0 | 2 | 0 |
| ABCD | 0 | 2 | 3 | -2 | 0 | 2 | 2 | 0 | 3 | -2 | -2 | -2 | 0 | 0 | -2 | |
| 12天的+/—总和 | 0 | 0 | 1 | 1 | 0 | 1 | 1 | 1 | 1 | 1 | 1 | 1 | 1 | 1 | | |
| 12天的ABCD总和 | 11 | 13 | 1 | -1 | -5 | -1 | 3 | 5 | 6 | 2 | 2 | 0 | 2 | 2 | 2 | |
| 30天的+/—总和 | 0 | 0 | 1 | 1 | 1 | 2 | 2 | 2 | 2 | 2 | 2 | 2 | 2 | 2 | | |
| 30天的ABCD总和 | 13 | 17 | 10 | 8 | 5 | 7 | 9 | 9 | 12 | 8 | 4 | 2 | 0 | -2 | | |
| 到+/—9的数字 | | | | | | | | | | | | | | 2 | -2 | |

### 德国国债

| | 10/31 | 11/1 | 11/26 | 11/27 | 11/28 | 11/29 | 11/30 | 12/3 | 12/4 | 12/5 | 12/6 | 12/7 | 12/10 | 12/11 | 30 | 29 |
|---|---|---|---|---|---|---|---|---|---|---|---|---|---|---|---|---|
| 德国国债 | 11200 | 11286 | 11029 | 10932 | 10970 | 10994 | 11018 | 11040 | 11075 | 10905 | 10860 | 10774 | 10802 | 10827 | | |
| 2:00am—1:00pm | Z | Z | Z | Z | Z | H2 | H2 | H2 | H2 | H2 | H2 | H2 | H2 | H2 | | |
| 净值 | 11200 | 86 | 29 | -97 | 38 | 24 | 24 | 22 | 35 | -170 | -45 | -86 | 28 | 25 | | |
| 乖离率 | | | | | | | | | | | | | | | | |
| 情绪指数 | | | | | | | | | | | | | | | 0 | 0 |
| 加减 | 0 | 0 | 0 | 0 | 0 | 0 | 0 | 1 | 0 | -1 | 0 | 0 | 0 | 0 | -1 | 0 |
| ABCD | 4 | 2 | 0 | -2 | 0 | 0 | 2 | 2 | 4 | -2 | -4 | -4 | 0 | 0 | -9 | 0 |
| 12天的+/—总和 | 0 | 0 | 4 | 4 | 4 | 4 | 4 | 4 | 4 | 4 | 4 | 4 | 4 | 4 | | |
| 12天的ABCD总和 | 14 | 16 | -6 | -8 | -9 | -7 | -3 | -1 | 3 | -1 | -2 | -2 | -2 | -4 | | |
| 30天的+/—总和 | 0 | 0 | -1 | -1 | -1 | -1 | -1 | 0 | 0 | -1 | -1 | -1 | -1 | -1 | | |
| 30天的ABCD总和 | 14 | 18 | 5 | 3 | 3 | 1 | 7 | 7 | 11 | 7 | 1 | -5 | -7 | -9 | | |
| 到+/—9的数字 | | | | | | | | | | | | -2 | 0 | 12/11 | | |

续表

### DAX 指数

| | 10/31 | 11/1 | 11/26 | 11/27 | 11/28 | 11/29 | 11/30 | 12/3 | 12/4 | 12/5 | 12/6 | 12/7 | 12/10 | 12/11 | 30 | 29 |
|---|---|---|---|---|---|---|---|---|---|---|---|---|---|---|---|---|
| DAX 指数 | 50350 | | 515150 | 506050 | 494100 | 493500 | 498400 | 500850 | 503200 | 527900 | 527900 | 522700 | 521101 | 514300 | | |
| 3:00am—1:00pm | Z | Z | Z | Z | Z | Z | Z | Z | Z | Z | Z | Z | Z | Z | | |
| 净值 | 0 | 0 | −1750 | −9100 | −11950 | −600 | 4900 | 24500 | 2350 | 24700 | 0 | −5200 | −1599 | −6801 | | |
| 乖离率 | | | | | | | | | | | | | | | | |
| 情绪指数 | | | | | | | | | | | | | | | | |
| 加减 | 0 | | 0 | 0 | 0 | 0 | 0 | 0 | 0 | 0 | 0 | −1 | 0 | 0 | 0 | 0 |
| ABCD | | 0 | −2 | −2 | −2 | 0 | 0 | 4 | 2 | 2 | 0 | −3 | −2 | 2 | 3 | |
| 12 天的 +/- 总和 | 0 | 0 | 1 | 1 | 2 | 1 | 1 | 1 | 1 | 0 | 0 | −1 | −1 | −1 | | |
| 12 天的 ABCD 总和 | 0 | 0 | 2 | 0 | 0 | −2 | −2 | 2 | 2 | 2 | 2 | −1 | −3 | −1 | | |
| 30 天的 +/- 总和 | 0 | 0 | 1 | 1 | 1 | 1 | 1 | 1 | 1 | 1 | 1 | 0 | 0 | 0 | | |
| 30 天的 ABCD 总和 | −4 | −2 | 2 | 0 | −2 | −2 | −2 | 2 | 4 | 6 | 6 | 3 | 1 | 3 | | |
| 到 +/- 9 的数字 | | | | | | | | | | 3 | 3 | | | | | |

### 富时 100

| | 10/31 | 11/1 | 11/26 | 11/27 | 11/28 | 11/29 | 11/30 | 12/3 | 12/4 | 12/5 | 12/6 | 12/7 | 12/10 | 12/11 | 30 | 29 |
|---|---|---|---|---|---|---|---|---|---|---|---|---|---|---|---|---|
| 富时 100 | 50350 | 50800 | 53130 | 52730 | 52005 | 52000 | 51990 | 51890 | 52140 | 53370 | 53800 | 52770 | 51940 | 51680 | | |
| 3:00am—12:00pm | Z | Z | Z | Z | Z | Z | Z | Z | Z | Z | Z | Z | Z | Z | | |
| 净值 | 50350 | 450 | 105 | −400 | −725 | −5 | −10 | −100 | 250 | 1230 | 430 | −1030 | −830 | −260 | | |
| 乖离率 | | | | | | | | | | | | | | | | |
| 情绪指数 | | | | | | | | | | | | | | | | |
| 加减 | 1 | 1 | −1 | 0 | 0 | 0 | 0 | 0 | 0 | 0 | 0 | −1 | 0 | 0 | −3 | |
| ABCD | 2 | 2 | −2 | −4 | −2 | 2 | −2 | 2 | 2 | 2 | 4 | −2 | −2 | 0 | 4 | |
| 12 天的 +/- 总和 | 1 | 2 | −4 | −4 | −3 | −4 | −3 | −2 | −2 | −2 | −1 | −3 | −3 | −2 | | |
| 12 天的 ABCD 总和 | 4 | 6 | −4 | −8 | −8 | −8 | −6 | −2 | −2 | −2 | 2 | −2 | −4 | −2 | | |
| 30 天的 +/- 总和 | 1 | 2 | −2 | −2 | −2 | −2 | −2 | −2 | −2 | −2 | −2 | −3 | −3 | −3 | | |
| 30 天的 ABCD 总和 | 22 | 26 | 6 | 2 | −2 | 0 | 0 | 0 | 0 | 2 | 8 | 4 | 4 | 4 | | |
| 到 +/- 9 的数字 | | | | | | | | | | | 3 | 3 | | | + | + |

续表

| | 10/30 | 10/31 | 11/26 | 11/27 | 11/28 | 11/29 | 11/30 | 12/3 | 12/4 | 12/5 | 12/6 | 12/7 | 12/10 | 12/11 | 30 | 29 |
|---|---|---|---|---|---|---|---|---|---|---|---|---|---|---|---|---|
| 日经指数 | | 10515 | 11055 | 10905 | 10675 | 10665 | 10675 | 10415 | 10450 | 10960 | 10835 | 10818 | 10605 | 10545 | | |
| 7:45pm—1:30am | Z | Z | Z | Z | Z | Z | Z | Z | Z | Z | Z | Z | Z | Z | | |
| 净值 | 0 | 10515 | 375 | −150 | −230 | −10 | 10 | −260 | 35 | 510 | −125 | −17 | −213 | −60 | | |
| 乖离率 | N | S | b | b | b | b | b | N | n | n | n | n | n | S | | |
| 情绪指数 | 57 | 45 | 87 | 76 | 55 | 62 | 63 | 39 | 41 | 69 | 63 | 60 | 35 | 33 | | |
| 加减 | 0 | 0 | 0 | 0 | 0 | 0 | 0 | 0 | 0 | 0 | 0 | 0 | −1 | 0 | 0 | 0 |
| ABCD | −2 | 0 | 2 | 2 | −2 | −2 | 2 | −2 | 0 | 2 | −2 | 0 | −2 | −2 | −14 | |
| 12 天的＋/－总和 | 0 | 0 | 1 | 2 | 2 | 2 | 3 | 2 | 1 | 1 | 1 | 1 | 0 | −1 | | |
| 12 天的 ABCD 总和 | 0 | −2 | 1 | 5 | 5 | 5 | 9 | 5 | 3 | 3 | 1 | 1 | −1 | −6 | | |
| 30 天的＋/－总和 | 0 | 0 | 0 | 0 | 0 | 0 | 0 | 0 | 0 | 0 | 0 | 0 | −1 | −1 | | |
| 30 天的 ABCD 总和 | −10 | −8 | −4 | −6 | −10 | −10 | −10 | −12 | −12 | −12 | −12 | −12 | −14 | −14 | | |
| 到＋/－9 的数字 | | | | | | | | | | | | | | 9/28 | | |

表A.4　商品中枢表——2001年12月12日数据

| 代码 | 高 | 低 | 收盘 | 中枢顶 | 中枢底 | 30均 | 14均 | 动量 | 收盘8 | 收盘7 |
|---|---|---|---|---|---|---|---|---|---|---|
| SPZI | 115200 | 113650 | 113650 | 114275 | 113858 | 113231 | 114701+ | -350 114000· | 112950 | |
| RSPZI | 115200 | 113650 | 113650 | 114275 | 113858 | 112971 | 114669+ | -350 114000· | 112950 | |
| CRY | 18893 | 18800 | 18891 | 18876 | 18847 | 18856 | 19008- | -375 | 19266 | 19251 |
| NQZI | 169700 | 165550 | 165550 | 167025 | 166042 | 156979 | 162405+ | 5750 | 159800 | 156700 |
| RNQZI | 169700 | 165550 | 165550 | 167500 | 166200 | 156363 | 162410+ | 5750 | 159800 | 156700 |
| USH2 | 101 5/32 | 100 5/32 | 100 13/32 | 100 21/32 | 100 16/32 | 105 15/32 | 102 17/32- | -3 9/32 | 103 22/32 | 104 3/32 |
| USDH2 | 101 4/32 | 100 6/32 | 100 13/32 | 100 21/32 | 100 16/32 | 105 12/32 | 102 17/32- | -3 9/32 | 103 22/32 | 104 3/32 |
| EDH2 | 98100 | 97995 | 98065 | 98059 | 98048 | 97869 | 97833+ | 115 | 97950 | 97965 |
| EDZ2 | 96330 | 96140 | 96260 | 96252 | 96235 | 96428 | 96112+ | -55 | 96315 | 96350 |
| COH2 | 1295 | 1241 | 1290 | 1283 | 1268 | 1189 | 1285- | -49 | 1339 | 1307 |
| KCH2 | 4790· | 4615 | 4780 | 4754 | 4703 | 4798 | 4718- | 160 | 4620 | 4610 |
| CTH2 | 3720 | 3635 | 3711 | 3700 | 3678 | 3519 | 3724+ | -216 | 3927 | 3774 |
| OJF2 | 9080 | 8990 | 8990 | 9035 | 9005 | 9361 | 9355- | -520 | 9510 | 9490 |
| SBH2 | 756 | 731 | 735 | 744 | 738 | 731 | 760+ | -33 | 768 | 764 |
| DXY | 11637 | 11598 | 11605 | 11618 | 11609 | 11597 | 11640- | 59 | 11546 | 11603 |
| DXH2 | 11690 | 11655 | 11664 | 11673 | 11667 | 11664 | 11697- | 59 | 11605 | 11659 |
| FXEUUS. CSV | 8925 | 8881 | 8916 | 8912 | 8903 | 8893 | 8871+ | -46 | 8962 | 8917 |
| RECH2 | 88870 | 88490 | 88810 | 88767 | 88880 | 88629 | 88367+ | -430 | 89240 | 88840 |
| RSFH2 | 6047 | 6011 | 6044 | 6039 | 6029 | 6061 | 6036- | -47 | 6091 | 6045 |
| FXUSSF. CSV | 16637 | 16537 | 16553 | 16587 | 16564 | 16511 | 16570+ | 143 | 16410 | 16545 |
| RBPH2 | 14316 | 14268 | 14294 | 14293 | 14292 | 14269 | 14146+ | 138 | 14156 | 14172 |

续表

| 代 码 | 收盘 6 | 高/低收盘 | 风险 | 高 9 | 高 20 | 高 45 | 低 9 | 低 20 | 低 45 | 1.3 倍价幅 |
|---|---|---|---|---|---|---|---|---|---|---|
| SPZI | 114770 | | 4155 | 116870 | 116870 | 116870 | 112950 | 112930 | 105920 | 2716 |
| RSPZI | 114770 | | 3745 | 116870 | 116870 | 116870 | 112950 | 112930 | 105920 | 2413 |
| CRY | 19048 | | 678 | 19266 | 19266 | 19266 | 18858 | 18637 | 18352 | 198 |
| NQZI | 164100 | 5176 | 172400 | 172400 | 172400 | 156700 | 155300 | 130850 | 8038 | |
| RNQZI | 164100 | | 4602 | 172400 | 172400 | 172400 | 156700 | 155300 | 125450 | 7293 |
| USH2 | 105 | | 1296 | 105 | 108 24/32 | 110 14/32 | 99 15/32 | 99 15/32 | 99 15/32 | 1 17/32 |
| USDH2 | 105 | | 1199 | 105 | 108 24/32 | 110 14/32 | 99 15/32 | 99 15/32 | 99 15/32 | 1 14/32 |
| EDH2 | 97965 | 高_20 | 275 | 98065 | 98065 | 98125 | 97780 | 97600 | 97505 | 144 |
| EDZ2 | 96400 | | 450 | 96400 | 96585 | 97095 | 95910 | 95865 | 95865 | 205 |
| COH2 | 1271 | | 306 | 1349 | 1349 | 1349 | 1221 | 1166 | 986 | 36 |
| KCH2 | 4540 | 高_9 | 490 | 4780 | 5280 | 5280 | 4540 | 4540 | 4515 | 195 |
| CTH2 | 3706 | | 450 | 3927 | 3927 | 3927 | 3634 | 3460 | 3022 | 113 |
| OJF2 | 9480 | 低_20 | 161 | 9510 | 9600 | 9605 | 8990 | 8990 | 8175 | 165 |
| SBH2 | 770 | 低_9 | 146 | 784 | 784 | 784 | 735 | 714 | 615 | 20 |
| DXY | 11605 | | 658 | 11627 | 11733 | 11733 | 11546 | 11546 | 11360 | 100 |
| DXH2 | 11665 | | 497 | 11705 | 11797 | 11797 | 11605 | 11605 | 11460 | 48 |
| FXEUUS. CSV | 8902 | | 75 | 8962 | 8962 | 9106 | 8867 | 8777 | 8777 | 94 |
| RECH2 | 88670 | | 561 | 89240 | 89240 | 90900 | 88350 | 87470 | 87470 | 509 |
| RSFH2 | 6047 | | 392 | 6091 | 6091 | 6165 | 6011 | 5990 | 5990 | 30 |
| FXUSSF. CSV | 16537 | | 665 | 16641 | 16673 | 16700 | 16410 | 16410 | 16236 | 184 |
| RBPH2 | 14134 | 高_9 | 361 | 14294 | 14332 | 14516 | 14076 | 14018 | 14018 | 61 |

续表

| 代　码 | 高 | 低 | 收盘 | 中枢顶 | 中枢底 | 30 均 | 14 均 | 动量 | 收盘 8 | 收盘 7 |
|---|---|---|---|---|---|---|---|---|---|---|
| FXBPUS. CSV | 14393 | 14308 | 14374 | 14366 | 14351 | 14345 | 14220＋ | 128 | 14246 | 14254 |
| RJYH2 | 7973 | 7955 | 7962 | 7964 | 7963 | 8191 | 8091－ | −179 | 8141 | 8105 |
| FXUSIY. CSV | 12633 | 12569 | 12621 | 12614 | 12601 | 12294 | 12432＋ | 272 | 12349 | 12399 |
| CDH2 | 6360 | 6329 | 6357 | 6353 | 6345 | 6294 | 6316＋ | 4 | 6353 | 6346 |
| GCG2 | 2734 | 2721 | 2729 | 2729 | 2728 | 2772 | 2747－ | −20 | 2749 | 2779 |
| RGCG2 | 2734 | 2721 | 2729 | 2729 | 2728 | 2771 | 2747－ | −20 | 2749 | 2779 |
| SIH2 | 4295 | 4230 | 4275 | 4271 | 4263 | 4168 | 4162＋ | 118 | 4157 | 4227 |
| RSIH2 | 4295 | 4245 | 4275 | 4273 | 4270 | 4168 | 4162＋ | 118 | 4157 | 4227 |
| PLF2 | 4730 | 4560 | 4607 | 4645 | 4642 | 4362 | 4514＋ | 147 | 4493 | 4577 |
| RPLF2 | 4645 | 4560 | 4607 | 4606 | 4603 | 4360 | 4512＋ | 114 | 4493 | 4577 |
| HGH2 | 6945 | 6840 | 6890 | 6893 | 6891 | 6736 | 7019－ | −430 | 7320 | 7140 |
| RHGH2 | 6945 | 6850 | 6890 | 6898 | 6893 | 6739 | 7025－ | −430 | 7320 | 7140 |
| CLF2 | 1845 | 1792 | 1808 | 1819 | 1812 | 1991 | 1910＋ | −136 | 1944 | 2009 |
| RCLF2 | 1840 | 1792 | 1808 | 1816 | 1811 | 1987 | 1907＋ | −136 | 1944 | 2009 |
| CLG2 | 1883 | 1832 | 1846 | 1858 | 1850 | 2012 | 1940＋ | −118 | 1964 | 2039 |
| RCLG2 | 1875 | 1832 | 1846 | 1854 | 1849 | 2009 | 1937＋ | −118 | 1964 | 2039 |
| NGF2 | 2854 | 2670 | 2803 | 2789 | 2762 | 2938 | 2733－ | 102 | 2701 | 2634 |
| RNGF2 | 2820 | 2670 | 2803 | 2784 | 2745 | 2932 | 2733－ | 102 | 2701 | 2634 |
| NGG2 | 2925 | 2750 | 2868 | 2858 | 2838 | 2987 | 2820－ | 82 | 2786 | 2746 |
| RNGG2 | 2875 | 2750 | 2868 | 2850 | 2813 | 2983 | 2819－ | 82 | 2786 | 2746 |
| HOF2 | 5085 | 4960 | 4999 | 5023 | 5007 | 5658 | 5342－ | −460 | 5459 | 5577 |

续表

| 代码 | 收盘 6 | 高/低 收盘 9 | 风险 | 高 9 | 高 20 | 高 45 | 低 9 | 低 20 | 低 45 | 1.3 倍价幅 |
|---|---|---|---|---|---|---|---|---|---|---|
| FXBPUS.CSV | 14217 | 高_9 | 496 | 14374 | 14415 | 14623 | 14152 | 14104 | 14104 | 129 |
| RJYH2 | 8097 | 低_45 | 393 | 8141 | 8282 | 8400 | 7962 | 7962 | 7962 | 25 |
| FXUSJY.CSV | 12414 | 高_45 | 528 | 12621 | 12621 | 12621 | 12349 | 12155 | 12007 | 113 |
| CDH2 | 6360 | | 261 | 6360 | 6360 | 6405 | 6321 | 6240 | 6233 | 35 |
| GCG2 | 2763 | 低_45 | 190 | 2779 | 2793 | 2938 | 2729 | 2729 | 2729 | 31 |
| RGCG2 | 2763 | 低_45 | 159 | 2779 | 2793 | 2938 | 2729 | 2729 | 2729 | 27 |
| SIH2 | 4153 | 高_20 | 330 | 4275 | 4275 | 4693 | 4097 | 4057 | 4057 | 85 |
| RSIH2 | 4153 | 高_20 | 272 | 4275 | 4275 | 4693 | 4097 | 4057 | 4057 | 73 |
| PLF2 | 4542 | | 418 | 4744 | 4744 | 4744 | 4442 | 4197 | 4101 | 119 |
| RPLF2 | 4542 | | 316 | 4744 | 4744 | 4744 | 4442 | 4197 | 4101 | 97 |
| HGH2 | 7090 | | 334 | 7320 | 7320 | 7320 | 6850 | 6645 | 6130 | 159 |
| RHGH2 | 7090 | | 307 | 7320 | 7320 | 7320 | 6850 | 6645 | 6130 | 139 |
| CLF2 | 1965 | 低_9 | 955 | 2009 | 2190 | 2378 | 1808 | 1784 | 1784 | 127 |
| RCLF2 | 1965 | 低_9 | 765 | 2009 | 2190 | 2378 | 1808 | 1784 | 1784 | 100 |
| CLG2 | 2001 | 低_9 | 894 | 2039 | 2197 | 2382 | 1846 | 1806 | 1806 | 115 |
| RCLG2 | 2001 | 低_9 | 739 | 2039 | 2197 | 2382 | 1846 | 1806 | 1806 | 91 |
| NGF2 | 2563 | 高_9 | 1747 | 2803 | 3041 | 3464 | 2491 | 2491 | 2491 | 232 |
| RNGF2 | 2563 | 高_9 | 1451 | 2803 | 3041 | 3464 | 2491 | 2491 | 2491 | 188 |
| NGG2 | 2703 | 高_9 | 1392 | 2868 | 3081 | 3452 | 2624 | 2624 | 2624 | 205 |
| RNGG2 | 2703 | 高_9 | 1202 | 2868 | 3081 | 3452 | 2624 | 2624 | 2624 | 169 |
| HOF2 | 5418 | 低_45 | 945 | 5577 | 6183 | 6813 | 4999 | 4999 | 4999 | 295 |

附录

续表

| 代码 | 高 | 低 | 收盘 | 中枢顶 | 中枢底 | 30 均 | 14 均 | 动量 | 收盘 8 | 收盘 7 |
|---|---|---|---|---|---|---|---|---|---|---|
| RHOF2 | 5070 | 4960 | 4999 | 5015 | 5004 | 5650 | 5336— | -460 | 5459 | 5577 |
| HUF2 | 5140 | 4990 | 5061 | 5065 | 5062 | 5475 | 5325— | -326 | 5387 | 5602 |
| RHUF2 | 5140 | 4990 | 5061 | 5065 | 5062 | 5471 | 5325— | -326 | 5387 | 5602 |
| LBCF2 | 1821 | 1780 | 1791 | 1801 | 1794 | 1919 | 1888— | -123 | 1914 | 1971 |
| SCF2 | 1797 | 1791 | 1791 | 1794 | 1792 | 1929 | 1879+ | -124 | 1915 | 1970 |
| LGOF2 | 15450 | 15225 | 15275 | 15338 | 15296 | 17078 | 16449— | -1100 | 16375 | 17125 |
| LCG2 | 6870 | 6815 | 6850 | 6848 | 6843 | 6922 | 6960— | -167 | 7017 | 7000 |
| LHG2 | 5240 | 5105 | 5205 | 5194 | 5173 | 5357 | 5355— | -320 | 5525 | 5402 |
| PBG2 | 7420 | 7230 | 7400 | 7375 | 7325 | 7366 | 7549— | -510 | 7910 | 7685 |
| SH2 | 447 | 439 | 440 6/8 | 443 | 441 4/8 | 447 1/8 | 446 2/8 | -6 4/8 | 447 2/8 | 451 |
| CH2 | 220 4/8 | 218 | 219 4/8 | 219 3/8 | 219 2/8 | 217 6/8 | 218 1/8 | -1 | 220 4/8 | 221 |
| WH2 | 287 | 281 | 286 6/8 | 285 7/8 | 284 | 290 6/8 | 286 5/8 | -2 6/8 | 289 4/8 | 287 2/8 |
| LGLH2 | 11457 | 11412 | 11428 | 11435 | 11430 | 11658 | 11553 | -197 | 11625 | 11649 |
| DGBH2 | 10856 | 10818 | 10827 | 10837 | 10830 | 11054 | 10942 | -191 | 11018 | 11040 |
| AXBH2 | 94105 | 94080 | 94105 | 94101 | 94093 | 94453 | 94195 | -220 | 94325 | 94365 |
| DAXY | 516915 | 507543 | 514645 | 513840 | 512229 | 497420 | 509156+ | 17543 | 497102 | 499386 |
| MCAY | 458017 | 451032 | 455194 | 454971 | 454525 | 449908 | 454615 | 6612 | 448582 | 444550 |
| LFTZI | 52000 | 51470 | 51680 | 51735 | 51698 | 52474 | 52620 | -310 | 51990 | 51890 |
| SNIZI | 10615 | 10460 | 10545 | 10543 | 10538 | 10545 | 10699 | -130 | 10675 • | 10415 |

续表

| 代　码 | 收盘 6 | 高/低收盘 | 风险 | 高 9 | 高 20 | 高 45 | 低 9 | 低 20 | 低 45 | 1.3 倍价幅 |
|---|---|---|---|---|---|---|---|---|---|---|
| RHOF2 | 5418 | 低_45 | 800 | 5577 | 6183 | 6813 | 4999 | 4999 | 4999 | 240 |
| HUF2 | 5503 | 低_9 | 898 | 5602 | 5888 | 6426 | 5061 | 4975 | 4975 | 285 |
| RHUF2 | 5503 | 低_9 | 806 | 5602 | 5888 | 6426 | 5061 | 4975 | 4975 | 247 |
| LBCF2 | 1929 | 低_9 | 884 | 1971 | 1990 | 2275 | 1791 | 1733 | 1733 | 119 |
| SCF2 | 1932 | 低_9 | 171 | 1970 | 2096 | 2284 | 1791 | 1732 | 1732 | 17 |
| LGOF2 | 16800 | 低_45 | 530 | 17125 | 17500 | 20350 | 15275 | 15275 | 15275 | 729 |
| LCG2 | 6985 | | 273 | 7057 | 7057 | 7275 | 6820 | 6662 | 6515 | 124 |
| LHG2 | 5320 | | 390 | 5525 | 5525 | 5525 | 5160 | 5160 | 5037 | 146 |
| PBG2 | 7475 | | 708 | 7910 | 7910 | 7910 | 7307 | 6967 | 6607 | 274 |
| SH2 | 447 6/8 | | 250 | 451 | 454 6/8 | 465 | 438 2/8 | 436 4/8 | 432 4/8 | 7 3/8 |
| CH2 | 221 2/8 | | 140 | 221 2/8 | 221 2/8 | 226 2/8 | 211 6/8 | 210 4/8 | 210 4/8 | 3 3/8 |
| WH2 | 283 6/8 | | 217 | 289 4/8 | 297 2/8 | 302 2/8 | 281 6/8 | 281 6/8 | 281 6/8 | 6 4/8 |
| LGLH2 | 11658 | | 898 | 11658 | 11710 | 11866 | 11371 | 11371 | 11371 | 34 |
| DGBH2 | 11075 | | 632 | 11075 | 11083 | 11284 | 10774 | 10774 | 10774 | 64 |
| AXBH2 | 94320 | | 80 | 94380 | 94740 | 95000 | 94090 | 94060 | 94060 | 8 |
| DAXY | 503332 | | 2884 | 527653 | 527653 | 527653 | 492466 | 491887 | 448055 | 17722 |
| MCAY | 444587 | 832 | 467755 | 467755 | 467755 | 444550 | 437658 | 416476 | 13034 | |
| LFTZI | 52140 | 低_20 | 1297 | 53800 | 53800 | 53800 | 51680 | 51680 | 50180 | 1376 |
| SNIZI | 10450 | | 781 | 10835 | 11055 | 11055 | 10415 | 10140 | 9935 | 287 |

表 A.5　商品数字线值——2001 年 12 月 12 日数据

| 代　码 | 月 | 开盘价幅时间 | 交易时段 | A 值 | G 值 |
|---|---|---|---|---|---|
| C（玉米） | 三月 | 5 | 10：30－2：15 | 1.6 | 1.2 |
| CO（可可） | 三月 | 5 | 8：30－1：30 | 10 | 15 |
| CT（棉花） | 三月 | 5 | 10：30－2：40 | 15 | 40 |
| ED（欧元） | 三月 | 5 | 8：20－3：00 | 5 | 5 |
| GC（黄金） | 二月 | 5 | 8：20－2：30 | 1.2 | 4 |
| LC（活牛） | 二月 | 5 | 10：05－2：00 | 20 | 20 |
| LH（活猪） | 二月 | 5 | 10：05－2：00 | 20 | 20 |
| OJ（橙汁） | 一月 | 5 | 10：15－2：15 | 150 | 150 |
| PB（猪腩） | 二月 | 5 | 10：05－2：00 | 40 | 50 |
| PL（铂金） | 一月 | 5 | 8：20－2：30 | 25 | 100 |
| S（大豆） | 三月 | 5 | 10：30－2：15 | 5 | 1 |
| SI（白银） | 三月 | 5 | 8：25－2：25 | 3.14 | 4.64 |
| W（小麦） | 三月 | 5 | 10：30－2：15 | 24 | 12 |
| AXB（澳大利亚国债） | 三月 | 15 | 6：30pm－2：30am | 3.5 | 5 |
| HG（铜） | 三月 | 15 | 8：10－2：00 | 26 | 155 |
| NQ（纳斯达克） | 三月 | 15 | 9：30－4：15 | 17.5 | 20.5 |
| SP（标准普尔 500） | 三月 | 15 | 9：30－4：15 | 2 | 1.5 |
| US（美国国债） | 三月 | 15 | 8：20－3：00 | 7 | 10 |
| LBC（布伦特原油） | 一月 | 20 | 5：02－3：12 | 7 | 12 |
| 英镑/美元 | 现金 | 30 | 2：30am－3：00pm | 28 | 56 |
| 加拿大元/美元 | 现金 | 30 | 8：00am－3：00pm | 7 | 7 |
| 欧元/美元 | 现金 | 30 | 2：30am－3：00pm | 12 | 23 |
| 日元/美元 | 现金 | 30 | 9：00pm－3：00pm | 8 | 15 |
| DGB（德国国债） | 三月 | 30 | 2：00am－1：00pm | 7 | 11 |
| LFT（富时指数） | 三月 | 30 | 3：00am－12：30pm | 70 | 90 |
| SB（糖） | 三月 | 30 | 9：30－1：20 | 4 | 21 |
| CL（原油） | 一月 | 5 | 9：45－3：10 | 8 | 13 |
| HO（取暖油） | 一月 | 5 | 9：50－3：10 | 35 | 135 |
| HU（无铅汽油） | 一月 | 5 | 9：50－3：10 | 25 | 85 |
| KC（咖啡） | 三月 | 5 | 9：15－1：32 | 115 | 150 |
| NG（天然气） | 一月 | 5 | 9：30－3：10 | 1.6 | 5.6 |

表 A.6 商品趋势变化——2001 年 12 月数据

| 星期日 | 星期一 | 星期二 | 星期三 | 星期四 | 星期五 | 星期六 |
|---|---|---|---|---|---|---|
| 2 | 3<br>木材<br>美国国债<br>玉米<br>无铅汽油<br>取暖油裂解价差 | 4<br>黄金<br>天然气 | 5<br>糖<br>活牛 | 6<br>标准普尔<br>棉花<br>白银 | 7<br>瑞士法郎<br>日元<br>橙汁 | 8 |
| 9 | 10<br>澳大利亚元<br>取暖油<br>伦敦汽油<br>取暖油对无铅汽油 | 11<br>英国国债<br>加拿大元<br>布伦特原油<br>天然汽油裂解价差 | 12<br>大豆<br>铜<br>无铅汽油 | 13<br>活猪<br>原油<br>天然气 | 14<br>糖<br>美元<br>英镑 | 15 |
| 16 | 17<br>可可<br>棉花<br>小麦<br>橙汁 | 18<br>标准普尔<br>美国国债<br>黄金 | 19<br>日元<br>玉米 | 20<br>白银<br>猪腩<br>取暖油 | 21<br>加拿大元<br>伦敦汽油<br>无铅汽油裂解价差 | 22 |
| 23 | 24<br>活猪<br>大豆<br>取暖油对无铅汽油 | 25<br>澳大利亚元 | 26<br>小麦<br>橙汁<br>活牛<br>美元 | 27<br>糖<br>布伦特原油 | 28<br>英镑<br>天然气<br>白银<br>瑞士法郎 | 29 |
| 30 | 31<br>取暖油<br>原油<br>日元<br>英国国债<br>无铅汽油裂解价差<br>标准普尔 | | | | | |

表 A.7 能源板块趋势变化——2001 年 12 月数据

| 星期日 | 星期一 | 星期二 | 星期三 | 星期四 | 星期五 | 星期六 |
|---|---|---|---|---|---|---|
| 2 | 3 — | 4 EPN | 5 EE | 6 BP | 7 TOT DUK | 8 |
| 9 | 10 XOM | 11 ENE | 12 ETR | 13 RD EPN | 14 SRE | 15 |
| 16 | 17 — | 18 — | 19 DUK EE | 20 — | 21 — | 22 |
| 23 | 24 — | 25 XOM | 26 RD EPG BP | 27 TOT ETR | 28 ENE EPN SRE | 29 |
| 30 | 31 — | | | | | |

表 A.8 能源（反转体系）趋势变化——2001 年 12 月数据

| 星期日 | 星期一 | 星期二 | 星期三 | 星期四 | 星期五 | 星期六 |
|---|---|---|---|---|---|---|
| 2 | 3<br>ADBE, CBS, QLGC QQQ, SUNQ | 4<br>AFFX, AOL, BGEN JPM, KLAC, MO NOK, SBC, TMX | 5<br>AET, AMGN, BAC GM, GMST, GTW IMNX, LSI, SEBL, T UTX | 6<br>AKAM, BEAS, CA CCU, DELL, HD HWP, IDPH, INKT ORCL, PG, QCOM | 7<br>AES, AGN, CSCO FDX, IBM, JNJ, LEH | 8 |
| 9 | 10<br>AMZN, CC, CRA HGSI | 11<br>C, CCL, ENE SBUX, SNE | 12<br>CAT, SCH, SUNW | 13<br>ADRX, GLW, KLAC NT | 14<br>AFFX, AIG, CLX MU, TLAB | 15 |
| 16 | 17<br>AAPL, CB, CBS CPQ, CSCO, DELL GS, KO, LSI, PVN TXN | 18<br>ADBE, CDO, DISH EMC, FDX, INTC PFE, T, TMX | 19<br>AXP, DUK, GE, PG | 20<br>AET, AGN, GMST LEH | 21<br>HD, LU, USW | 22 |
| 23 | 24<br>BGEN, IBM, MOT UN, UTX ADBE, CDO, DISH, T | 25<br>— | 26<br>AES, BAC, CCL COST, LLY, UAL TMX, PFE, FDX, EMC INTC | 27<br>ADRX, BEAS, SGP TLAB | 28<br>C, CA, DD, HWP JPM, QLGC, TXT | 29 |
| 30 | 31<br>AMGN, ORCL QCOM | | | | | |

**表 A.9　逻辑交易者每日能源市场评述——2001 年 12 月 12 日数据**

| 商　品 | 月 | 高 | 低 | 收盘 | 中枢 | +/- | 中枢价幅 | |
|---|---|---|---|---|---|---|---|---|
| 原油 | 一 | 1840 | 1792 | 1808 | 1813 | 3 | 1810 | 1816 |
| 原油 | 二 | 1875 | 1832 | 1846 | 1851 | 3 | 1848 | 1854 |
| 天然气 | 一 | 2820 | 2673 | 2803 | 2764 | 19 | 2745 | 2783 |
| 天然气 | 二 | 2875 | 2750 | 2868 | 2831 | 19 | 2812 | 2850 |
| 无铅汽油 | 一 | 5140 | 4990 | 5061 | 5064 | 1 | 5063 | 5065 |
| 无铅汽油 | 二 | 5280 | 5150 | 5220 | 5217 | 2 | 5215 | 5219 |
| 供暖油 | 一 | 5070 | 4960 | 4999 | 5010 | 5 | 5005 | 5015 |
| 供暖油 | 二 | 5200 | 5090 | 5145 | 5145 | 0 | 5145 | 5145 |
| 标准普尔 | 十二 | 115200 | 113350 | 113650 | 114067 | 208 | 113859 | 114275 |
| 纳斯达克 | 十二 | 169700 | 165300 | 165550 | 166850 | 650 | 166200 | 167500 |

**"天然气期货 F"的今日逻辑方法**

昨日天然气的逻辑交易者写了关于移动平均线形态和假突破的可能性。昨日出现高点和市场抛售，ACD 指标指示市场方向不明。

今日，美国燃气协会（AGA）报告公布以前，市场保持轻仓。在报告公布后，3 日滚动的中枢价幅的底部 2.655～2.675，构成今日行情的关键支撑位。

两周前的周三，11 月 28 日，行情大幅震荡。在那一日行情在 F 点创出 3.200，当日尾盘遭遇抛售至 2.700。当日中枢价幅的顶部为 2.93～2.95，构成今日行情的关键阻力位。

**"原油期货 F"的今日逻辑方法**

过去的几日，每日中枢价幅为盘中短线做空提供了行情依据和参考点。

今日，中枢价幅为 18.10～18.16。应关注市场是否验证 ACD 的卖出信号，行情是否低于 18.10 水平运行，接近今日的关键支撑位 17.45～17.50。注意，价格对于 17.12 的挑战将于明日结束，历史数据表明这一周尾声将出现趋势变化，机会之窗即将打开。

行情复苏将从开盘时起效，通过扭转这一周交易的下跌走势，逼近今日关键的阻力位 18.80～18.86。这一中枢价幅从周一开始变化不大，当日行情未能突破中枢价幅，随后价格开始走低。

---

被编译的信息来源确凿可靠，但是不保证绝对精确。我们不对印刷、数据及日期错误负责。

股票和期货交易都存在亏损风险。这里不会保证、表达或暗示这些信息数据适用于任何特别的交易活动。

过去的成绩不能保证未来的结果。每个人在以印刷信息为依据前都应当征询独立投资顾问的建议。有时我们会保留行情仓位不同于建议的状况。

表 A.10　股票中枢表——2001 年 12 月 12 日数据

| 代码 | 高 | 低 | 收盘 | 中枢顶 | 中枢底 | 30 均 | 14 均 | 动量 | 收盘 8 |
|---|---|---|---|---|---|---|---|---|---|
| A | 30.21 | 29.26 | 29.29 | 29.74 | 29.44 | 25.744 | 27.608+ | 2.16 | 27.13 |
| AA | 38.77 | 37.75 | 38.53 | 38.44 | 38.26 | 36.644 | 38.464+ | −0.07 | 38.6* |
| AAPL | 22.85 | 21.65 | 21.78 | 22.25 | 21.94 | 20.087 | 21.397+ | 0.48 | 21.3 |
| ABGX | 33.29 | 31.1 | 32.04 | 32.19 | 32.09 | 32.59 | 34.979− | −3.96 | 36 |
| ABI | 34.37 | 33.25 | 33.25 | 33.81 | 33.44 | 30.652 | 33.616− | 0.15 | 33.1 |
| ABK | 56.15 | 55.16 | 55.32 | 55.65 | 55.43 | 53.306 | 55.546+ | −0.76 | 56.08 |
| ABS | 33.21 | 31.7 | 32.06 | 32.46 | 32.19 | 33.179 | 33.695− | −1.5 | 33.56 |
| ABT | 55.97 | 53.8 | 54.14 | 54.89 | 54.39 | 53.883 | 54.563+ | −0.86 | 55 |
| ABX | 15.18 | 14.88 | 15.18 | 15.13 | 15.03 | 15.171 | 14.929+ | 0.05 | 15.13* |
| ACF | 29.25 | 27.5 | 27.95 | 28.38 | 28.09 | 22.035 | 24.743+ | 4.85 | 23.1 |
| ACS | 99.8 | 96.55 | 96.98 | 98.18 | 97.38 | 93.662 | 95.696+ | 3.6 | 93.38 |
| ADBE | 35.8 | 33.65 | 33.98 | 34.72 | 34.23 | 31.68 | 34.072+ | 1.9 | 32.08 |
| ADI | 46.6 | 44.44 | 44.57 | 45.52 | 44.89 | 43.404 | 43.751+ | 2.07 | 42.5 |
| ADLAC | 27.83 | 26.7 | 27.17 | 27.26 | 27.2 | 23.373 | 25.075+ | 2.06 | 25.11 |
| ADP | 59.12 | 58.48 | 58.78 | 58.8 | 58.79 | 55.439 | 56.849+ | 3.32 | 55.46 |
| ADRX | 70.68 | 67.44 | 67.71 | 69.06 | 68.16 | 68.221 | 72.126+ | −6.11 | 73.82 |
| ADSK | 42.19 | 39.95 | 40.73 | 41.07 | 40.84 | 36.196 | 37.758+ | 3.53 | 37.2 |
| ADVP | 27.88 | 26.02 | 27.15 | 27.08 | 26.95 | 28.254 | 27.226− | −0.54 | 27.69 |
| AEIS | 27.98 | 27.13 | 27.55 | 27.56 | 27.55 | 23.341 | 24.917+ | 3.89 | 23.66 |
| AEOS | 25.65 | 24.88 | 25.06 | 25.26 | 25.13 | 26.996 | 25.021− | 0.62 | 24.44 |

续表

| 代 码 | 收盘7 | 收盘6 | 高/低 收盘 | 风险 | 高9 | 高20 | 高45 | 低9 | 低20 | 低45 |
|---|---|---|---|---|---|---|---|---|---|---|
| A | 27.51 | 28.15 | | 95 | 30.15 | 30.15 | 30.15 | 27.13 | 23.78 | 20.79 |
| AA | 37.85 | 38.1 | | 92 | 39.95 | 39,95 | 39.95 | 37.85 | 36.3 | 31.51 |
| AAPL | 21.05 | 22.4 | 低_9 | 89 | 23.76 | 23.76 | 23.76 | 20.42 | 18.97 | 16.01 |
| ABGX | 35.26 | 35.79 | | 156 | 37.46 | 37.46 | 37.46 | 32.04 | 31.11 | 24.69 |
| ABI | 30.98 | 31.84 | 低_20 | 123 | 35.18 | 35.25 | 35.25 | 30.98 | 30.98 | 25.67 |
| ABK | 55.75 | 55.9 | | 128 | 56.35 | 56.35 | 56.35 | 55.32 | 51.56 | 48 |
| ABS | 33.54 | 33.8 | 低_9 | 73 | 35.44 | 35.44 | 35.44 | 32.06 | 32.06 | 31.43 |
| ABT | 55.46 | 55.09 | | 87 | 55.5 | 55.5 | 55.5 | 54.14 | 52.03 | 50.98 |
| ABX | 15.29 | 15.25 | | 32 | 15.49 | 15.49 | 16.93 | 14.96 | 14.06 | 14.06 |
| ACF | 22.15 | 22.91 | | 172 | 28.61 | 28.61 | 36.25 | 22.15 | 22.15 | 14.98 |
| ACS | 93.61 | 95.4 | | 195 | 97.57 | 97.57 | 97.57 | 93.38 | 91.29 | 87.3 |
| ADBE | 31.96 | 34.33 | | 155 | 37.27 | 37.27 | 37.27 | 31.96 | 30.67 | 26.4 |
| ADI | 41.96 | 44.65 | | 205 | 47.73 | 47.73 | 47.73 | 41.96 | 40.8 | 35.7 |
| ADLAC | 25.46 | 26.53 | | 99 | 27.75 | 27.75 | 27.75 | 24.6 | 20.91 | 20.91 |
| ADP | 55.27 | 56.09 | 低_9 | 104 | 59.85 | 59.85 | 59.85 | 55.27 | 55.18 | 48.17 |
| ADRX | 72.57 | 72.89 | 高_45 | 216 | 75.59 | 75.59 | 75.59 | 67.71 | 62.88 | 62.88 |
| ADSK | 36.69 | 37.15 | | 112 | 40.73 | 40.73 | 40.73 | 36.69 | 33.95 | 33.22 |
| ADVP | 27.38 | 26.8 | | 133 | 27.69 | 31.42 | 39.91 | 25.97 | 25.97 | 25.6 |
| AEIS | 22.59 | 26.83 | | 141 | 28.91 | 28.91 | 28.91 | 22.59 | 21.7 | 16.33 |
| AEOS | 22.57 | 23.26 | | 117 | 25.63 | 30.55 | 30.55 | 22.57 | 22.57 | 22.57 |

续表

| 代码 | 高 | 低 | 收盘 | 中枢顶 | 中枢底 | 30均 | 14均 | 动量 | 收盘8 |
|---|---|---|---|---|---|---|---|---|---|
| AEP | 42.32 | 41.44 | 41.7 | 41.88 | 41.76 | 42.584 | 41.883− | 0.45 | 41.25 |
| AES | 14.7 | 13.53 | 13.93 | 14.11 | 13.99 | 15.388 | 16.34− | −2.59 | 16.52 |
| AET | 30.7 | 29.93 | 30.64 | 30.53 | 30.32 | 30.098 | 30.823+ | −0.53 | 31.17 |
| AFCI | 20.34 | 19.45 | 19.67 | 19.9 | 19.74 | 19.776 | 19.997− | 0.19 | 19.48 |
| AFFX | 36.89 | 34.5 | 35.75 | 35.73 | 35.69 | 34.174 | 36.534+ | −0.47 | 36.22* |
| AFL | 25.39 | 24.87 | 24.92 | 25.13 | 24.99 | 25.957 | 26.422− | −2.48 | 27.4 |
| AGE | 44.71 | 43.66 | 44.22 | 44.21 | 44.18 | 42.686 | 43.524+ | 1.62 | 42.6 |
| AGN | 77.07 | 75.45 | 75.78 | 76.26 | 75.94 | 73.418 | 76.144+ | 0.29 | 75.49 |
| AHAA | 25.55 | 23.126 | 23.55 | 24.34 | 23.81 | 26.345 | 25.611− | −0.45 | 24 |
| AHC | 58.2 | 57.5 | 57.53 | 57.85 | 57.64 | 58.028 | 57.629+ | −0.57 | 58.1 |
| AHP | 60.45 | 58.44 | 58.75 | 59.44 | 58.98 | 58.179 | 59.613+ | −1.35 | 60.1 |
| AIG | 80 | 79.16 | 79.7 | 79.66 | 79.58 | 81.134 | 81.592− | −2.7 | 82.4 |
| AL | 37.26 | 35.88 | 36.74 | 36.68 | 36.57 | 34.381 | 36.042+ | 0.74 | 36 |
| ALA | 19.73 | 19.28 | 19.34 | 19.51 | 19.4 | 17.665 | 18.571+ | 1.33 | 18.01 |
| ALKS | 24.65 | 21.29 | 23.01 | 23 | 22.97 | 25.544 | 24.667− | −1.37 | 24.38 |
| ALL. | 32.4 | 31.5 | 31.5 | 31.95 | 31.65 | 32.567 | 33.121− | −2.74 | 34.24 |
| ALO | 24.2 | 23.3 | 24.01 | 23.92 | 23.75 | 24.08 | 23.94+ | 0.03 | 23.98 |
| ALTR | 25.55 | 24.42 | 24.56 | 24.99 | 24.7 | 23.785 | 24.074+ | 1.8 | 22.76 |
| AMAT | 45.35 | 43.5 | 43.94 | 44.42 | 44.1 | 39.806 | 41.653+ | 4.2 | 39.74 |
| AMGN | 65.88 | 63.88 | 64.3 | 64.88 | 64.49 | 61.464 | 65.675+ | −2.13 | 66.43 |

续表

| 代码 | 收盘 7 | 收盘 6 | 高/低 收盘 | 风险 | 高 9 | 高 20 | 高 45 | 低 9 | 低 20 | 低 45 |
|---|---|---|---|---|---|---|---|---|---|---|
| AEP | 41.5 | 42.01 | | 92 | 42.86 | 44.48 | 44.85 | 40.58 | 40.44 | 40.44 |
| AES | 16.07 | 16.61 | 低_20 | 72 | 16.98 | 17.64 | 17.64 | 13.93 | 13.93 | 12.95 |
| AET | 30.82 | 30.94 | | 65 | 31.55 | 31.55 | 32.01 | 30.63 | 29.46 | 27.64 |
| AFCI | 18.41 | 19.01 | | 113 | 21.71 | 21.71 | 22.47 | 18.41 | 18.41 | 17.36 |
| AFFX | 35.61 | 36.03 | | 160 | 38.09 | 38.09 | 38.09 | 35.51 | 32.74 | 16.2 |
| AFL | 26.99 | 26.8 | 低_9 | 57 | 27.4 | 27.4 | 27.4 | 24.92 | 24.89 | 24.46 |
| AGE | 41.73 | 42.55 | 92 | | 44.81 | 44.81 | 44.81 | 41.73 | 41.73 | 36.17 |
| AGN | 75.25 | 74.74 | | 145 | 76.4 | 78.1 | 78.1 | 74.74 | 68.8 | 64.26 |
| AHAA | 24.15 | 26.39 | 低_20 | 186 | 28.52 | 28.52 | 30.05 | 23.55 | 23.55 | 18.9 |
| AHC | 58.4 | 58.75 | 低_9 | 131 | 60.26 | 60.68 | 68.62 | 57.53 | 54.15 | 54.15 |
| AHP | 60.99 | 60.1 | 低_9 | 104 | 60.99 | 60.99 | 60.99 | 58.75 | 56.41 | 55.83 |
| AIG | 81.75 | 82 | | 138 | 83.15 | 83.15 | 86.12 | 79.6 | 79.6 | 77.35 |
| AL | 35.32 | 35.83 | | 83 | 37.53 | 37.53 | 37.53 | 35.32 | 34.3 | 29.65 |
| ALA | 17.52 | 18.42 | | 60 | 19.89 | 19.89 | 19.89 | 17.52 | 16.88 | 11.41 |
| ALKS | 23.55 | 23.5 | 低_20 | 116 | 25.44 | 27.1 | 28.19 | 23.01 | 23.01 | 20.11 |
| ALL | 33.95 | 32.8 | 低_20 | 72 | 34.24 | 34.24 | 36.54 | 31.5 | 31.5 | 31.38 |
| ALO | 23.86 | 23.96 | 51 | | 24.27 | 24.51 | 30 | 23.86 | 21.8 | 20.9 |
| ALTR | 22.49 | 24.32 | | 138 | 26.98 | 26.98 | 26.98 | 22.49 | 21.83 | 18.5 |
| AMAT | 39.27 | 42.43 | | 187 | 45.91 | 45.91 | 45.91 | 39.27 | 36.65 | 31.15 |
| AMGN | 65.48 | 66.66 | 低_9 | 169 | 68.49 | 68.49 | 68.49 | 64.3 | 56.52 | 56.27 |

续表

| 代码 | 高 | 低 | 收盘 | 中枢顶 | 中枢底 | 30 均 | 14 均 | 动量 | 收盘 8 |
|------|------|------|------|--------|--------|-------|-------|-------|--------|
| AMKR | 17.8 | 16.92 | 17 | 17.36 | 17.12 | 15.2 | 16.056+ | 1.43 | 15.57 |
| AMR | 23.22 | 22.1 | 22.75 | 22.72 | 22.66 | 19.993 | 21.575+ | 1.39 | 21.36 |
| AMT | 7.4 | 7 | 7.3 | 7.Z7 | 7.2 | 8.285 | 8.272- | -1.5 | 8.8 |
| ANDW | 22.35 | 21.68 | 21.91 | 22.01 | 21.94 | 21.385 | 21.931+ | 0.9 | 21.01 |
| ANEN | 19 | 18.14 | 18.26 | 18.57 | 18.36 | 16.488 | 17.538+ | 1.89 | 16.37 |
| ANF | 25.4 | 24.64 | 24.86 | 25.02 | 24.91 | 22.335 | 24.41+ | 0.86 | 24 |
| ANN | 30.25 | 28.05 | 28.62 | 29.15 | 28.8 | 26.669 | 28.627+ | 1.35 | 27.27 |
| AOC | 35.23 | 34.89 | 34.96 | 35.06 | 34.99 | 36.11 | 35.635- | -0.87 | 35.83 |
| AOL | 32.78 | 31.37 | 32 | 32.08 | 32.02 | 35.152 | 34.958- | -2.9 | 34.9 |
| APA | 48.69 | 47.16 | 47.43 | 47.92 | 47.59 | 48.309 | 47.047+ | 1.44 | 45.99 |
| APC | 54.3 | 53.3 | 53.7 | 53.8 | 53.73 | 54.737 | 53.378- | 1.8 | 51.9 |
| APCC | 15.31 | 14.84 | 15 | 15.08 | 15.02 | 14.143 | 14.331+ | 1.24 | 13.76 |
| APD | 46.82 | 45.6 | 46.31 | 46.28 | 46.21 | 44.206 | 46.027+ | 0.59 | 45.72 |
| APOL | 47.75 | 45.74 | 45.74 | 46.75 | 46.08 | 42.722 | 44.115+ | 0.86 | 44.88 |
| ARW | 30.02 | 29.5 | 29.82 | 29.8 | 29.76 | 26.889 | 28.057+ | 2.3 | 27.52 |
| ASMI | 19.3 | 18.562 | 18.87 | 18.93 | 18.89 | 16.381 | 16.289+ | 4.06 | 14.81 |
| ASML | 19.23 | 18.64 | 18.64 | 18.93 | 18.74 | 17.496 | 18.168+ | 1.23 | 17.41 |
| ASO | 18.87 | 18.52 | 18.67 | 18.69 | 18.68 | 18.302 | 18.501+ | 0.35 | 18.32 |
| AT | 62.32 | 61.7 | 62.02 | 62.02 | 62.01 | 62.019 | 63.479- | -3.06 | 65.08 |
| AVCT | 26.3 | 25.64 | 25.64 | 25.97 | 25.75 | 21.474 | 24.666+ | 1.77 | 23.87 |

续表

| 代 码 | 收盘 7 | 收盘 6 | 高/低 收盘 | 风险 | 高 9 | 高 20 | 高 45 | 低 9 | 低 20 | 低 45 |
|---|---|---|---|---|---|---|---|---|---|---|
| AMKR | 15.399 | 16.53 | | 78 | 18.02 | 18.02 | 18.02 | 15.399 | 14.18 | 10.82 |
| AMR | 20.94 | 21.29 | | 82 | 23.34 | 23.34 | 23.34 | 20.94 | 17.01 | 16.46 |
| AMT | 8.09 | 8.1 | | 66 | 9.35 | 9.35 | 16.27 | 6.9 | 6.41 | 5.98 |
| ANDW | 21.05 | 22.64 | | 95 | 23.82 | 23.82 | 23.82 | 21.01 | 20.9 | 17.38 |
| ANEN | 16.31 | 17.8 | | 86 | 19 | 19 | 19 | 16.31 | 15.2 | 13.85 |
| ANF | 24.5 | 24.8 | 93 | | 26.02 | 26.02 | 26.02 | 23.39 | 20.75 | 17.7 |
| ANN | 28.4 | 28.84 | | 115 | 31.96 | 31.96 | 31.96 | 27.06 | 26.1 | 21.67 |
| AOC | 35 | 35.58 | 低 _ 9 | 63 | 35.9 | 36.1 | 43.13 | 34.96 | 34.72 | 34 |
| AOL | 33.58 | 34.75 | | 128 | 35.83 | 38.25 | 38.25 | 31 | 31 | 29.9 |
| APA | 47.06 | 47.93 | | 145 | 49.23 | 51.14 | 54.41 | 45.99 | 43.85 | 43.85 |
| APC | 52.8 | 54.21 | | 149 | 55.23 | 58.88 | 60.44 | 51.9 | 50.75 | 50.75 |
| APCC | 13.71 | 14.36 | | 54 | 15.26 | 15.26 | 15.26 | 13.71 | 13.63 | 12.77 |
| APD | 45.6 | 46.61 | | 93 | 47.59 | 47.59 | 47.59 | 45.48 | 43.01 | 36.84 |
| APOL | 44.57 | 45 | | 118 | 47.13 | 47.13 | 47.13 | 44.26 | 39.62 | 39.62 |
| ARW | 27.26 | 27.95 | 高 _ 45 | 76 | 30.7 | 30.7 | 30.7 | 27.26 | 26.18 | 22.01 |
| ASMI | 14.82 | 16.79 | | 73 | 18.87 | 18.87 | 18.87 | 14.81 | 14.35 | 12.2 |
| ASML | 17.05 | 17.85 | | 64 | 20.12 | 20.12 | 20.12 | 17.05 | 16.85 | 13 |
| ASO | 18.17 | 18.49 | | 31 | 18.81 | 18.81 | 18.81 | 18.17 | 18.1 | 16.5 |
| AT | 64.98 | 64.59 | 低 _ 9 | 89 | 65.08 | 65.08 | 65.08 | 62.02 | 61.27 | 57.14 |
| AVCT | 23.75 | 25.6 | | 105 | 26.62 | 26.62 | 26.62 | 23.75 | 22.47 | 15.5 |

续表

| 代码 | 高 | 低 | 收盘 | 中枢顶 | 中枢底 | 30均 | 14均 | 动量 | 收盘8 |
|---|---|---|---|---|---|---|---|---|---|
| AVIR | 47.1 | 45.08 | 46.03 | 46.09 | 46.05 | 37.108 | 41.02+ | 8.98 | 37.05 |
| AVP | 49.17 | 47.9 | 48.9 | 48.78 | 48.53 | 47.816 | 48.236+ | 1.16 | 47.74 |
| AVT | 25.95 | 25.3 | 25.34 | 25.63 | 25.44 | 23.218 | 24.33+ | 1.59 | 23.75 |
| AW | 12.75 | 12.46 | 12.74 | 12.69 | 12.6 | 11.259 | 11.7+ | 0.9 | 11.84 |
| AXP | 35.25 | 34.05 | 34.25 | 34.65 | 34.38 | 32.735 | 33.83+ | 1.34 | 32.91 |
| AYE | 35.79 | 34.96 | 34.98 | 35.38 | 35.11 | 36.113 | 35.066− | 0.13 | 34.85 |
| AZN | 45.09 | 44.26 | 44.27 | 44.67 | 44.41 | 45.901 | 45.342− | −1.18 | 45.45 |
| BA | 37.65 | 36.65 | 37.07 | 37.15 | 37.1 | 34.89 | 35.698+ | 1.97 | 35.1 |
| BAC | 63.05 | 61.1 | 62.45 | 62.32 | 62.07 | 62.415 | 62.83− | 1.07 | 61.38 |
| BAX | 51.75 | 51 | 51.33 | 51.38 | 51.35 | 49.319 | 50.587+ | −0.67 | 52 |
| BBBY | 32.689 | 31.8 | 32.08 | 32.24 | 32.13 | 30.841 | 32.908+ | −0.39 | 32.47 |
| BBT | 35.22 | 34.66 | 34.81 | 34.94 | 34.85 | 34.081 | 34.528+ | 0.66 | 34.15 |
| BBY | 70.47 | 68.67 | 69.2 | 69.57 | 69.32 | 65.436 | 70.268+ | −2.19 | 71.39 |
| BDK | 38 | 37.74 | 37.97 | 37.94 | 37.87 | 35.591 | 36.871+ | 0.93 | 37.04 |
| BDX | 33.14 | 32.1 | 32.59 | 32.62 | 32.6 | 33.868 | 33.058+ | −1.28 | 33.87 |
| BEAS | 17.15 | 16.53 | 16.78 | 16.84 | 16.8 | 15.887 | 17.057+ | −0.01 | 16.79* |
| BEN | 36.55 | 35.8 | 36.3 | 36.26 | 36.17 | 35.61 | 36.404− | 0.55 | 35.75 |
| BGEN | 56.66 | 55.38 | 55.89 | 56.02 | 55.93 | 56.644 | 57.832− | −3.02 | 58.91 |
| BHI | 33.8 | 32.9 | 33.57 | 33.5 | 33.35 | 34.232 | 33.655+ | 0.6 | 32.97* |
| BJ | 43.09 | 41.1 | 41.11 | 42.1 | 41.44 | 47.117 | 44.284− | −3.89 | 45 |

续表

| 代码 | 收盘 7 | 收盘 6 | 高/低收盘 | 风险 | 高 9 | 高 20 | 高 45 | 低 9 | 低 20 | 低 45 |
|---|---|---|---|---|---|---|---|---|---|---|
| AVIR | 41.42 | 45.15 | | 168 | 48.77 | 48.77 | 48.77 | 35.59 | 34.01 | 26.693 |
| AVP | 47.95 | 47.94 | | 81 | 49.05 | 49.05 | 49.05 | 47.74 | 47.3 | 43.62 |
| AVT | 23.85 | 24.1 | | 70 | 26.46 | 26.46 | 26.46 | 23.74 | 22.71 | 19.31 |
| AW | 11.36 | 11.69 | 高_20 | 46 | 12.74 | 12.74 | 13.84 | 10.74 | 10.74 | 9.1 |
| AXP | 32.14 | 33.35 | | 121 | 35.16 | 35.16 | 35.16 | 32.14 | 32.14 | 29 |
| AYE | 34.86 | 35.5 | | 74 | 36.04 | 38.27 | 38.74 | 34.01 | 34.01 | 34.01 |
| AZN | 44.5 | 45.37 | 低_45 | 68 | 45.77 | 46.94 | 48.14 | 44.27 | 44.27 | 44.27 |
| BA | 35 | 35.38 | 90 | | 37.3 | 37.3 | 37.68 | 35 | 33.61 | 32.6 |
| BAC | 61.43 | 62.34 | | 129 | 63.6 | 64.99 | 64.99 | 61.38 | 61.38 | 52.52 |
| BAX | 51.48 | 51.38 | | 96 | 52 | 52 | 53.45 | 49.6 | 48 | 45.95 |
| BBBY | 32.4 | 32.98 | 低_9 | 114 | 34.94 | 34.94 | 34.94 | 32.08 | 30.77 | 24.3 |
| BBT | 33.85 | 34.38 | | 48 | 35.12 | 35.12 | 35.12 | 33.85 | 33.85 | 32.1 |
| BBY | 72.55 | 72.37 | | 192 | 73.31 | 73.31 | 73.31 | 68.3 | 64.97 | 47.2 |
| BDK | 36.57 | 37.05 | | 86 | 39.4 | 39.4 | 39.4 | 35.55 | 34.49 | 32.25 |
| BDX | 33.98 | 34.68 | | 85 | 34.68 | 34.68 | 38.11 | 32.02 | 32.02 | 32.02 |
| BEA5 | 16.09 | 17.2 | 低_9 | 95 | 18.38 | 18.38 | 18.38 | 16.09 | 15.75 | 11.7 |
| BEN | 35.2 | 35.25 | | 81 | 36.91 | 37.55 | 37.55 | 35.2 | 352 | 31.64 |
| BGEN | 57.35 | 59.41 | | 143 | 59.41 | 59.41 | 59.41 | 55.89 | 54.96 | 53.05 |
| BHI | 34.05 | 35.34 | | 130 | 36.75 | 37.38 | 37.7 | 32.97 | 30.65 | 30.65 |
| BI | 44.24 | 43.65 | 低_45 | 147 | 45.15 | 50.36 | 52.85 | 41.11 | 41.11 | 41.11 |

表 A.11 股票——2001 年 7 月前两周数据

| 代码 | 高 | 日期 | 低 | 日期 | 收盘 | 日期 | 中枢底 | 中枢顶 | A值 | 升A点 | 降A点 |
|---|---|---|---|---|---|---|---|---|---|---|---|
| ADBE | 47.84 | 1010702 | 39.82 | 1010713 | 40.37 | 1010713 | 41.52 | 43.83 | 0.38 | 48.22 | 39.44 |
| ADI | 46.31 | 1010702 | 38.41 | 1010710 | 43.04 | 1010713 | 42.36 | 42.81 | 0.56 | 46.87 | 37.85 |
| AIG | 87.10 | 1010703 | 83.27 | 1010711 | 84.51 | 1010713 | 84.74 | 85.19 | 0.25 | 87.35 | 83.02 |
| AMAT | 51.13 | 1010703 | 42.16 | 1010711 | 46.36 | 1010713 | 46.46 | 46.65 | 0.43 | 51.56 | 41.73 |
| AMR | 37.94 | 1010713 | 35.01 | 1010706 | 37.94 | 1010713 | 36.48 | 37.45 | 0.24 | 38.18 | 34.77 |
| AOL | 53.30 | 1010702 | 47.63 | 1010711 | 49.81 | 1010713 | 50.03 | 50.47 | 0.29 | 53.59 | 47.34 |
| AXP | 40.06 | 1010703 | 36.60 | 1010711 | 39.36 | 1010713 | 38.33 | 39.02 | 0.22 | 40.28 | 36.38 |
| BBY | 69.22 | 1010712 | 64.09 | 1010711 | 68.17 | 1010713 | 66.66 | 67.67 | 0.50 | 69.72 | 63.59 |
| CAT | 52.69 | 1010713 | 48.77 | 1010710 | 52.48 | 1010713 | 50.73 | 51.90 | 0.32 | 53.01 | 48.45 |
| CLS | 50.50 | 1010702 | 39.90 | 1010711 | 45.45 | 1010713 | 45.20 | 45.37 | 0.56 | 51.06 | 39.34 |
| CMVT | 58.75 | 1010702 | 23.50 | 1010711 | 26.82 | 1010713 | 31.59 | 41.13 | 0.78 | 59.53 | 22.72 |
| CPQ | 15.50 | 1010705 | 13.73 | 1010711 | 15.22 | 1010713 | 14.62 | 15.02 | 0.15 | 15.65 | 13.58 |
| DAL | 45.89 | 1010712 | 42.57 | 1010706 | 45.70 | 1010713 | 44.23 | 45.21 | 0.28 | 46.17 | 42.29 |
| DUK | 42.30 | 1010711 | 38.83 | 1010703 | 41.36 | 1010713 | 40.57 | 41.10 | 0.20 | 42.50 | 38.63 |
| ENE | 51.50 | 1010706 | 47.50 | 1010702 | 48.78 | 1010713 | 49.02 | 49.50 | 0.37 | 51.87 | 47.13 |
| ENZN | 63.30 | 1010703 | 51.34 | 1010712 | 55.11 | 1010713 | 55.85 | 57.32 | 0.60 | 63.90 | 50.74 |
| GE | 50.20 | 1010702 | 44.30 | 1010711 | 47.45 | 1010713 | 47.25 | 47.38 | 0.31 | 50.51 | 43.99 |
| HWP | 29.16 | 1010702 | 25.01 | 1010711 | 27.98 | 1010713 | 27.09 | 27.68 | 0.26 | 29.42 | 24.75 |

续表

| 代码 | 高 | 日期 | 低 | 日期 | 收盘 | 日期 | 中枢底 | 中枢顶 | A值 | 升A点 | 降A点 |
|---|---|---|---|---|---|---|---|---|---|---|---|
| IBM | 115.40 | 1010702 | 101.56 | 1010711 | 108.53 | 1010713 | 108.48 | 108.51 | 0.62 | 116.02 | 100.94 |
| IP | 38.84 | 1010713 | 35.21 | 1010706 | 38.65 | 1010713 | 37.03 | 38.11 | 0.18 | 39.02 | 35.03 |
| IR | 44.70 | 1010713 | 40.63 | 1010702 | 44.42 | 1010713 | 42.67 | 43.84 | 0.28 | 44.98 | 40.35 |
| JBL | 30.15 | 1010702 | 23.08 | 1010711 | 27.13 | 1010713 | 26.62 | 26.96 | 0.40 | 30.55 | 22.68 |
| JNPR | 32.85 | 1010702 | 24.01 | 1010711 | 27.44 | 1010713 | 27.77 | 28.43 | 0.53 | 33.38 | 23.48 |
| KLAC | 59.11 | 1010703 | 45.45 | 1010711 | 50.70 | 1010713 | 51.23 | 52.28 | 0.60 | 59.71 | 44.85 |
| KO | 46.14 | 1010713 | 44.29 | 1010711 | 46.01 | 1010713 | 45.22 | 45.75 | 0.21 | 46.35 | 44.08 |
| LEH | 77.00 | 1010705 | 68.44 | 1010711 | 75.19 | 1010713 | 72.72 | 74.37 | 0.50 | 77.50 | 67.94 |
| LSI | 20.50 | 1010702 | 17.05 | 1010711 | 19.19 | 1010713 | 18.78 | 19.05 | 0.23 | 20.73 | 16.82 |
| MEDI | 48.08 | 1010702 | 40.78 | 1010711 | 43.19 | 1010713 | 43.60 | 44.43 | 0.58 | 48.66 | 40.20 |
| MER | 59.85 | 1010703 | 51.50 | 1010711 | 54.50 | 1010713 | 54.89 | 55.68 | 0.41 | 60.26 | 51.09 |
| MMM | 117.50 | 1010703 | 109.25 | 1010702 | 112.23 | 1010713 | 112.61 | 113.38 | 0.67 | 118.17 | 108.58 |
| MO | 49.76 | 1010702 | 44.00 | 1010712 | 44.99 | 1010713 | 45.62 | 46.88 | 0.30 | 50.06 | 43.70 |
| MRK | 65.28 | 1010705 | 60.35 | 1010712 | 61.50 | 1010713 | 61.94 | 62.82 | 0.25 | 65.53 | 60.10 |
| MSFT | 73.82 | 1010703 | 64.20 | 1010711 | 71.34 | 1010713 | 69.01 | 70.56 | 0.54 | 74.36 | 63.66 |
| NKE | 45.99 | 1010712 | 40.33 | 1010710 | 45.13 | 1010713 | 43.16 | 44.47 | 0.36 | 46.35 | 39.97 |
| NTAP | 14.22 | 1010702 | 10.25 | 1010710 | 11.67 | 1010713 | 11.86 | 12.24 | 0.22 | 14.44 | 10.03 |
| NXTL | 17.50 | 1010702 | 14.30 | 1010711 | 17.02 | 1010713 | 15.90 | 16.65 | 0.23 | 17.73 | 14.07 |

续表

| 代码 | 高 | 日期 | 低 | 日期 | 收盘 | 日期 | 中枢底 | 中枢顶 | A值 | 升A点 | 降A点 |
|---|---|---|---|---|---|---|---|---|---|---|---|
| PMCS | 31.99 | 1010702 | 23.56 | 1010710 | 30.05 | 1010713 | 27.77 | 29.29 | 0.54 | 32.53 | 23.02 |
| PSFT | 49.35 | 1010702 | 39.75 | 1010711 | 43.91 | 1010713 | 44.12 | 44.55 | 0.54 | 49.89 | 39.21 |
| QCOM | 67.95 | 1010713 | 55.22 | 1010711 | 65.58 | 1010713 | 61.58 | 64.25 | 0.82 | 68.77 | 54.40 |
| QLGC | 65.67 | 1010702 | 46.68 | 1010711 | 53.06 | 1010713 | 54.10 | 56.18 | 0.83 | 66.50 | 45.85 |
| SANM | 24.00 | 1010702 | 19.00 | 1010711 | 22.14 | 1010713 | 21.50 | 21.93 | 0.33 | 24.33 | 18.67 |
| SGP | 37.63 | 1010710 | 34.50 | 1010712 | 36.89 | 1010713 | 36.07 | 36.62 | 0.21 | 37.84 | 34.29 |
| SLB | 54.65 | 1010706 | 48.70 | 1010711 | 50.45 | 1010713 | 50.86 | 51.68 | 0.46 | 55.11 | 48.24 |
| SWY | 49.70 | 1010705 | 40.75 | 1010712 | 43.05 | 1010713 | 43.78 | 45.23 | 0.35 | 50.05 | 40.40 |
| TER | 37.45 | 1010703 | 29.76 | 1010711 | 33.76 | 1010713 | 33.61 | 33.71 | 0.41 | 37.86 | 29.35 |
| TLAB | 19.35 | 1010702 | 14.47 | 1010711 | 16.98 | 1010713 | 16.91 | 16.96 | 0.26 | 19.61 | 14.21 |
| UNH | 65.99 | 1010713 | 61.00 | 1010705 | 65.79 | 1010713 | 63.50 | 65.03 | 0.28 | 66.27 | 60.72 |
| VRSN | 63.22 | 1010702 | 48.65 | 1010711 | 54.48 | 1010713 | 54.97 | 55.94 | 0.84 | 64.06 | 47.81 |
| XLNX | 42.48 | 1010702 | 35.08 | 1010710 | 40.90 | 1010713 | 38.78 | 40.19 | 0.50 | 42.98 | 34.58 |
| YHOO | 20.87 | 1010705 | 15.31 | 1010711 | 18.25 | 1010713 | 18.09 | 18.20 | 0.29 | 21.16 | 15.03 |

**表 A.12   ACD 体系——商品——3 日滚动的中枢价幅——2001 年 12 月 12 日数据**

| 期货价格总结 | | | | 三日滚动中枢总结 | | | |
|---|---|---|---|---|---|---|---|
| 一月原油 | 3 日高<br>1909<br>12.7 | 3 日低<br>1792<br>12.11 | 3 日结算<br>1808<br>12.11 | CLF2 | 3 日中枢<br>1836 | +/−'<br>14 | 3 日中枢箱体<br>1822      1850 |
| 一月天然气 | 3 日高<br>2820<br>12.11 | 3 日低<br>2490<br>12.7 | 3 日结算<br>2803<br>12.11 | NGF2 | 3 日中枢<br>2704 | +/−'<br>49 | 3 日中枢箱体<br>2655      2753 |
| 一月无铅汽油 | 3 日高<br>5275<br>12.7 | 3 日低<br>4990<br>12.11 | 3 日结算<br>5061<br>12.11 | HUF2 | 3 日中枢<br>5109 | +/−'<br>24 | 3 日中枢箱体<br>5085      5133 |
| 一月取暖油 | 3 日高<br>5200<br>12.10 | 3 日低<br>4930<br>12.7 | 3 日结算<br>4999<br>12.11 | HOF2 | 3 日中枢<br>5043 | +/−'<br>22 | 3 日中枢箱体<br>5021      5065 |
| 12 月标准普尔 | 3 日高<br>116550<br>12.7 | 3 日低<br>113350<br>12.11 | 3 日结算<br>113650<br>12.11 | SPZ1 | 3 日中枢<br>114517 | +/−'<br>433 | 3 日中枢箱体<br>114084   114950 |
| 12 月纳斯达克 | 3 日高<br>171100<br>12.7 | 3 日低<br>164300<br>12.10 | 3 日结算<br>165550<br>12.11 | NDZI | 3 日中枢<br>166983 | +/−'<br>717 | 3 日中枢箱体<br>166266   167700 |
| 二月黄金 | 3 日高<br>2755<br>12.7 | 3 日低<br>2717<br>12.10 | 3 日结算<br>2729<br>12.11 | GCG2 | 3 日中枢<br>2734 | +/−'<br>2 | 3 日中枢箱体<br>2732      2736 |
| 三月白银 | 3 日高<br>4295<br>12.11 | 3 日低<br>4220<br>12.10 | 3 日结算<br>4275<br>12.11 | SIH2 | 3 日中枢<br>4263 | +/−'<br>6 | 3 日中枢箱体<br>4257      4269 |
| 三月美国国债 | 3 日高<br>10206<br>12.7 | 3 日低<br>9913<br>12.7 | 3 日结算<br>10013<br>12.11 | USDH2 | 3 日中枢<br>10021 | +/−'<br>5 | 3 日中枢箱体 |
| 三月糖 | 3 日高<br>784<br>12.7 | 3 日低<br>731<br>12.11 | 3 日结算<br>735<br>12.11 | SBH2 | 3 日中枢<br>750 | +/−'<br>8 | 3 日中枢箱体<br>742      758 |
| 三月咖啡 | 3 日高<br>4790<br>12.11 | 3 日低<br>4560<br>12.7 | 3 日结算<br>4780<br>12.11 | KCH2 | 3 日中枢<br>4710 | +/−'<br>35 | 3 日中枢箱体 |

表 A.13　股票数字线值表——2001 年 12 月 12 日数据

| 日　期 | 10.30 | 10.31 | 11.26 | 11.27 | 11.28 | 11.29 | 11.30 | 12.3 | 12.4 | 12.5 | 12.6 | 12.7 | 12.10 | 12.11 |
|---|---|---|---|---|---|---|---|---|---|---|---|---|---|---|
| AA | 33.17 | 32.31 | 38.24 | 38.28 | 37.94 | 37.98 | 38.8 | 37.66 | 38.05 | 39.95 | 39.5 | 38.91 | 38.51 | 38.48 |
| 净值 | -0.88 | 0.86 | -0.1 | 0.04 | -0.34 | 0.04 | 0.82 | -1.14 | 0.39 | 1.9 | -0.45 | -0.59 | -0.4 | -0.03 |
| 加减 | 0 | 0 | 0 | 0 | 0 | 0 | 0 | 0 | 0 | 0 | 0 | 0 | -2 | 0 |
| ABCD | 0 | -2 | -2 | 1 | 0 | 0 | 2 | -2 | 0 | 2 | 0 | 1 | 0 | -1 |
| 12 天的 +/- 总和 | 5 | 5 | 0 | 0 | 0 | 0 | 0 | 0 | -1 | -1 | 3 | 1 | 4 | 0 |
| 12 天的 ABCD 总和 | -2 | -2 | 4 | 0 | 2 | 1 | 0 | 0 | -1 | 1 | 0 | 1 | 4 | 2 |
| 30 天的 +/- 总和 | 8 | 9 | 11 | 9 | 10 | 8 | 10 | 12 | 12 | 10 | 10 | 11 | 8 | 4 |
| 30 天的 ABCD 总和 | | | | | | | | | | | | | | 10.31 |
| AAPL | 17.6 | 17.56 | 21.17 | 21 | 20.53 | 20.42 | 21.3 | 21.04 | 22.41 | 23.75 | 22.79 | 22.53 | 22.54 | 21.81 |
| 净值 | -0.02 | -0.04 | 1.53 | -0.37 | -0.47 | -0.11 | 0.88 | -0.26 | 1.37 | 1.34 | -0.96 | -0.26 | 0.01 | -0.73 |
| 加减 | 0 | 0 | 0 | 0 | 0 | 0 | 0 | 0 | 0 | 0 | 0 | 0 | 0 | 0 |
| ABCD | 2 | 0 | 2 | -2 | 0 | 1 | 2 | 1 | 2 | 2 | -2 | 0 | 0 | -2 |
| 12 天的 +/- 总和 | 0 | -2 | 0 | 0 | 0 | 0 | 0 | 0 | 0 | 0 | 0 | 6 | 8 | 0 |
| 12 天的 ABCD 总和 | -1 | 1 | 0 | 2 | 3 | 2 | 1 | 4 | 5 | 8 | 10 | 11 | 0 | 7 |
| 30 天的 +/- 总和 | 1 | -2 | 0 | 4 | 3 | 2 | 5 | 1 | 1 | 1 | 1 | -2 | 9 | 0 |
| 30 天的 ABCD 总和 | -2 | 4 | 5 | | | | | 8 | 9 | 9 | 15 | | | 9 |
| | | | | | | | | | | | | | | 11.8 |
| ABGX | 28.61 | 29.76 | 34.85 | 36.12 | 34.24 | 35.6 | 36 | 35.27 | 35.84 | 37.47 | 37.12 | 35.66 | 32.74 | 32.03 |
| 净值 | -0.69 | 1.15 | 1.42 | 1.27 | -1.88 | 1.36 | 0.4 | -0.73 | 0.57 | 1.63 | -0.35 | -1.46 | -2.92 | -0.71 |
| 加减 | 0 | 0 | 0 | 0 | 0 | 0 | 0 | 0 | 0 | 0 | 0 | 0 | 0 | 0 |
| ABCD | 1 | -2 | 2 | 2 | -2 | 2 | 0 | 0 | 0 | 2 | -1 | -2 | -2 | 0 |
| 12 天的 +/- 总和 | -2 | 8 | -1 | -1 | -1 | -1 | 0 | 0 | 0 | 0 | 0 | 0 | 1 | 1 |
| 12 天的 ABCD 总和 | 5 | -4 | -2 | -3 | 6 | 4 | 5 | 3 | 5 | 3 | 6 | 3 | 3 | 3 |
| 30 天的 +/- 总和 | 4 | 8 | -3 | -2 | -3 | -3 | -1 | -1 | -1 | -1 | 0 | 0 | -2 | 0 |
| 30 天的 ABCD 总和 | 5 | | | | | | 4 | 4 | | | | 2 | | -6 |
| ABI | 28.72 | 29.2 | 34.7 | 35.15 | 33.36 | 33.66 | 32.96 | 30.95 | 31.79 | 32.89 | 35.36 | 34.74 | 33.68 | 33.26 |
| 净值 | -0.88 | 0.48 | 0.34 | 0.45 | -1.79 | 0.3 | -0.7 | -2.01 | 0.84 | 1.1 | 2.47 | -0.62 | -1.06 | -0.42 |
| 加减 | 0 | 0 | 0 | 0 | 0 | 0 | 0 | 0 | 0 | 0 | 0 | 0 | 0 | 0 |
| ABCD | -2 | -1 | 4 | 3 | -4 | 4 | -2 | -2 | 4 | 3 | 2 | 0 | -4 | -3 |
| 12 天的 +/- 总和 | -1 | -1 | -1 | 0 | 0 | 0 | 0 | 0 | -1 | -1 | -1 | 1 | 13 | -1 |
| 12 天的 ABCD 总和 | -3 | -9 | -3 | 4 | 7 | 5 | 9 | 5 | -3 | -3 | 13 | 13 | -2 | 10 |
| 30 天的 +/- 总和 | 1 | 1 | -2 | -2 | -2 | -2 | -2 | -3 | 6 | 8 | -2 | 15 | 11 | 2 |
| 30 天的 ABCD 总和 | 3 | | -3 | -1 | 1 | 0 | 6 | 6 | | | 15 | | | 5 |
| ABK | 48.54 | 47.99 | 55.42 | 55.41 | 54.03 | 55.35 | 55.97 | 55.66 | 56.1 | 56.1 | 55.92 | 56.35 | 55.33 | 55.33 |
| 净值 | -0.29 | -0.55 | 0.05 | -0.01 | -1.38 | 1.32 | 0.62 | -0.31 | 0.44 | 0 | -0.18 | 0.43 | -1.02 | |
| 加减 | 0 | 0 | 0 | -1 | 0 | 1 | 0 | 0 | 0 | 0 | 0 | 0 | 0 | 0 |

续表

| 日 期 | 10.30 | 10.31 | 11.26 | 11.27 | 11.28 | 11.29 | 11.30 | 12.3 | 12.4 | 12.5 | 12.6 | 12.7 | 12.10 | 12.11 | |
|---|---|---|---|---|---|---|---|---|---|---|---|---|---|---|---|
| ABCD | 0 | 0 | 0 | 1 | -2 | -2 | -2 | -1 | 0 | -1 | -2 | -1 | -2 | 0 | |
| 12 天的 +/- 总和 | 1 | 1 | -1 | -1 | -2 | -2 | -1 | -1 | -1 | -1 | -1 | -1 | -1 | -4 | |
| 12 天的 ABCD 总和 | 2 | 0 | 5 | 3 | 6 | 6 | 7 | 3 | 5 | 5 | 2 | 0 | 0 | 0 | |
| 30 天的 +/- 总和 | 2 | 2 | 1 | 1 | 0 | 0 | 1 | 1 | 1 | 0 | 0 | 0 | 0 | 0 | |
| 30 天的 ABCD 总和 | 7 | 5 | 11 | 9 | 8 | 5 | 9 | 9 | 13 | 11 | 10 | 6 | 6 | 1 | 10.29 |
| ABS | 31.52 | 31.92 | 33.38 | 33 | 33.32 | 33.7 | 33.57 | 33.44 | 33.79 | 35.33 | 34.91 | 34.05 | 33.65 | 32.05 | |
| 净值 | -0.84 | 0.4 | -0.33 | -0.38 | 0.32 | 0.38 | -0.13 | -0.13 | 0.35 | 1.54 | -0.42 | -0.86 | -0.4 | -1.6 | |
| 加减 | 0 | 1 | -2 | -2 | 1 | 2 | -2 | 0 | 0 | 0 | 1 | -2 | 1 | -2 | |
| ABCD | -2 | 2 | -2 | -2 | 1 | 2 | -2 | 1 | 1 | 2 | 1 | 2 | 1 | 1 | |
| 12 天的 +/- 总和 | -1 | 0 | 0 | -2 | 0 | 1 | -3 | -4 | -2 | -4 | 0 | 4 | 0 | 3 | |
| 12 天的 ABCD 总和 | -1 | 5 | -1 | 3 | 3 | 5 | 5 | 5 | 9 | 5 | 6 | 6 | 4 | 4 | |
| 30 天的 +/- 总和 | 1 | 2 | 0 | 1 | 1 | 1 | 1 | 1 | 0 | 1 | 2 | 2 | 2 | 1 | |
| 30 天的 ABCD 总和 | 1 | 8 | 1 | 11 | 9 | 9 | 12 | 14 | 16 | 12 | 13 | 12 | 8 | 10 | 10.26 |
| ABT | 53.78 | 53.07 | 54.04 | 53.83 | 54.1 | 54.5 | 54.88 | 55.38 | 55.09 | 55.16 | 54.93 | 55.14 | 55.45 | 54.11 | |
| 净值 | -0.29 | -0.71 | 0.14 | -0.21 | 0.27 | 0.4 | 0.38 | 0.5 | -0.29 | 0.07 | -0.23 | -0.21 | -0.31 | -1.34 | |
| 加减 | 0 | 0 | 0 | 0 | 0 | 0 | 0 | 2 | 0 | 0 | 0 | 0 | 2 | 0 | |
| ABCD | 0 | -2 | 0 | 0 | 1 | 2 | 0 | 2 | -2 | 0 | 1 | 1 | 2 | -2 | |
| 12 天的 +/- 总和 | 2 | 1 | 1 | 3 | 3 | 5 | 5 | 5 | 9 | 5 | 6 | 6 | 4 | 4 | |
| 12 天的 ABCD 总和 | 7 | 5 | 4 | 3 | 3 | 5 | 1 | 5 | 9 | 5 | 6 | 6 | 2 | 1 | |
| 30 天的 +/- 总和 | 2 | 2 | 2 | 2 | 4 | 1 | 1 | 1 | 1 | 2 | 2 | 2 | 1 | 10 | |
| 30 天的 ABCD 总和 | 7 | 8 | 13 | 11 | 9 | 9 | 12 | 14 | 16 | 12 | 13 | 12 | 8 | 10 | |
| ABX | 15.81 | 15.57 | 14.16 | 14.68 | 14.85 | 14.93 | 15.13 | 15.3 | 15.28 | 15.4 | 15.48 | 15.09 | 15.03 | 15.18 | |
| 净值 | 0.01 | -0.24 | -0.02 | 0.52 | 0.17 | 0.08 | 0.2 | 0.17 | -0.02 | 0.12 | 0.08 | -0.39 | -0.06 | 0.15 | |
| 加减 | -1 | 0 | 0 | 0 | 0 | 0 | 0 | 0 | 0 | 0 | 0 | 0 | 0 | 0 | |
| ABCD | 0 | 0 | 0 | 2 | -2 | 2 | 2 | 0 | 2 | -1 | 2 | -2 | -1 | 2 | |
| 12 天的 +/- 总和 | 1 | -2 | 1 | -6 | -2 | -5 | -6 | -5 | -3 | -1 | -1 | 3 | -1 | 0 | |
| 12 天的 ABCD 总和 | 4 | 2 | 4 | 3 | 0 | 1 | 1 | 1 | 9 | 5 | 6 | 6 | -1 | 0 | |
| 30 天的 ABCD 总和 | 2 | 1 | 2 | 1 | 4 | 1 | -1 | 1 | 1 | 2 | 5 | 7 | 3 | 2 | |
| ACF | 16.15 | 15.49 | 24.74 | 24.3 | 22.76 | 22.8 | 23.12 | 22.15 | 22.9 | 23.11 | 27.92 | 28.6 | 28.25 | 27.96 | |
| 净值 | -1.19 | -0.66 | 0.74 | -0.44 | -1.54 | 0.04 | 0.32 | -0.97 | 0.75 | 0.21 | 4.81 | 0.68 | -0.35 | -0.29 | |
| 加减 | 0 | -2 | 0 | 0 | -2 | 0 | 2 | 0 | 0 | 0 | 2 | 0 | 0 | 0 | |
| ABCD | 0 | 0 | 0 | 0 | -2 | 0 | 0 | -1 | -1 | -1 | -1 | -1 | -1 | 1 | |
| 12 天的 +/- 总和 | -1 | 1 | 4 | 2 | 4 | 2 | 0 | 0 | -1 | 1 | 1 | 1 | 2 | 0 | |

· 235 ·

续表

| 日期 | 10.30 | 10.31 | 11.26 | 11.27 | 11.28 | 11.29 | 11.30 | 12.3 | 12.4 | 12.5 | 12.6 | 12.7 | 12.10 | 12.11 |
|---|---|---|---|---|---|---|---|---|---|---|---|---|---|---|
| 30 天的 +/- 总和 | -2 | -2 | -1 | -1 | -1 | -1 | -1 | 3 | 0 | 0 | 0 | 1 | 5 | -1 |
| 30 天的 ABCD 总和 | -1 | -3 | -1 | 1 | 3 | -1 | -1 | 3 | 0 | 0 | 0 | 1 | 4 | 4 |
| ACS | 90.61 | 88.06 | 96.05 | 95.92 | 94.4 | 95.25 | 93.51 | 93.63 | 95.4 | 96.3 | 97.13 | 97.54 | 96.75 | 96.95 |
| 净值 | -1.29 | -2.55 | -0.11 | -0.13 | -1.52 | 0.85 | -1.74 | 0.12 | 1.77 | 0.9 | 0.83 | 0.41 | -0.79 | 0.2 |
| 加减 | 0 | -1 | 0 | 0 | -2 | 0 | 0 | 0 | 0 | 0 | 0 | 0 | -1 | 0 |
| ABCD | 0 | -2 | 0 | 1 | 0 | 2 | -3 | 0 | 2 | 2 | 2 | 2 | -2 | 0 |
| 12 天的 +/- 总和 | 6 | 7 | -4 | -4 | -1 | -1 | -1 | -3 | -5 | -5 | -1 | -1 | 6 | -1 |
| 12 天的 ABCD 总和 | 1 | 0 | -1 | -1 | -1 | -1 | -1 | 0 | -5 | -5 | -1 | 2 | -1 | -2 |
| 30 天的 +/- 总和 | 21 | 19 | 8 | 7 | 8 | -4 | 6 | 5 | 3 | 6 | 8 | 8 | 8 | 5 |
| 30 天的 ABCD 总和 | | | | | | | | | | | | | | 10.18 |
| ADBE | 28.74 | 26.4 | 34.93 | 34.28 | 32.06 | 33.62 | 32.09 | 31.97 | 34.36 | 36.64 | 37.25 | 36.45 | 35.73 | 33.86 |
| 净值 | -1.57 | -2.34 | 2.07 | -0.65 | -2.22 | 1.56 | -1.53 | -0.12 | 2.39 | 2.28 | 0.61 | -0.8 | -0.72 | -1.87 |
| 加减 | 0 | 0 | 2 | 1 | 0 | 0 | 0 | 0 | 2 | 2 | 2 | 1 | 0 | 0 |
| ABCD | -2 | 2 | 2 | 1 | -2 | 2 | 0 | 0 | 2 | 2 | 0 | 0 | 0 | -2 |
| 12 天的 +/- 总和 | 5 | -1 | 1 | 1 | 1 | -1 | 1 | 1 | -2 | 1 | 5 | 5 | 8 | 7 |
| 12 天的 ABCD 总和 | 0 | 4 | 0 | 0 | 2 | 2 | 2 | -5 | 0 | 0 | 0 | 0 | 0 | 0 |
| 30 天的 +/- 总和 | 15 | 0 | -2 | 0 | 0 | 1 | 1 | 1 | -2 | 1 | 5 | 5 | 8 | 7 |
| 30 天的 ABCD 总和 | 15 | 14 | 8 | 11 | 11 | 8 | 12 | 12 | 9 | 9 | 11 | 11 | 9 | 9 |
| ADI | 35.5 | 37.99 | 44.27 | 42.8 | 40.75 | 42.55 | 42.11 | 41.97 | 44.62 | 47.32 | 47.73 | 46.38 | 44.95 | 44.57 |
| 净值 | -2.5 | 2.49 | 2.07 | -1.47 | -2.05 | 1.8 | -0.44 | -0.14 | 2.65 | 2.7 | 0.41 | -1.35 | -1.43 | -0.38 |
| 加减 | 0 | 0 | 2 | -2 | 0 | 0 | 0 | 1 | 2 | 2 | -1 | -2 | 2 | 0 |
| ABCD | -2 | 0 | -2 | -2 | -2 | 3 | 0 | -5 | 0 | 0 | 0 | 0 | 0 | -2 |
| 12 天的 +/- 总和 | 0 | -4 | -2 | -2 | -2 | -6 | -5 | 1 | -2 | 1 | 5 | 5 | 8 | 7 |
| 12 天的 ABCD 总和 | -2 | 0 | -2 | -2 | -2 | -2 | 1 | -5 | -2 | -1 | -1 | -1 | -2 | -2 |
| 30 天的 +/- 总和 | 0 | 0 | -2 | 0 | 0 | 1 | 1 | 1 | -2 | 1 | 5 | 5 | 8 | 7 |
| 30 天的 ABCD 总和 | 4 | 2 | -1 | 0 | -3 | -4 | 1 | 4 | 5 | 5 | 7 | 7 | 9 | 9 |
| ADL.AC | | | | | | | | | | | | | | 9.4 |
| | 21.99 | 22.1 | 23.02 | 23.2 | 23.15 | 24.6 | 25.11 | 25.46 | 26.5 | 27.76 | 27.72 | 26.7 | 26.35 | 27.07 |
| 净值 | -1.05 | 0.11 | 0.36 | 0.18 | -0.05 | 1.45 | 0.51 | 0.35 | 1.04 | 1.26 | -0.04 | -1.02 | -0.35 | 0.72 |
| 加减 | 0 | 0 | 0 | 0 | 0 | 0 | 0 | 0 | 0 | 2 | 1 | 0 | 0 | 0 |
| ABCD | -2 | -2 | 1 | -1 | 1 | 2 | 2 | 2 | 2 | 2 | -1 | -2 | 1 | 0 |
| 12 天的 +/- 总和 | -1 | -1 | 3 | 0 | 0 | 0 | 0 | 2 | 0 | 2 | 0 | 0 | 0 | 0 |
| 12 天的 ABCD 总和 | -1 | -3 | 3 | 6 | 3 | 6 | 8 | 12 | 14 | 16 | 16 | 15 | 11 | 11 |
| 30 天的 +/- 总和 | -1 | -1 | -1 | -2 | -1 | -2 | 2 | 0 | 0 | 4 | 0 | -1 | 0 | 0 |
| 30 天的 ABCD 总和 | -8 | -10 | -3 | -2 | -3 | -2 | 2 | 2 | 4 | 4 | 6 | 7 | 4 | 7 |

### 表 A.14　加特曼的 20 条交易简易规则

1. 想要交易成功，要像基本面信徒一样思考，像技术面信徒一样操作。我们有必要知道的是，基本面驾驭交易，而行情也依赖技术面。随后，我们理解这一点，才可以去交易。

2. 要像游击队雇佣兵一样交易。我们的职责是为胜利的一边作战，去发现另一边的变化，随时愿意改变立场，将所有资本（心理和金钱上的）都投注进去。在两种资本中，心理资本更重要，也更昂贵。

3. 目标不是低买高卖，而是高买高卖。我们不知道什么价格是低，也不知道什么价格是高，但是我们勉强可以知道市场的趋势，以及跟随趋势前行。

4. 在牛市行情里我们只能做多或保持中立，在熊市行情里我们只能做空或保持中立。这可能是显而易见的道理，但实际上并非如此。

5. "市场保持非理性的时间比我们可以偿还的时间更长久。"这是我们的好朋友——A. 加里·希灵博士的箴言。承认非理性经常主宰市场是明智的。行情经常没有效率，但它在迫使我们平仓离场后又恢复了理性。

6. 当市场出现极度疲软信号时应卖出，在市场显示强势表现时应买入。打个比方，当熊市时我们需要把石头扔向最湿的纸袋，因为它们是最容易被打破的。在牛市时我们需要搭乘最强劲的风势，它们能将我们送至最高处。

7. 不要急于同市场的预期反向操作。市场预期可能在主趋势的转折点出错，但是在大趋势的运行中却经常正确。保持耐心，不急躁，进场交易时考虑清楚。

8. 在出现缺口（不管是向上或向下）的第一天进行交易，缺口通常预示行情有大幅变化。在我们观察市场的 25 年里，愈发重视"缺口"；但是在 24 小时交易的体系里，缺口愈发被忽视，特别是在外汇交易中。当缺口出现时（特别是在股票中），它们通常是非常重要的。

9. 交易运行是呈周期性的：时而很好，时而很糟。当交易顺利时大胆地扩大仓位；当交易不顺利时小心谨慎地缩减仓位。好的时候，小错误也能盈利；坏的时候，准备充分也会莫名失败。这是交易的自然规律，接受它。

10. 追加保证金是市场以它的方式告诉你，你的分析和仓位都是错的。不要等到追加保证金了……果断平仓。

11. 绝对，绝对不要增加已亏损的仓位！没必要再多说什么了，去做任何补救都是徒劳的。

续表

| |
|---|
| 12. 在持续的牛市或熊市行情中要重视外部的反转形态,图表上的反转日形态预示驱动市场趋势的动能已经耗尽,应重视这一反转信号。我们可能不期望反转仓位,但必须学会避免在旧的趋势上交易。更重要的是出现反转周或反转月时,定要加倍小心! |
| 13. 保持你的交易技术简单。复杂的体系会引起困惑,简单的体系才能带来效率。 |
| 14. 重视并接受正常范围 50%～62% 的回调,这种回调能将价格带回到主体趋势中。如果错过了一笔交易,要耐心等待回调的时机。在图表上的价格变化之间画上小方格,观察价格回调到这些小方格的频率,然后采取行动。 |
| 15. 要知道在交易/投资中,了解大众心理学通常比了解经济学更重要……绝大多数时候,至少多数时候都是如此。 |
| 16. 根据牛市行情的强势程度,熊市行情的疲软程度,开立仓位。如果市场证明趋势有效,第一次补仓应根据市场强度而定,之后的补仓要在回调时进行。 |
| 17. 熊市行情比牛市行情价格起伏大,熊市回调也比牛市回调更剧烈。 |
| 18. 对盈利交易要充满耐心,对亏损交易则不能有耐心。 |
| 19. 懂得市场是所有参与者知识和智慧的总和;我们不敢与市场的智慧做对。如果我们只学到这个道理,就已经学到很多了。 |
| 20. 最后,所有规则都是被打破的,前提是你要知道何时以及怎样打破规则。 |

表 A.15　ACD方法

2001.4.18，星期四

| 商品 | 月 | 高 | 低 | 收盘 | 中枢 | +/- | 中枢价幅 | |
|---|---|---|---|---|---|---|---|---|
| 原油 | 5 | 3599 | 2516 | 2594 | 2570 | 12 | 2558 | 2582 |

**宏观ACD**

移动平均线形态 14天 2578^ 30天2518^ 50天 2361^

**宏观ACD**

4月趋势转换——4月1日星期一，4月15日星期四

当月交易首日高2705，低2666，收盘2688，中枢价幅2685~2687

**行情综述**

昨日尾盘反弹，暗示近期价格行为试图回补的8日最低点26.46至9日最高点26.40

之间的价格缺口，并可能挑战26.76~26.84的关键阻力位

**数字线数值分析**

30日前数值：+1，+4 尾盘出现升C点 市场情绪数值77

今日数字线值=16 数字线值+9 价位2073

2/13 数字线值+9 数字线值前呈中性

趋势体系目前呈中性

**微观ACD 升A点 +2**

出现缺口日中枢数值^

2476~2478

原油

续 表

2001.4.18，星期四

| 商 品 | 月 | 高 | 低 | 收盘 | 中枢 | +/- | 中枢价幅 |  |
|---|---|---|---|---|---|---|---|---|
| 天然气 | 5 | 3480 | 3350 | 3477 | 3436 | 21 | 3415 | 3457 |

**宏观ACD**

移动平均线线形态14天 3334^ 30天3217^ 50天2894^

**宏观ACD**

4月趋势转换——4月8日星期一、4月18日星期四

当月交易首日 高3350，低3325，收盘3531，中枢价幅3438～3500

**行情综述**

昨日自3060的日线中枢价幅双低点恢复性反弹，此价位说明市场重新开始普遍认可行情升至3650的牛市趋势。可运用3日滚动的中枢价幅3348～3360作为参考止损点。

**数字线值分析**

30日前数值，+1，+2

今日数字线值=6 市场情绪数值79

4/15 数字线值+9 价位3430

趋势体系仍然呈中性

**微观ACD 开A点 +2**

出现缺口日中枢数值^

331～334

天然气

续表

2001.4.18，星期四

| 商 品 | 月 | 高 | 低 | 收盘 | 中枢 | +/- | 中枢价幅 | |
|---|---|---|---|---|---|---|---|---|
| 标准普尔 | 6 | 113440 | 112400 | 112790 | 112877 | 43 | 112834 | 112920 |

**宏观ACD**

移动平均线形态 14天 112518^ 30天 114247^ 50天 113010^

**宏观ACD**

4月趋势转换——4月4日星期四

当月交易首日 高 114990，低 113420，收盘 114450，中枢价幅 114205～114369

**行情综述**

昨日行情未能冲上 113350，暗示上升周可能落空无效。开始脱离投机性做多，期待ACD指标确认潜在空空重返1100点的可能性

**数字线值分析**

30日前数值，+1，+2

今日数字线值=1 市场情绪数值60

4/3 数字线值0～+9

趋势体系仍然偏空头

**微观ACD D点 0**

标准普尔股指期货

2001.4.18，星期四

| 商品 | 月 | 高 | 低 | 收盘 | 中枢 | +/- | 中枢价幅 | |
|---|---|---|---|---|---|---|---|---|
| 美国国债 | 6 | 10025 | 9927 | 10002 | 10007.5 | 43 | 10005 | 10010 |

**宏观ACD**

移动平均线形态 14天 10003^ 30天9911^ 50天 10019^

**宏观ACD**

4月趋势转换——4月1日星期一至4月25日星期四

当月交易首日 高9824，低9731，收盘9808，中枢价幅9808~9812

**行情综述**

行情无力支撑ACD指标低于9928的卖空信号，暗示近期行情疲软乏力。

期待行情在随后的一段时期内出现恢复性反弹，返回101点以上。

**数字线值分析**

30日前数值，0，-2

今日数字线值-6 市场情绪数值55

4/12 数字线值0~+9

趋势体系仍然偏多头

**微观ACD 降A点 -2**

今日反转升A点^

10020

美国国债

# 词汇表

**ACD 方法（ACD methodology）**：一套逻辑严谨的交易方法，帮助交易者确定低风险、高回报的交易情形。这套方法在短线交易与长线交易中均可应用。

**ACD 开盘价幅（ACD opening range）**：一种时间区间基于某个市场开盘所设定。可以计算出 ACD 的参考点，作为当日交易的参考区间。

**ACD 交易体系（ACD system）**：ACD 体系是本书作者马克·费舍尔研发的一种交易体系，可应用于任何商品、股票或货币交易。

**降 A 点（A down）**：位于一种特别的股票或商品开盘价幅下方的某一价位，距离开盘价幅的位置由这种特别股票或商品的 A 值决定。这是确定进场做空或偏向空头的价格点位。

**升 A 点（A up）**：位于一种特别的股票或商品开盘价幅上方的某一价位，距离开盘价幅的位置由这种特别股票或商品的 A 值决定。这是确定进场做多或偏向多头的价格点位。

**A 值（A values）**：一种特殊的数字参数，用于确定升 A 点或降 A 点的距离。A 值取决于所交易商品或股票的行情。

**市场的熊市阶段（Bearish phase of the market）**：当几根不同时间周期的中枢移动平均线均向下倾斜时，市场就处于熊市阶段（此时价格稳定下行）。

**市场的牛市阶段（Bullish phase of the market）**：当几根不同时间周期的中枢移动平均线均向上倾斜时，市场就处于牛市阶段（此时价格稳定上行）。

**公交乘客（Bus people）**：是指在市场中业余的、信息不足、不专业的交易者，他们几乎一直是百分之百做错。

**降 C 点（C down）**：低于一种特别的股票或商品开盘价幅底部的某一价位，距离开盘价幅有一定的价格幅度，是确定做空或偏向空头的进场点位。市场确立降 C 点的唯一前提是已经确认了升 A 点。

**升 C 点（C up）**：高于一种特别的股票或商品开盘价幅顶部的某一价位，距离开盘价幅有一定的价格幅度，是确定做多或偏向多头的进场点位。市场确立升 C 点的唯一前提是已经确认了降 A 点。

**C 值（C values）**：一种特殊的数字参数，用于确定升 C 点或降 C 点的距离。C 值取决于所交易商品或股票的行情。在商品中，C 值是与 A 值不同的；在股票中，C 值是与 A 值相同的。

**趋势变化（Change in trend）**：这种 ACD 工具使用专有的电脑识别模型技术，判断某个市场小趋势和大趋势在统计学上的平均时长。基于不同的识别模型研究，ACD 趋势转变指标会为各种市场在下一个交易月的潜在走势进行预测。主要是基于所有主要商品和股票 15 年历史价格数据的统计分析。

**方向不明的市场（Confused market）**：出现这种情况时，三根不同时间周期的中枢移动平均线相互背离，一根倾斜度向上，一根倾斜度向下，另一根保持水平。

**每日中枢价幅（Daily pivot range）**：基于前一交易日的最高点、最低点和收盘价计算得出。ACD 交易体系将这一价格幅度作为交易的核心区域。

**每日中枢价幅公式（Daily pivot range formula）**：这是应用 ACD 方法计算得出的每日中枢价幅公式：

$$\frac{高＋低＋收盘}{3}＝日中枢价格 \qquad \frac{高＋低}{2}＝第二个数值$$

$$当日中枢价格－第二个数值＝当日中枢价差$$

$$当日中枢价格±中枢价差＝当日中枢价幅$$

**纪律（Discipline）**：纪律的概念怎么强调都不为过。如果交易者不能克制自我，ACD 体系的概念、观点和方法就不会对他有任何帮助（参见第 7 章 "ACD 版本的'雷普利信不信由你'"）。

**失效的 A 点（Failed Point A）**：它的出现是基于下面两种情形：①行情可能到达 A 点，但是没有在 A 点运行，突然反转方向，回到开盘价幅；②或者行情可能接近 A 值，在这一价位有所停留，甚至可能通过这一价格水平，但是停留的时间没有超过开盘价幅的一半，随即反转方向，回到开盘价幅。

**中枢背离或中枢区间的失效 A 点（Failed A against/within the pivot）**：如果中枢价幅被证实是足够强势的支撑位或足够有效的阻力位，阻止行情停留在 A 点或接近 A 点，这就形成了与中枢背离或中枢区间的失效 A 点。举个例子，一个中枢价幅区间的失效升 A 点，确认这一区域的阻止位，从而提升了这一价位做空的成功率。相反，一个中枢价幅区间的失效降 A 点，确认了这一区域的支撑位，从而提升了这一价位做多的成功率。

**失效的 C 点（Failed C）**：它的出现是基于下面两种情形：①行情可能到达 C 点，但是没有在 C 点运行，突然反转方向，回到开盘价幅；②或者行情可能接近 C 值，在这一价位有所停留，甚至可能通过这一价格水平，但是停留的时间没有超过开盘价幅的一半，随即反转方向，回到开盘价幅。

**中枢背离的失效 C 点（Failed C against the pivot）**：众所周知，被称为"险象环生的交易形态"通常发生在波动异常剧烈的市场状况下。行情试图反转方向到达 C 点，但是直接进入前一交易日的核心区域，大家都知道的"每日中枢价幅"。行情像橡皮筋一样反弹至开盘价幅，交易者可以根据失效的 C 点得到一个清晰的参考点。

**恐惧与贪婪（Fear and greed）**：这是每个交易者获得成功所必需的两种相辅相成的元素。恐惧，是指一种尊重市场的特别健康心理；一名交易者也必须有贪婪和意愿去促成盈利交易，扩大市场机会。

**《加特曼的 20 条简单交易规则》（"Gartman's 20 Ridiculously Simple**

Rules of Trading"）：这本书是由《加特曼来信》的作者丹尼斯·加特曼出版的，对每个交易者提出了充满智慧的建议和箴言。

**好消息/坏行动（Good news/bad action）**：一种经典的交易情形，允许交易者将 ACD 体系与市场心理学结合起来。这种情形是本该根据新的基本面发展出现预期的走势，但由于某些原因市场没有回应预期的走势变化，导致多数交易者陷入困惑。

**岛形反转形态（Island Reversal Formation）**：当行情向上或向下出现假突破，出现跳空低开缺口后，又出现跳空高开缺口（或者情况相反）。

**尾盘的 C 点中枢交易（Late-day Point C pivot trade）**：这是 ACD 体系中劳斯莱斯级别的罕见交易情况。这种情况有着高成功率，风险极低，吸引力极高的特点。这种交易一旦出现在当日尾盘，被套牢的交易者被迫闭市前平仓，将促使交易成功率变高。

**流动性（Liquidity）**：流动性是指买卖的价差及买卖数量是否有利于交易者进场或离场而不会导致大额投资损失。ACD 体系要求市场是有足够流动性的，使交易者可以在处于或接近特定的价格水平时进场或离场。举个例子，有 5 手合约的交易者可能在铂金期货市场发现足够的流动性，而有 500 手合约的投机商则可能认为铂金市场的流动性"太小"。

**仓位最大化，风险最小化（Maximize size，minimize risk）**：这是所有成功交易必备的重要元素。ACD 方法应用这一概念来研判交易形态，这些交易形态使用低风险的参考区间，比如开盘价幅、中枢价幅以及其他 ACD 价格区间。

**宏观 ACD（Macro ACD）**：ACD 体系可以应用于长线交易，而不仅限于微观当日交易或刷单交易。交易者使用 ACD 指标，如上涨日/下跌日、数字线值、趋势变化、滚动的中枢、交易当年的前两周以及中枢移动平均线的倾斜度，均采用特定市场的宏观偏好。

**快要疯掉的交易（Mad as hell（MAH）trade）**：这种交易情形是指与

市场主流走势持相反意见的一方，由于情感上无法坚持，导致最终放弃。这种情形通常发生在长假和周末停盘后，交易者有更长时间对亏损担忧，最终决定在市场复盘时认输投降。

**微观 ACD（Micro ACD）：** ACD 体系可以在短线基础上被场内交易者和当日交易者有效运用。微观 ACD 主要包括 A 点、C 点、开盘价幅、每日中枢价幅、开盘第一小时中枢高点和低点、B 点、D 点。

**下跌日（Minus day）：** ACD 体系按照下列公式定义下跌日：

$$开盘价幅 > 中枢价幅 > 收盘价 = 下跌日$$

**动量（Momentum）：** 长线交易者可以使用宏观 ACD 指标研判何时离场。在 ACD 体系中，动量可以清晰地显示市场在一段特殊时期内谁是赢家和输家。这种 ACD 工具将今日的行情收盘价与 8 日以前的收盘价进行比较，以此判断空头或多头谁处于上风。

**移动平均线（Moving averages）：** 传统上是基于收盘价格确定。鉴于以收盘价格确定的移动平均线在时间上过于主观，ACD 一般采用中枢移动平均线。

**移动平均线背离交易（Moving average divergence（MAD）trade）：** 这种 ACD 技术允许交易者在市场主要趋势下进行逆向操作。当三根中枢移动平均线方向不明时（一根向上倾斜，一根向下倾斜，一根呈水平走势），使用这种交易形态效果最好，因为市场快速重新确立趋势的机会很小。对于 MAD 情形同样重要的一点是设置很好的参考点。并且，你应当通过有效或无效的 A 点，有效或无效的 C 点进入交易。理想的 MAD 交易是将岛形反转形态的概念结合起来。

**欺骗性移动平均线交易（Moving average fake-out（MAF）trade）：** 这种交易情形使用 ACD 体系定义的中枢移动平均线。所有的三根中枢移动平均线的倾斜度都必须是清晰的处于同一方向，随后行情回撤到最短的中枢移动平均线的上方或下方，而行情没有继续回探到另外两根中枢移动平均线，然后回到三根中枢移动平均线的主方向，这样交易者在主趋势上将得到明确的建仓参考点。

**中立市场（Neutral market）**：当所有三根中枢移动平均线互相平行且水平走势，表明市场处于中立状态。至此，ACD 体系要求交易者保持观望，等待行情有较大突破。

**下一个（Next!）**：这一概念是基于进场交易后寻求快速盈利的动机。ACD 并不认同"没有付出就没有回报"这句话，即为了获得交易成功，就应当忍受市场带给你的所有情感创伤和经济损失，等待亏损的仓位转为盈利。在"下一个!"的概念下，如果行情在你建仓后没有按照预期方向运行，那就必须果断地平仓离场，寻找下一个机会。

**数字线值（Number line）**：主要目标是识别潜在的趋势。根据宏观 ACD 得出的过去 30 个交易日的滚动累计数值总额，如果从 0 运行至 $+/-9$ 以上，并且在 $+/-9$ 以上的数值上保持连续两个交易日，即可确定行情走势。

**外部反转周（Outside reversal week）**：这种 ACD 形态考察当前交易周与前一交易周的关系。比如安然公司股票和道琼斯工业股指 1929—1933 年的图表（参见第 6 章），这种情形为交易者提供了低风险的参考点，以判断潜在主要市场的反转区域。

**中枢第一小时的高点和低点（Pivot first hour highs and lows）**：在这种形态中，交易当日第一小时的市场活动，用以判断当日中枢价幅是否含有第一小时出现的最高点和最低点，确立了交易当日的偏好，给交易者提供了非常好的低风险进场点。

**中枢缺口（Pivot on gap）**：当行情出现跳空缺口，高于或低于每日中枢价幅，从交易日起行情再也没有回到当日中枢价幅，确立了中枢缺口日。中枢缺口日成为未来交易的重要支撑位或阻力位。

**中枢移动平均线（Pivot moving averages）**：中枢移动平均线是根据中枢而不是根据收盘价计算出的移动平均线。中枢移动平均线真实显示每个交易日里交易量集中的价幅。

**上涨日（Plus day）**：ACD 体系按照下列公式定义上涨日：

$$开盘价幅 < 中枢价幅 < 收盘价 = 上涨日$$

**通过中枢的 A 点（Point A through the pivot）**：如果行情运行通过了 A 点（升 A 点或降 A 点）和每日中枢价幅，在 A 点方向上建仓将是风险较低的。此时的止损点不是 B 点，交易者只需要将止损点设置于每日中枢价幅的另一边。

**B 点（Point B）**：B 点是偏好转为中立的价格水平。一旦 A 点（升 A 点或降 A 点）得以确立，你的止损点就是 B 点。对于升 A 点来说，B 点价位就是开盘价幅的底部；对于降 A 点来说，B 点价位就是开盘价幅的顶部。

**通过中枢的 C 点（Point C through the pivot）**：如果行情同时穿过 C 点（升 C 点或降 C 点）和每日中枢价幅，在确定的 C 点上方是一个低风险的建仓点。止损点并非 D 点，交易者应将止损点设置于中枢价幅的另一侧。

**D 点（Point D）**：D 点是偏向中立的价格水平，你的止损点行情某一方向上已经确立的 C 点。一旦行情达到 D 点，交易者当日已不能承受更多，应当脱离市场，高挂免战牌。

**参考点（Points of reference）**：这是 ACD 体系的基础，它是交易出错时离场的参考。ACD 为交易者提供参考价位，交易者可利用这些参考点确保他们的交易风险最小化。

**随机漫步理论（Random walk theory）**：随机漫步理论认为市场运动是随机的和完全不可预知的。这个理论认为，从长期看，没有人可以跑赢市场。在我看来，ACD 方法恰恰直接反驳了这一理论（参见 ACD 方法和统计学意义）。

**反转交易（Reversal trade）**：过去的两三年里，这种交易显然是最好的交易体系。不管是在公开喊价的交易池或是电脑屏幕前，都是如此。这种交易不同于那些你在其他交易出版物里看到的情形。ACD 反转交易研判的是行情失效的形态，交易者可以在多数人出现恐慌前抢先进场，在随后的交易中获利。

**滚动的中枢价幅（Rolling pivot range）**：通常延续 3～6 个交易日，是交易者进场或离场的参考点。ACD 使用滚动的中枢价幅作为盈利交易的跟踪止损点，也可作为快速离场亏损交易的止损点。滚动的中枢价幅的功能之一是避免交易者将盈利的仓位变成亏损。

**情绪背离（Sentiment divergence）**：这种ACD形态可以研判市场价格行为和人性情绪之间的背离状态。它试图抓住市场出现多数交易者不相信行情的逆市操作机会。这种形态提示交易者，如果行情出现缺口会导致出错的交易者恐慌性出逃的行为，可以利用这一机会抢先进场。

**重要的时间架构（Significant time frames）**：一个短线投机者无需留意长线指标，反之亦然。想要成功，交易者必须使用符合自己交易风格的指标，并要保证连续性。举例来说，长线交易者可能使用每年前两周的指标，而短线交易者可能完全不使用这一指标。

**倾斜率（Slope）**：当使用中枢移动平均线时，关键的是观察三根均线的倾斜率变化。倾斜率的变化反映了市场观念的变化幅度。

**小中枢价幅（Small pivot ranges）**：一个拥有正常交易价幅的交易日，如果确定一个狭窄的每日中枢价幅，下一个交易日通常会出现较大的变动。

**统计学意义（Statistically significant）**：ACD方法基于每个交易日的开盘价幅都具有统计学意义。用外行能理解的语言表达就是，开盘价幅与交易日的其他5分钟或10分钟是不一样的。开盘价幅在交易日里是最具统计学意义的部分，在波动足够的市场里可确定交易日20％的高点或低点。这一概念与随机漫步理论恰好相反。

**寿司卷（Sushi roll）**：在ACD体系中，寿司卷是指特殊的早期市场方向变化的预警信号。寿司卷使用5个滚动交易日（或者对短线交易者使用5个10分钟柱）。寿司卷比较最近5个时间增量与之前的5个时间增量，以研判市场趋势是否出现变化。

**系统失效交易（System-failure trades）**：当市场剧烈震荡、走势不明时出现的交易形态。出现这种情况时，确立A点和C点，行情不能延续走势，经常出现反转。事实上，出现这种情况，行情通常会反转，迫使你止损出逃。这种交易形态试图研判市场能否在价格水平上持续，交易者可决定是否逆市进场。

当中枢移动平均线的倾斜度处于方向不明时，系统失效交易的成功率通常较高。

**3 日滚动中枢（Three-day rolling pivot）**：中期持仓者可以使用 3 日滚动中枢，持仓几日或甚至在一些盈利的交易中持仓几周。这种中枢由过去 3 个交易日的最高点、最低点和收盘价确定。

**时间因素（Time factor）**：在交易中，时间其实比价格有更重要的价值。当判断行情是否确立有效升 A 点或降 A 点时，行情在这一价位停留的时间比价格多少更加重要。不成功的交易者进场或离场时，总是更多地关注价格，而不是时间。

**趋势反转交易（Trend reversal trade（TRT））**：在这种 ACD 形态中，市场必须出现跳空缺口创下新的高点或低点，在缺口的相反方向创下有效的升 A 点或降 A 点，随后在交易尾盘出现失效的升 C 点或降 C 点。如果行情随后折回至开盘价幅，交易者可以利用失效的 C 点逆向操作，关注行情大反转的机会。

**双向震荡区（Two-way swing area）**：这是一种对市场同时构成支撑/阻力的价位区间。在市场向下跳空低于前一重要的支撑位，或者向上跳空高于前一重要的阻力位，就形成了这种双向震荡区。

**波动性（Volatility）**：波动性考察市场在一定时期内的移动幅度。市场可能出现不错的交易量，但是，如果行情移动并不显著，就不适合采取 ACD 方法进行交易。